日本語教育学としてのライフストーリー

語りを聞き、書くということ

三代純平 編

くろしお出版

日本語教育学としてのライフストーリー
目　次

序　日本語教育学としてのライフストーリーを問う　　　　　　　三代 純平　1

◇　◇

▼第1部　語りを聞く▼

第1章
あなたはライフストーリーで何を語るのか
——日本語教育におけるライフストーリー研究の意味

川上 郁雄　24

第2章
日本語教師・学習者そしてその経験者の「語り」を聞くということ
——「日本語教育学」の探求をめぐるライフストーリー

河路 由佳　50

第3章　［インタビュー］
ライフストーリー研究の展開と展望

桜井 厚　77

▼第2部　ライフストーリー・パランプセスト▼

第4章
「グローバル人材」になるということ
——モデル・ストーリーを内面化することのジレンマ

三代 純平　112

第5章
ライフストーリー研究における「翻訳」の役割
―― 言語間を移動するストーリーと語る言葉

　　　　　　　　　　　　　　　　　　　　　　　谷口 すみ子　139

　　　　　　　　　　　　　往復書簡1　谷口すみ子×三代純平　163

第6章
ライフストーリーを語る意義

　　　　　　　　　　　　　　　　　　　　　　　中山 亜紀子　168

　　　　　　　　　　　　　往復書簡2　中山亜紀子×三代純平　186

第7章
複数言語環境で成長する子どものことばの学びとは何か
―― ライフストーリーに立ち現れた「まなざし」に注目して

　　　　　　　　　　　　　　　　　　　　　　　中野 千野　190

　　　　　　　　　　　　　往復書簡3　中野千野×三代純平　217

第8章
語り手の「声」と教育実践を媒介する私の応答責任
―― 日本語教育の実践者がライフストーリーを研究することの意味

　　　　　　　　　　　　　　　　　　　　　　　佐藤 正則　220

　　　　　　　　　　　　　往復書簡4　佐藤正則×三代純平　246

第9章
日本語教育に貢献する教師のライフストーリー研究とは

　　　　　　　　　　　　　　　　　　　　　　　飯野 令子　248

　　　　　　　　　　　　　往復書簡5　飯野令子×三代純平　274

第10章
日本語教育学としてのライフストーリー研究における自己言及の意味
――在韓「在日コリアン」教師の語りを理解するプロセスを通じて

田中 里奈　277

往復書簡6　田中里奈×三代純平　292

あとがき　経験の積み重ねの総体　　　　　　　　　三代 純平　295

序

日本語教育学としてのライフストーリーを問う

三代 純平

1. 日本語教育学としてのライフストーリーを問う

　21世紀に入り，グローバル化の流れはより一層鮮明となり，日本社会の多様化もさらに進んでいる。ことばを学ぶ環境も，動機づけも，求められることば自体も社会的文脈によって大きく異なるようになった今日，ことばの教育そのものが大きく問い直されている。人は，社会・文化の中でどのように日本語を学んでいるのか。日本語を学ぶことは，人にとってどのような意味があるのか。この探究が，日本語教育においても求められていると言えるだろう。そして，その探究の方法の1つとして，現在，ライフストーリー（以下，LS）が脚光を浴びている。「留学生」として，「地域住民」として，「移動する子ども」として等，多様な状況で日本語を学ぶ学習者の人生／生活／命の物語，さらには，その教育に携わる教師たちの物語がLSインタビューを通じて紡がれ，その物語の意味が研究されている。

　しかし，日本語教育におけるLS研究は，まだ緒に就いたばかりである。その方法や意義，課題についての議論は十分になされていない。LSインタビューをどのように行うか。だれが，何のために，どのようにそれを考察し，記述するのか。これらの諸問題について議論の共有がないまま，各自の試行錯誤により研究が進められている。このような現状から，一度，日本語教育において，LS研究のあり方についての議論の共有を図りたいと考えた私は，「日本語教育におけるライフストーリー研究の意義と課題」と題し，2013年度日本語教育学会春季大会においてパネル・セッションを行った（三代・石川・佐藤・中山，2013）。さらに，そこでの議論を発展させるべく，論文誌『リテラシーズ』の14巻（くろしお出版，2014）において「言語教育学としてのライフストーリー研究」という特集を組んだ。いずれの企画も驚くほどの反響があり，日本語教育におけるLSの関心の高さがうかがえた。

　本書は，この日本語教育におけるLSに関する議論をさらに深めるために企

画された論集である。タイトルを『日本語教育学としてのライフストーリー』としたが，そこには2つの問いが交差している。1つは「日本語教育学」とは何かという問いであり，もう1つは「ライフストーリー」とは何かという問いである。本書によってそれぞれの問いに明確な答えを出すことは到底できない。だが，日本語教育学としてのLSを問うことは，必然的にその2つの問いを内包する。そして，その2つの問いを改めて議論する土壌を作ることにつながる。

2. ライフストーリー研究とは

日本語教育学としてのLS研究を考えるにあたり，まず，社会学を中心に発展したLS研究について再確認しておきたい。ライフストーリーとは，個人のライフ（人生／生活／命）についての物語のことを指す。したがって広義のLS研究とは，このLSを研究したもの全般を意味する（小林，2010）。ここには，ライフヒストリー（以下，LH）研究やオーラル・ヒストリー研究と呼ばれるものも含まれてくる。川上（2014）は，この広義のLS研究を「ライフストーリー・アプローチ」と呼んだ。また，従来，LSは，LH研究がLHを作り上げるためのオーラルの資料のことを指した。一方，狭義のLS研究は，LSに対する態度からその他の研究と区別される。現在，研究方法として，LS研究を議論する場合，狭義のLS研究を指す場合が多いが，その際もLSやLS研究法に対する理解やアプローチは研究者によって異なるというのが実情である。

本書は，LSを狭義のLSに限定するものではない。しかし，ただ漠然とLSを広く捉えることはしない。そうではなく，各論者が，それぞれの立場でLSを，さらにそれに基づいた自身の研究をどのように考えているのかを明確にする。そして，それらを重ね合わせることにより，日本語教育におけるLS研究の輪郭を浮かび上がらせ，「日本語教育学」と「ライフストーリー研究」の双方を照射することを本書の目的としている。

まず，それぞれの研究者のLSに対する立場や，日本語教育学としてのLSを考えるために，狭義のLSの定義と歴史的経緯を，その第一人者である桜井厚の議論を中心に概観しておく。桜井（2005）によれば，LS研究法は語り手の経験や見方の意味を探求する，主観的世界の解釈を重視した研究法である。調査者が調査協力者に，LS，つまり人生／生活／命の物語をインタビューし，そのインタビューという磁場で生成されたストーリーを研究するのがLS研究である。

元来，LS 研究法は，LH 研究法から派生した研究法とされる（桜井，2005）。桜井（2002）は，LH 研究法を大きく 3 つのアプローチに分類している。まずは，古典的な「実証主義アプローチ」である。このアプローチは第二次世界大戦前のシカゴ学派に代表され，LH が科学的で客観的でなければならないと考え，仮説検証型を中心としていた。非行の事例研究である C. R. ショウの『ジャック・ローラー』（1930/1998）がその典型であるが，ショウはインタビュー記録に加え，それを証明する補助的資料として，語り手の家族史，犯罪記録などの公的記録を用い，事実としての非行少年の人生に迫ろうとした。初期の LH 研究はインタビュー記録から客観的な事実を明らかにすることをめざし，科学性を求め，演繹的方法を中心としていた。しかし，現在の LH 研究の多くは帰納的方法に拠っている。その 1 つが「解釈的客観主義アプローチ」である。「解釈的客観主義アプローチ」は，「帰納論的な推論を基本としながら，語りを解釈し，ライフストーリー・インタビューを重ねることによって社会的現実を明らかにしようとするものである」（桜井，2002, p. 25）。このアプローチは語り手によって語られた内容に基づき，規範的・制度的現実を記述することを目的としている。「解釈的客観主義アプローチ」の代表的研究はベルトー（1997/2003）の研究であるが，ベルトーは地方から都市へ進出した多数のパン職人のインタビューを収集することで，語りによって描き出される規範的・制度的現実を客観化しようとした。

　それに対し，インタビューの語り手の語りの内容に加え，「いかに語ったか」という語りの形式に着目したアプローチが「対話的構築主義アプローチ」である。「対話的構築主義アプローチ」では，インタビューによる語りを，調査協力者の過去の経験である〈あのとき－あそこ〉の物語が，調査者と調査協力者の相互行為によって〈いま－ここ〉で構築されるストーリーであると考える。そして，そのストーリーがいかにして構築されたのかという視点から語りを理解し，社会的現実の主観的構成に迫る。

　この語りをストーリーとして，つまり物語（ナラティブ）として捉え，分析するアプローチが，LH 研究法と区別され，LS 研究法として確立されてきた（桜井，2005）。つまり，LS 研究法は，インタビューを語り手と聞き手が構成したストーリーとして解釈することで，語りを客観的事実の証拠としてではなく，社会的構成物として理解し，その語りの社会的意味に迫ろうという研究法である。このようなアプローチが，LS 研究法として LH 研究法から独立し，注目された背景には，「言語論的転回」（ナラティブ・ターン）と呼ばれる研究に

おける認識論の転換があった(桜井, 2012)。構造主義からポスト構造主義への思潮の流れの中で，ことばは単に現実を反映，表現するものではなく，それ自体が1つの体系を持つこと，ことばを通じた交流は社会に埋め込まれ，同時に社会を構成していくことが議論された。また研究という行為も，客観的現実を記述するという行為ではないということが明らかにされた。例えば，クリフォードとマーカス(1986/1996)は，書くという行為に焦点を当てながら，調査には政治性と権力性が内在することを明らかにした。プラマー(1995/1998)は，調査協力者の語りが社会に流通している言説に大きく影響を受けていることを指摘している。さらに，ホルスタインとグブリアム(1994/2004)は，語りがインタビューという場において，語り手と聞き手／調査協力者と調査者の相互行為を通じて構築されるものであることを主張した。このような新しい言語観，研究観，さらには世界観に基づいて，語りを「ストーリー」として捉えたところに，LS 研究はあるのである。

3. 私のライフストーリー研究経験

私自身は，前節で述べた狭義の LS 研究に基づいて LS を捉えている。その理由は，私の調査経験の中にある。私は，多文化主義の立場から日本語教育における文化の扱いを捉え直すことを試み，教室活動の実践研究を行っていた。だが，教室内で形成される文化観のみに焦点を当てることに限界を覚え，学生の留学生活全体の中でいかに文化観が形成されているのかを調査したいと考えるようになった注1。韓国の外国語高校で実践研究を続けていたが(三代, 2005, 2007)，2006 年に帰国し，博士後期課程に入学したのを契機に，教室外の調査を開始した。韓国での教え子が多く来日していたこともあり，調査の対象は韓国人留学生とした。最初の1年間は，文化観の形成要因と形成プロセスに関心があったため，グラウンデッド・セオリー・アプローチ注2 による調査を試みていた。しかし，インタビューを通じ，調査協力者らが直面している問題も，そこで学んでいることも，「文化観」ということばに収れんさせて考えることはできないと感じ，「学び」全体を考察の対象とすることにした。「学び」という観点から調査協力者の人生／生活全体を考えたいと思い，研究方法も LS 研究法へと変わっていった。それでも，当時は，LS 研究法を意識しながらも，

注1　私自身の研究の変遷については，三代(2013, 2015)に詳述した。
注2　特定の集団における考え方やその変化をモデル化することに適した研究法。木下(1999)を参照のこと。

語られた内容の考察を中心にしていた。だが，いくつかの調査経験から，相互行為として構築されたストーリーとして「語り」を聞くことの重要性を認識するに至った。

　ここではその調査経験から数例を取りあげたい。まず，語られた内容が事実と異なるということを認識せざるを得なかった経験がある。ある留学生は，話を聞くたびに，話の内容が異なっていた。内容がいつも変わるので，私は若干の不信感も覚えていた。だが，よくよく語りを聞いていると，その語りを通じて私に主張したいことは同じなのである。彼は，自分が努力し，日本人のコミュニティに受け入れられた，「成功した」（彼のイメージとして）留学生であることを私に伝えたかったのである。しかし，実際の彼は，同時に，日本人のコミュニティに参加できないと感じていた。語られたこと自体の真偽よりも，このジレンマと語り方の関係を考察するほうが，「学び」の主観的なあり方に近づけると私は強く感じた。

　もう1つの例を挙げたい。インタビューの中で，調査協力者たちは類似したエピソードを語った。それは，彼ら／彼女らの日本人に対するイメージの形成に関係しているように思われた。簡単に言うと，それは「日本人」は本音と建前があるために信用できないというエピソードだが，そのエピソードは，自身の経験というよりもむしろ友人や日本語教師からの伝聞という形で形成されていた。私は，このエピソードを何度も聞くうちに，「経験」を聞くことの大切さと，価値観を形成するモデル・ストーリー[注3]への着目の重要性を意識するようになった。

　最後に，相互行為としてLSを捉えたとき，インタビュアーである自己の「構え」[注4]をも考察することについての例を紹介する。上記のモデル・ストーリーの例で，私はさらにもう1つ意識したことがある。モデル・ストーリーがインタビューで語られるたびに，それが調査協力者の中で本質化されているのではないかという危惧である。前述のモデル・ストーリーは，「韓国人」と「日本人」の間に境界を感じるという「境界意識」と強く結びついていた（三代, 2008, 2009a）。そして，それは留学生活における「学び」を形成するうえで決して肯定的な意識ではなかった。もしインタビューの場自体がその「境界意識」を構築する場となっていたら，自分の調査自体は何のためのものだろうと

注3　ある集団に流通している規範的な言説。本書第4章三代論文を参照のこと。
注4　調査者がフィールドや調査協力者に対して持つ態度など。本書第10章田中論文を参照のこと。

いう悩みを私は抱いていた。同時に，自分の聞き方にそのような語りへ導くものがないか反省することにもなった。この経験の意味を考えるためにも，相互行為を通じて構築されるストーリーとしてLSを見ること，さらに相互行為に参加する自己に言及することが，自身の研究に求められていると意識した。しかし，同時に，その方法がわからないというのが私の実感であった。自己言及的な考察と語り手中心の語りの考察をどのように両立させればよいのかを模索していた。

　そのような問題意識もあり，前述のように日本語教育学会でLSのパネル・セッションを企画した。セッションには，「ひきこもり」のLS研究をし，LSを自己言及的に考察することの意義について論じている石川良子氏に登壇を依頼した。幸いにも快諾してもらい，石川氏を加えたパネリスト4名での議論を通じて，なんとなく私自身の中で自己言及的にLSを考察する方法が見えた気がした。

　そこで自己言及的な考察に意識的に取り組んだ研究がスポーツ留学生のLS研究である（三代, 2014a）。私は，自身が教えていたスポーツ留学生のLSを研究することで，スポーツ留学生対象の日本語クラスを立ち上げようと考えていた。しかし，その意図が「構え」となり，スポーツ留学生の日本語を「問題化」しようとしていた。一方で，スポーツ留学生自身は日本語に問題を感じていなかった。この相互の認識のずれを相互行為としてのLSから考察することで，スポーツ留学生の日本語支援の課題を浮き彫りにすることができた。

　以上のような経験が，私のLS研究観を形成している。また最後の例は，研究者としての「構え」であると同時に，日本語教師としての「構え」であった。その「構え」の持ち方も日本語教育学としてLSにとって重要であると考えるようになった。このことについては後述する。

4. 日本語教育におけるライフストーリー研究
4.1 背景と概観

　本書において日本語教育学としてのLSを議論するにあたり，日本語教育におけるLS研究を概観し，その課題を指摘しておきたい[注5]。

　日本語教育において「ライフストーリー研究」ということばが聞かれるよ

[注5] 三代（2014b）において，網羅的に先行研究を取りあげて論じたため，本章では，その概要と，その後の議論を通じて考えた課題を指摘するにとどめたい。

うになったのは，ここ10年のことである注6。もっとも桜井(2012)によれば，狭義の意味でのLS研究が行われるようになってまだ10年余りの歴史しかなく，日本語教育もLS研究を比較的早く受容したと言える。では，LS研究が21世紀に入った2000年代の日本語教育で関心を集めた背景には何があったのだろうか。この点について，学術的背景と社会的背景(無論それは，表裏一体であるが)の2つの側面から考察したい。

　まず，学術的背景としては，質的研究の興隆が挙げられる。90年代後半から人文科学全般において質的研究法の意義が見直され，多くの質的研究法の著作が出版されている。やや単純化して言うならば，近代主義からポスト近代主義へのパラダイム・シフトの中で，人文科学もポスト近代主義的な世界観に基づいた研究方法を受け入れ，発展させた時期と言える。日本語教育もこの人文科学の流れの中で質的研究に注目している。ただし，同時に，日本語教育独自の状況としては，この時期が日本語教育学の自立を強く意識した時期でもあるということである。文法研究においても「日本語教育文法」が提唱され(野田編, 2005)，学会誌『日本語教育』132号(日本語教育学会, 2007)では「日本語教育学とは何か」という特集が組まれている。日本語教育学が学問としての自立をめざすためには，より「科学的」であることが望ましい。科学的な研究方法に基づき，科学的な研究がなされることによって，日本語教育学は学問として自立できるという考え方も同時期に存在していたように思われる。私は2000年代の大半を大学院生として過ごしたが，急速に研究法の議論が高まり，あちこちで研究法に関する研究会が行われたのを記憶している。

　他領域の学問では，パラダイム・シフトとして質的研究法の(再)評価が経験されていたのに対し，比較的新しい学問としての日本語教育学では，学問としての自立という別のストーリーとパラダイム・シフトのストーリーとが複雑に絡み合いながら質的研究法が議論されたのである。このような状況の中，実証主義的な立場，社会構成主義的な立場，あるいはそのはざまで揺れているようなものが，混沌としながら質的研究を模索してきたのが日本語教育の2000年代であった。2010年代に入り，徐々にそれぞれの研究者の経験も蓄積され，議論も整理されてきたように思われる。その中で，日本語教育学とは何か，あるいは日本語教育学としての質的研究とは何かを俯瞰しながら考えよ

注6　インタビューによる聞き取り調査自体は，日本語教育においても蓄積がある。本書第2章河路論文を参照のこと。

うとする気運が醸成されてきた。そのような意図を持った企画として、神吉編（2015）、舘岡編（2015）などが挙げられる。また、本書もその企画の1つと位置づけることができる。

社会的背景としては、グローバル化が本格化し、日本語学習者や日本語学習の意味が多様化したことがある。三代（2009b）で詳述したように、日本語を学ぶ意味が多様化し、社会的文脈の中で見直すことが迫られたこと、さらにはそれを従来のような集団類型的なモデルで捉えることの問題が意識されたことで、社会に埋め込まれた個々の学びの意味を考えようという視座が生まれた。特に、Norton（2000）に代表される言語学習をアイデンティティ交渉と結びつけて捉えようという研究が注目されるようになり、アイデンティティという極めて主観的なものにアプローチする方法としてLS研究が有効であることから、アイデンティティをテーマとした研究の多くにLS研究が用いられている。換言すれば、LS研究の多くがアイデンティティと言語教育や言語習得の関係をテーマにしていることが、日本語教育におけるLS研究の大きな特徴となっている。

上述のような背景から、徐々に日本語教育において広がりを見せるLS研究であるが、その研究対象を大きく分類すると次の3つに分けることができる。1つ目は、日本語教師を対象としたものである。2つ目は、日本語学習者を対象としたものである。それに対し、3つ目は、インタビューの経験自体を対象としたものである。他に、1つ目に近いものとしては、地域の支援者や養成課程の受講者、あるいは、日本語教師を辞めた者のLSなどが想定される。また2つ目に近いものとしては、学習者の家族や学習者の日本人同僚などに対するLS研究も今後は現れるだろうと想定される。3つ目は、よりLS的であると言えるし、LSを相互行為による構築物として見るならば、LS研究は、1つ目、2つ目も、3つ目のスタンスに近づく。一方、明確に3つ目のスタンスをとるものとして、LS研究の経験自体を振り返り、メタ的にLS研究を眺めるものが現れ始めている。

1つ目の教師を対象にした研究としては、飯野（2009）、太田（2010）、江口（2008）などがある。それに対し、2つ目の学習者を対象にした研究には、中山（2007）、三代（2008）、山口（2007）などがある。例えば、飯野（2009）は、LSインタビューから、教師の成長を教師のアイデンティティの変更と実践共同体の発展として捉え直した。この議論の論拠には、レイヴとウェンガー（1991/1993）の状況的学習理論があった。山口（2007）は、ドイツで育った3人

の日本人青年のLSからそれぞれの経験や日本語学習の過程を明らかにし，アイデンティティ構築と日本語学習の関係を論じた。中山(2007)は，韓国人留学生を対象に「自分らしさ」とネットワークの関係についてLSインタビューから論じた。山口や中山の論考は，Norton(2000)の議論に強く影響を受け，アイデンティティ交渉と言語習得の関係をLSから考察している。

3つ目のスタンスをとるLS研究が現れるようになったのは2010年代に入ってからである。日本語教育におけるLS研究の意義や課題をインタビューという経験を振り返りながらメタ的に論じているものには，飯野(2010)，中山(2010)がある。飯野(2010)は，自らが行ってきた日本語教師へのLSインタビューを振り返り，LSがインタビューという相互行為を通じて生成されるため，インタビューを通じて日本語教師である調査者，調査協力者双方に新しい発見があることを指摘する。さらに，このことが日本語教師として成長する契機となることから，LS研究自体の持つ教師の成長支援の可能性を主張している。一方，中山(2010)はLSによってこそ接近できる第二言語使用体験を論じるとともに，言語習得者のストーリーを安易にモデルとして日本語教育に応用することの危険性も指摘する。

以上，日本語教育においてLS研究が広がりを見せる背景とLS研究の対象を概観した。次に，日本語教育において行われているLS研究がどのような目的と方法によっているのかを検討し，日本語教育学としてのLS研究の課題を考えたい。

4.2 目的と方法

日本語教育におけるLS研究が広がりを見せる背景には，研究のパラダイム・シフトや日本語教育環境の多様化があった。多様な日本語教育環境に関わる学習者や教師たちの経験の主観的，あるいは相互主観的な構築の意味を問い直す方法として，LS研究法は注目を集めたと言える。よって，LS研究は，学習者や教師の声を聞き，その声の意味を考察し，日本語教育学の中に位置づけることを目的としている。LS研究は，実証型の量的研究では明らかにできなかった調査協力者の主観の問題，それも一定期間の中で変化する主観とその要因などに迫ることで，日本語教育が「前提」としてきたことを疑い，新しいパースペクティブを導入することに貢献している。例えば，飯野(2009)は，日本語教師のLSから既成の「良き教師」へと成長することをめざす従来の教師の成長の議論を疑い，日本語教師が新しい現場に入り，教育観の変容や形成を

経験することの意味を問い直す。三代(2009a)は，従来の個人が日本語能力を獲得するという日本語教育観を韓国人留学生のLSから問い直した。三代は，LSインタビューの中で調査協力者たちがコミュニティへの参加の経験と人との絆をことばの学びと捉えていることから，従来周縁化されてきた経験と絆を言語学習の中心に位置づけるべきだと主張している。これらの研究は，従来前提としてきた「良き教師」「良き学習者」「良き授業」などを一旦括弧に入れ，何を学びとしているのかを当事者たちの意識から問い直した。当事者の声を聞き，その声を解釈することを通じて新しい学びの捉え方を示しているのである。

では，日本語教育におけるLS研究はどのような方法で，調査協力者の声を聞き，それを解釈しようとしているのか。桜井(2012)によれば，LS研究に王道はなく，研究者それぞれの領域や問題関心，状況によって，その研究方法は異なる。同時に，桜井(2002, 2012)は，LS研究法の大きな特徴を，調査協力者の〈あのとき－あそこ〉の経験が調査者と調査協力者の相互行為によって〈いま－ここ〉で構築されたストーリーとして，LSを理解することであるとする。そして，構築されたストーリーとして語りを分析する方法は，エスノメソドロジーや会話分析の分析概念から強く影響を受けている。つまり，語られた内容のみではなく，語り方にも注目して分析するというのが，狭義のLS研究の特徴になっている。一方で，本書の第1章で川上が指摘するように，LS研究法を桜井の提唱するLSに限定することは，LSの可能性を限定することにもつながる。重要なことは，どのような方法が，どのような目的と立場において用いられているのかということであろう。

現在，日本語教育のLS研究において，共通の方法があるわけではない。三代(2014b)において，その考察が調査協力者によって語られた内容に偏重していることを指摘したが，この点については次節で再度考えたい。一方，現在，日本語教育におけるLS研究を，研究とその記述（実際は記述方法も研究方法に含まれる）の方法から大きく分類すると，3つのスタイルがある。

(1) インタビューをストーリーとして考察する。
(2) インタビューをストーリー化して考察する。
(3) インタビューをストーリー化する。

(1)は，調査者と調査協力者がインタビューで語ったこと自体をLSとするス

タイルである。トランスクリプト化したインタビュー記録自体を LS として考察する。LS をインタビューという磁場で相互行為を通じて形成されたものとする立場が強く反映されていると言え，トランスクリプトを直接引用し，その語りの意味を考察する。基本的な立場としては，桜井(2002, 2012)の提唱する LS 研究法に準じている。例えば，三代(2008)は，韓国人専門学校生の語りからクラス活動への参加のプロセスで専門学校の学びに必要となるディスコースを習得していくこと，またその参加と習得の困難を論じた。また，太田(2010)は，オーストラリアの高校教師の語りから，子どもに日本語を教える意味と実践のあり方について，現場の教師はどのように学んでいるかを論じている。

(2)は，調査者が LS インタビューの内容を時系列に並べかえ，調査協力者の物語を LS としてまとめたものを考察するスタイルである。(2)の例としては，中山(2007)，山口(2007)，佐藤(2013)が挙げられる。中山(2007)は，韓国人留学生2名へのインタビューから LS を作成し，その LS を「自分らしさ」という観点から分析している[注7]。なお，LS の作成は，調査協力者との共同作業として，調査協力者に確認をとりながら進められている。山口(2007)は，ドイツで育った日本人青年3名に対する LS 研究であるが，まず3名の LS を編集し，それを考察する手法をとっている。記述された LS について，山口(2007)は「これらのライフストーリーは，私が彼らを理解しようと試みた結果のものであり，私自身の声も入り込んでいるだろう。しかし，語ってくれたことを捻じ曲げることのないよう留意し，彼らから見た世界を描こうとしたものである」(p.135)と述べている。佐藤(2013)は，台湾の日本語世代の集う施設「玉蘭荘」に通う人々を対象とした LS 研究である。「日本語，および戦後の生活や玉蘭荘に関する語りに着目して重要と思われる部分を抽出し，話の時系列に沿ってストーリー化した。このインタビューの再文脈化によって組み立てられたデータを元に，次章を記述していくことにする」(p.396)と研究方法について述べている。山口や佐藤の記述から，調査者の編集によって物語化されたものを LS と位置づけていることがわかる。

(3)のスタイルは，日本語教育においては，非常に限定的に試みられている。インタビューで語られたことをストーリーとして記したものである。その例としては，江口(2008)が挙げられる。江口(2008)は LS の記録自体の意味を

注7　中山は，この方法を非常に自覚的に採用している。また，中山自身は，そのため，いわゆる LS 研究法を用いている意識はないと言う。本書第6章中山論文，及び往復書簡2を参照のこと。

重視する。そのためにインタビュー内容を物語として提示する方法をとったと思われる。江口は「日本語教師の水準をどのように設定すべきか，について議論する以前に，現実の世界に生きる日本語教師たちを知る必要があるのではないか」(p. 2)と問題意識を述べる。そして，1940年に満州で生まれたベテラン日本語教師の「山川さん」のLSを記述している。記録を重視する江口(2008)は，「私見を加えることはできるかぎり控えるようにした」(p. 20)とその記述の姿勢を記している。研究としては，その学術的意味が論じられる必要があるため，このスタイルは限定的になるであろう。ただし，LS研究を考えるとき，LS研究が提示する理論とは何かという問いと向かい合わざるを得ないと私は考えている。そのとき，江口の，まずは教師の実態を知ろうという問題意識や記録として残すことを重視する立場は大変興味深いので，あえて，ここでは(2)と区別して提示した。この点については，次節において再度検討したい。

　以上のように，日本語教育で行われてきたLS研究の方法を3つに分類した。その意図は，日本語教育学としてのLS研究の課題と展望を論じるための素地を作ることであった。日本語教育のLS研究は，語りを聞き，その語りを解釈することを通じて，従来の日本語教育とは異なる見方を提出すること，あるいは，従来目を向けられなかったもの，耳を傾けられなかったものに注目することを目的としてきた。LS研究が個々の語りに寄り添うことで，従来の日本語教育が「前提」としてきたものを問い直していることは，大きなLS研究の意義であり可能性であろう。

　一方で，LS研究の方法を見ると，何をもって「LS」としているのかさえも，実は研究者によって異なっていることがわかる。研究者によって研究方法が異なること自体は大きな問題でない。ただし，同じことばで異なることを述べているような状態は，さらなる研究の発展において生産的な議論の障壁となる。だからこそ，本書で，一度，日本語教育におけるLS研究を共有したいと私は考えている。

5. 日本語教育学としてのライフストーリー研究の展望

　前節まで日本語教育におけるLS研究の概況を俯瞰し，その課題の輪郭を素描した。それを基に，日本語教育学としてのLSの課題と展望を論じる。まず，日本語教育におけるLS研究の課題を「共有」という観点から改めて指摘したい。まだ緒に就いたばかりである日本語教育におけるLS研究は，LSの捉え方さえも共有されていない。桜井(2002, 2005, 2012)に基づきLS研究を行っ

ている日本語教育のLS研究の多くは，実際は，語られた内容の分析に偏重している。三代（2014b）において，このことを「ストーリー」として考察することの意味が理解されていないと批判した。この批判に対し，本書第1章において，川上は，「ライフストーリー・アプローチ」として広くLS研究を捉える視座から，研究者の目的や立場によって異なってしかるべきであると指摘している。この指摘は的を射ている。研究者の目的や立場によって異なる。重要なのは，目的や立場によってLSの理解が異なり，研究の方法も異なることに，いかに自覚的であるかということである。その意味で，現在，日本語教育においては，LSの捉え方や研究法が曖昧になっている。質的研究全般に通じることであるが，研究方法は研究自体の中にある。よって，研究法が異なること自体に問題はない。大切なのは，なぜその方法をとるのかに対し，研究者が自覚的であり，その方法のプロセスを他者がたどることができることである。そのように考えるならば，日本語教育におけるLS研究の課題は，それぞれが，自覚的にLS，LS研究法を捉え，記述していくことである。そして，その記述を通じて，LS研究法のあり方の議論を共有していくことが今後の日本語教育のLS研究の発展につながるであろう。このとき留意すべきは，議論を共有するということは，1つの正統な研究法に収れんさせることではないということである。それぞれが「ストーリー」をどう捉え，どう研究を展開するのかということをその差異を含め共有することで，LS研究の可能性が広がると思われる。

　それは日本語教育学を考えるにおいても同様である。本書第1章で川上は，日本語教育学としてのLS研究は，研究者各自が調査より析出した「社会的現実」を日本語教育学の発展にいかに貢献させるのかが重要になると主張する。このとき，研究者は，自身が思い描く日本語教育学も論じる必要に迫られる。そして，それぞれの研究者によって自覚的に日本語教育学が記述されたとき，それは，日本語教育学とは何かという議論として共有することができる。

　このように考えるならば，日本語教育学としてのLS研究は，日本語教育学とは何かという問いとLS研究とは何かという問いの交差点にある。その2つを自覚的に問い，記述することが必要であり，その蓄積の共有が，今後，日本語教育学としてのLSを形作っていくであろう。また，私自身の経験から言えば，研究者は，調査経験とその考察を通じて，日本語教育学とは何かという問いと対峙する。無論，研究者の「構え」として，フィールドに入る前から，あるいは，日本語教育の場合，多くの研究者は日本語教師であるため，日本語教師の「構え」として，日本語教育学に対する立場を持っているだろう。しか

し，それは，LS 研究を通じて変容することがしばしばである。その変容の意味もまた，LS 研究においては，日本語教育学とは何かを問うための貴重な資料となる。つまり，日本語教育学としての LS 研究は，日本語教育学に貢献しようという意志を持ちながら，その前提となる日本語教育とは何かを問い直す営みとなるのである。

　以上のことを踏まえ，私自身が考える，日本語教育学としての LS 研究の展望を以下の 4 点から考察する。

(1)　日本語教育実践との関係
(2)　リソースという知のあり方
(3)　知の共有としてのアーカイブとデータベース
(4)　批判的共有としてのメタ研究

(1)「日本語教育実践との関係」は，日本語教育学としての LS 研究を考えるうえで最も重要である。まず，日本語教育という学問領域の大きな特徴は，研究者と実践者が大きく重なっていることである。例えば，他領域の実践研究が研究者と実践者の共同研究として行われることが多いのに対し，日本語教育の実践研究は実践者自身が行う研究が多い（三代他，2014）。このことの長所と短所は慎重に検討される必要があるが，この現状が日本語教育の研究のあり方に一定の影響を与えていることは看過すべきではない。佐藤（2014）は，日本語教育学としての LS 研究，特に学習者に対して行う LS 研究には「応答責任」[注8]が伴うとしている。佐藤にとって「応答責任」とは，学習者の LS を研究者＝実践者として聞き，自らの実践に LS から得た知見を反映させていくことである。日本語教育学としての LS 研究を考えるうえで，実践者として聞き，実践にどのようにその知見を反映させるのかという問いは重要になる。この点を考えるとき，調査協力者が何をいかに語ったかということと併せて，調査者自身が何をいかに聞いたのかということも重要になるであろう。ここに LS を「ストーリー」として捉えることの意味があると私自身は考えている。

　ただし，日本語教育学の LS 研究が，研究者自身の実践や具体的な教室実践への提言と直接結びつくことのみに限定される必要はない。具体的な実践との関わりを考えることは，日本語教育学としての LS 研究の 1 つの大きな可能性

[注8]　「応答責任」については，本書第 8 章の佐藤論文を参照のこと。

である。同時に，当然，直接実践に還元されなくとも，日本語教育学に流通している言説を問い直すものも価値のある LS 研究である。日本語教育の実践は社会的文脈に埋め込まれている。その社会的文脈を描き，そこにあるイデオロギーがどのように実践に作用しているのかを明らかにすること，そこから社会や制度を問い直すことも，日本語教育学の LS 研究が担うことのできる大きな可能性である。だが，日本語教育という領域を問い直すような LS 研究のあり方を考えるときこそ，日本語教育学において研究者と実践者が重なっていることの意味を積極的に検討する必要があると私は考えている。本書第 3 章で，私は桜井厚氏にインタビューをしているが，そこで研究自体が社会に働きかけることの限界についても話している。研究者がその領域における実践者であることの意味をより積極的に議論することで，日本語教育学の LS 研究はより多くの可能性を生むように感じている。

　(2)「リソースという知のあり方」は，日本語教育学としての LS 研究がどのような知見を提供するのかという問題についてである。LS 研究のみならず質的研究の提示する「理論」とは，一体どのようなものなのかという議論は常にある。しばしばこれに対し，グラウンデッド・セオリー・アプローチは，データに密着した，比較的小規模の領域に適応される理論という立場をとる（木下, 1999）。日本語教育においても，舘岡 (2008) は，実践から立ち上がる理論＝「原則」を実践研究によって提示できる理論として位置づけている。三代 (2014b) で指摘したように，日本語教育の LS 研究も，基本的にはデータに密着した形での理論を提供している。同時に，LS 研究の場合，理論が内包する「一般化」とどう向き合うのかという課題がある。個の多様なあり方を描くことができることも LS 研究の大きな魅力だからである。そのとき，「リソース」という考え方は，LS 研究の意味として，あるいは LS 研究が生成する知の受容の仕方として示唆に富んでいる。

　LS 研究者の石川 (2012) は，研究において調査者自身の経験を記述することの意義を積極的に主張する。その際，調査者が自己言及的に研究を記述することの意義を，「社会を生き抜くための「リソース」としての知」(pp. 8-9) という観点から述べている。石川 (2012) は，調査を通じて調査者が調査協力者との関係において感じたことは，その研究の読者にとって調査フィールドを生きるための「リソース」になると言う。石川によって想定されているのは，例えば，「ひきこもり」の研究において，「ひきこもり」でない調査者がフィールドを通じた自己の経験を記述することが，「ひきこもり」の人たちとそうではない人

たちが共に生きるうえでの貴重な経験知になるということである。この「リソース」という考え方は，日本語教育では非常に有用であると思われる。日本語教育の研究者であり実践者である調査者が学習者との関係から考えたことは，日本語教育の実践者が自分と学習者の関係を考えるための貴重な知見である。このときに知は，自分の経験に適応できる理論というよりも，自分の経験を理解するうえで比較参照するケースであるほうが有用であると私は考えている。まさにそれが「リソース」である。佐伯(1995)は，従来の学習観が特定のまとまりを持った知識を脱文脈化し「転移可能な知識」として獲得するという前提に立っていたと批判する。それに対し，佐伯は，知識は文脈に根差した「状況に埋め込まれた」ものであると主張する。文脈に根差した経験知の積み重ねが状況への対応力を生み出すと佐伯は述べる。LS研究をはじめ，日本語教育における質的研究は，佐伯のよって立つ状況的学習論の学習観と多くを共有し，研究を発展させている。そのことを考えるならば，「転移可能な知識」としての理論よりも，むしろ「状況に埋め込まれた」経験知としての「リソース」のあり方を検討することに意味があるのではないだろうか。

　日本語教育学としてのLS研究は，事例を深く記述し，その意味をいかに解釈したか，なぜそのように解釈したのかということを自覚的に説明することによって，多様な日本語教育の現場をそれぞれが主体的に解釈，理解していくための「リソース」となる。また，そのような「リソース」として読まれることの意味を積極的に評価しながら，日本語教育学としてのLS研究の記述は検討されるべきであると私は考えている。そして，前節で触れたように，「リソース」として考えたとき，日本語教育学としての知見を析出する形の研究とは異なり，事例を記述し，それを語り継ぐということに重きを置いた研究のあり方をどのように考えるのかも今後の重要な課題となるであろう。

　(3)「知の共有としてのアーカイブとデータベース」は，「リソース」としての知のあり方，さらには，事例の記述の重視などの議論の延長にある。「リソース」としての知を日本語教育学の知として利用するためには，多様なケースにアクセスできることが必要になる。そのためには，多くのケースを収集し，整理していく作業が必要であろう。「リソース」という知のあり方を日本語教育学として位置づけていくためには，同時に体系的な「リソース」の整理やその継承，利用の方法を議論していく必要がある。特に，前述の記録としてのLSは，そのような方向性と併せて考えられるべきものである。そのときの記録を「研究」としてどう捉えるかという問題も今後検討すべき課題である。

あくまで「研究」ではなく，研究のための「資料」と位置づけるか，「研究」としての記録のあり方を考えるかという問いは，「研究」とは何かという根本的な問題を問い直す可能性も持つ。

　便宜上，資料としての記録の保存をアーカイブとする。アーカイブとしてインタビューのトランスクリプトのみならず，実際の音声，映像をいかに保存，蓄積していくか，そして，その利用の方法が議論されなければならない。また「リソース」として LS 研究も体系的に整理され，利用しやすい方法などが検討されてよい。これをデータベースと呼びたい。この LS 研究のデータベース化も今後の課題である。多様なケースへのアクセスのしやすさは，1つの優れた理論に代わり，日本語教育学を支える知となるだろう。

　(4)「批判的共有としてのメタ研究」は，個々の LS, LS 研究を「リソース」とし，そのアーカイブ化，データベース化と同時に求められる。メタ研究とは，LS 研究，その研究のプロセスや研究を通じた経験などをメタ的に研究することである。それは，日本語教育学としての LS 研究はどうあるべきかを考える重要な議論となる。前述のように個々の調査経験を振り返り，日本語教育学としての LS 研究を考察する論考は，徐々に現れてきている。今後は，複数の LS 研究を比較した研究や，LS を「リソース」として利用した人の研究といった LS 研究の消費のされ方についての研究などが考えられる。個別の LS 研究ではなく，LS 研究群として日本語教育学を問い直していくために，メタ研究は今後の大きな課題である。日本語教育学としての LS 研究が，日本語教育が共有するモデル・ストーリーを問い直すという領域全体へ向けた実践性を持つためには，多くの LS 研究の蓄積に加え，それを批判的に議論していく場が必要である。日本語教育学の特徴をその実践性に見るのであれば，このモデル・ストーリーの問い直しという社会実践の可能性の意味は大きく，そのためには，アーカイブ化，データベース化とメタ研究による批判的共有が視野に入ってくる。

　以上，私見に基づき，日本語教育学としての LS 研究のあり方と展望を素描した。本書の編集はその展望へと向かう最初の試みと言える。日本語教育学としての LS 研究は，日本語教育学とは何かという問いを内包する。LS 研究は，日本語教育学の境界を多様な事例により絶えず問い直す。その問い直しの中で，逆説的に日本語教育学という輪郭を浮かび上がらせることが，日本語教育学としての LS 研究の意義であり可能性であると私は考えている。

6. 本書の構成

　本書は，2部，全10章により構成されている。第1部「語りを聞く」では，3名の論者が，自らの調査経験を振り返りながら，語りを聞き，書くことの意味を論じている。第1章の川上郁雄は，LS 研究ということばが日本語教育で使用される以前より，フィールドワークを通じて語りを聞くということを続けてきた(川上, 2001)。同時にフィールドワークを日本語教育学として記述することの意味を論じている(川上, 2007)。第1章では，そんな川上にとって日本語教育学としての LS 研究とはいかなるものかについて論じられている。第2章の河路由佳は，日本語教育史の研究にオーラル・ヒストリーを用いている(例えば，河路, 2011; キーン・河路, 2014)。第2章では，長年に及ぶ聞き取り調査の経験から，語りを聞くことの意味が述べられている。川上と河路は，日本語教育において語りを聞き，記述するということと長く向かい合ってきた研究者である。両氏の調査経験は，日本語教育において語りを聞くことの意味を考える最良の「リソース」となっている。第3章は，社会学における LS 研究の第一人者である桜井厚へのインタビューである。桜井の調査経験と LS 研究観と展望について語ってもらった。LS の捉え方が日本語教育において曖昧だという問題意識から，社会学における LS の捉え方を桜井の観点から述べてもらうことで，日本語教育学として LS を考える基盤になると考え企画されたインタビューである。

　第2部は「ライフストーリー・パランプセスト」と題した。「パランプセスト」(palimpsest)とは，重ね書きされた羊皮紙のことである。トマス・ド・クインシーは，記憶の場としての脳を「パランプセスト」に例えている。「観念や形象や感情の永続する多数の層が，光のように柔らかく頭脳の上に折り重なっている。新しい層が形成される毎に，以前の層は埋もれて仕舞ったかに見える。が，実は如何なる層も消滅したわけではない」(ド・クインシー, 1845/2007, p. 131)。第2部は，日本語教育において LS 研究を行ってきた論者たちの研究を重ね合わせて読むこと(重ね書きすること)で，個々の重なりと異なりを浮き彫りにしながら，日本語教育学としての LS 研究の輪郭を描こうという試みである。重要なのは，「上書き」ではなく，「重ね書き」であることだ。それは，1つの LS へと収れんすることなく，多重の線により多様な LS の可能性を描く。また，さらに各論文の後に，編者である私との「往復書簡」をつけた。これにより，個々の研究者の LS 観をより明確にする。

　第4章の三代論文は，日本国内の企業に就職した元留学生の LS から，「グ

ローバル人材」とは何かを論じた論考である。グローバル化の中で進むグローバル人材やその育成に関する議論のモデル・ストーリーを実際に日本で働く元留学生のLSから問い直している。第5章の谷口論文は，谷口との教育実践の中で記述された学習者のLSを研究し，論文化する際に，日本語から英語に翻訳するプロセスの意味を振り返った論考である。第二言語教育におけるLS研究を考えるうえで，語る言語，記述する言語の問題は非常に重要である。複雑に往来する言語の問題と可能性について論じられている。第6章の中山論文は，自身のインタビュー経験を批判的に振り返り，調査協力者の語りを理解できない自分を内省することで，自身のLSへの考え方，その研究の方法を示している。第7章の中野論文は，日系ブラジル人「さゆりさん」のLS研究である。中野と「さゆりさん」との対話の変遷を考察することで「さゆりさん」を見る社会の「まなざし」や中野との対話を通じて構成される「まなざし」，複数の絡み合った「まなざし」が語りを規定しながら，語りを通じて構成されることを描き出す。そして，その「まなざし」を捉えることの意義を中野は論じている。第8章の佐藤論文は，佐藤の日本語学校時代の教え子で，日本で就職している「仁子さん」のLS研究である。佐藤は，自分の立場の変化が「仁子さん」の語りを大きく変化させたことの意味を内省しながら，調査経験と教育実践を結ぶ「応答責任」を日本語教育学のLS研究の意義として主張する。第9章の飯野論文は，日本語教師同士が行うLSインタビューの場自体を教師の成長の場と位置づける試みである。飯野は，自身の調査経験においていかなる対話が教師の成長を促したかを考察している。第10章の田中論文は，在日コリアンとして韓国で日本語を教える教師へのLSインタビューの経験を通じ，調査者の「構え」について論じた論考である。自身の調査経験からLS研究における「構え」の考察の重要性を主張している。

　以上の7本の論考とそれぞれの論考に応じた往復書簡を通じて，日本語教育学としてのLSのあり方を多重の線で描き，相互参照しながら批判的に共有することで，日本語教育学としてのLSを議論したい。

　なお，あらかじめ断っておくこととして，編集の際にあえて細かい記述の方法を統一しなかった。例えば，調査者自身をどのような人称で記述するかやトランスクリプトの記述方法は不統一である。なぜなら，それ自体がLS研究の方法論と非常に密接に関わるからである。その多様性を見せることも本書の意図の一端である。

　また本書は，2014年に発刊した『リテラシーズ』14巻の特集を引き継ぐも

のである。そのためいくつかの論考[注9]は，14巻に掲載されたものを加筆修正のうえ，再録したものになっている。ただし，再録にあたり，さらに議論を重ねたため，原稿によっては全面改稿となっていることをお断りしたい。2014年の原稿と重ね合わせて読むことで，議論がいかに進んだのかも提示できると思われる。

　本書に至るまでの対話自体が，私たちが日本語教育学としてLS研究を考えるうえでの，大きなライフストーリー・インタビューであった。本書自体が対話的に構築され，その対話が複雑に関係しながら，日本語教育学としてのLS研究のあり方を描き出そうとしている。

[付記]　本研究は，JSPS科研費23720277の助成を受けている。

参考文献

飯野令子(2009).「日本語教師の「成長」の捉え方を問う―教師のアイデンティティの変更と実践共同体の発展から」『早稲田日本語教育学』5, 1-14.

飯野令子(2010).「日本語教師のライフストーリーを語る場における経験の意味生成―語り手と聞き手の相互作用の分析から」『言語文化教育研究』9, 17-41.

石川良子(2012).「ライフストーリー研究における調査者の経験の自己言及的記述の意義―インタビューの対話性に着目して」『年報社会学論集』25, 1-12.

江口英子(2008).「日本語教師，山川小夜さんのライフストーリー」『京都精華大学紀要』34, 1-25.

太田裕子(2010).『日本語教師の「意味世界」―オーストラリアの子どもに教える教師たちのライフストーリー』ココ出版.

神吉宇一(編)(2015).『日本語教育 学のデザイン―その地と図を描く』凡人社.

川上郁雄(2001).『越境する家族―在日ベトナム系住民の生活世界』明石書店.

川上郁雄(2007).「「ことばと文化」という課題―日本語教育学的語りと文化人類学的語りの節合」『早稲田大学日本語教育研究センター紀要』20, 1-17.

川上郁雄(2014).「あなたはライフストーリーで何を語るのか―日本語教育におけるライフストーリー研究の意味」『リテラシーズ』14, 11-27.

河路由佳(2011).『日本語教育と戦争―「国際文化事業」の理想と変容』新曜社.

木下康仁(1999).『グラウンデッド・セオリー・アプローチ―質的実証研究の再生』弘文堂.

キーン，ドナルド・河路由佳(2014).『ドナルド・キーン　わたしの日本語修行』白水社.

クリフォード，ジェイムズ・マーカス，ジョージ(編)(1996).『文化を書く』(春日直樹・足羽與志子・橋本和也・多和田裕司・西川麦子・和邇悦子(訳))　紀伊國屋書店．[Clifford, J., & Marcus, G. (eds.) (1986). *Writing culture: The poetics and politics of ethnography*. Berkeley: University of California Press.]

小林多寿子(2010).「はじめに―ライフストーリーの世界へ」小林多寿子(編)『ライフストーリー・

[注9]　第1章川上論文，第2章河路論文，第6章中山論文，第7章中野論文，第8章佐藤論文，第10章田中論文は，『リテラシーズ』14巻に掲載された論文を基にしている。

ガイドブック―ひとがひとに会うために』(pp. vii–xii.) 嵯峨野書院.
佐伯胖(1995).「文化的実践への参加としての学習」佐伯胖・藤田英典・佐藤学(編)『学びへの誘い』(pp. 1–48.) 東京大学出版会.
桜井厚(2002).『インタビューの社会学―ライフストーリーの聞き方』せりか書房.
桜井厚(2005).「ライフストーリー・インタビューをはじめる」桜井厚・小林多寿子(編著)『ライフストーリー・インタビュー――質的研究入門』(pp. 11–61.) せりか書房.
桜井厚(2012).『ライフストーリー論』弘文堂.
佐藤貴仁(2013).「現在を生きる台湾日本語世代の日本語によることばの活動の意味」『言語文化教育研究』11, 391–409.
佐藤正則(2014).「日本語教育を実践する私がライフストーリーを研究することの意味―元私費留学生のライフストーリーから」『リテラシーズ』14, 55–71.
ショウ, クリフォード. R.(1998).『ジャック・ローラー――ある非行少年自身の物語』(玉井眞理子・池田寛(訳)) 東洋館出版社.［Shaw, C. R.(1930). The Jack-Roller: A delinquent boy's own story. University of Chicago Press.］
舘岡洋子(2008).「協働による学びのデザイン―協働的学習における実践から立ちあがる理論」細川英雄・ことばと文化の教育を考える会(編)『ことばの教育を実践する・探求する―活動型日本語教育の広がり』(pp. 41–56.) 凡人社.
舘岡洋子(編)(2015).『日本語教育のための質的研究 入門―学習・教師・教室をいかに描くか』ココ出版.
ド, クインシー, トマス(2007).『深き淵よりの嘆息―『阿片常用者の告白』続篇』(野島秀勝(訳)) 岩波書店.［De Quincey, T.(1845). Suspira de profundis: Being a sequel to the confessions of an English opium-eater quotes. Boston, MA: Ticknor, Reed, and Fields.］
中山亜紀子(2007).「韓国人留学生のライフストーリーから見た日本人学生との社会的ネットワークの特徴―「自分らしさ」という視点から」『阪大日本語研究』19, 97–128.
中山亜紀子(2010).「言語学習者のライフストーリーをめぐっての覚書―言語習得(使用)という複雑な現象」『佐賀大学留学生センター紀要』9, 91–103.
日本語教育学会(編)(2007).『日本語教育』132.
野田尚史(編)(2005).『コミュニケーションのための日本語教育文法』くろしお出版.
プラマー, ケン(1998).『セクシュアル・ストーリーの時代―語りのポリティクス』(桜井厚・好井裕明・小林多寿子(訳)) 新曜社.［Plummer, K.(1995). Telling sexual stories: Power, change and social worlds. London, UK: Routledge.］
ベルトー, ダニエル(2003).『ライフストーリー――エスノ社会学的パースペクティブ』(小林多寿子(訳)) ミネルヴァ書房.［Bertaux, D.(1997). Les récits de vie: Perspective ethnosociologique. Paris, France: Nathan.］
ホルスタイン, ジェイムズ・グブリアム, ジェイバー(2004).『アクティヴ・インタビュー――相互行為としての社会調査』(山田富秋・兼子一・倉石一郎・矢原隆行(訳)) せりか書房.［Holstein, J. A., & Gubrium, J. F.(1995). The active interview. Thousand Oaks, CA: Sage.］
三代純平(2005).「韓国外国語高校における批判的日本語教育の試み」『WEB版リテラシーズ』2(2), 19–27.
三代純平(2007).「韓国外国語高校における学習者主体の「日本文化」授業」小川貴士(編)『日本語教育のフロンティア―学習者主体と協働』(pp. 111–132.) くろしお出版.
三代純平(2008).「専門学校におけるクラス・コミュニティへの参加の意味―日本語支援の目的と方法の転換」『WEB版リテラシーズ』5(2), 1–8.
三代純平(2009a).「コミュニティへの参加の実感という日本語の学び―韓国人留学生のライフス

トーリー調査から」『早稲田日本語教育学』6, 1-14.
三代純平(2009b).「留学生活を支えるための日本語教育とその研究の課題―社会構成主義からの示唆」『言語文化教育研究』8(1), 1-42.
三代純平(2013).「「個の文化」探求としての言語文化教育研究―ライフストーリー研究と実践研究の経験を通じて」『言語文化教育研究』11, 2-12.
三代純平(2014a).「学習言語能力の「問題」は誰の問題か―スポーツ留学生Aのライフストーリーから」『徳山大学総合研究所紀要』36, 89-103.
三代純平(2014b).「日本語教育におけるライフストーリー研究の現在―その課題と可能性について」『リテラシーズ』14, 1-10.
三代純平(2015).「「声」を聴くということ―日本語教育学としてのライフストーリー研究から」舘岡洋子(編)『日本語教育のための質的研究 入門―学習・教師・教室をいかに描くか』(pp. 93-113) ココ出版.
三代純平・石川良子・佐藤正則・中山亜紀子(2013).「日本語教育におけるライフストーリー研究の意義と課題」『2013年度日本語教育学会春季大会予稿集』, 81-92.
三代純平・古屋憲章・古賀和恵・武一美・寅丸真澄・長嶺倫子(2014).「新しいパラダイムとしての実践研究―Action Researchの再解釈」細川英雄・三代純平(編)『実践研究は何をめざすか―日本語教育における実践研究の意味と可能性』(pp. 49-90.) ココ出版.
山口悠希子(2007).「ドイツで育った日本人青年たちの日本語学習経験―海外に暮らしながら日本語を学ぶ意味」『阪大日本語研究』19, 129-159.
レイヴ, ジーン・ウェンガー, エティエンヌ(1993).『状況に埋め込まれた学習―正統的周辺参加』(佐伯胖(訳)) 産業図書. [Lave, J., & Wenger, E. (1991). *Situated learning: Legitimate peripheral participation*. Cambridge, United Kingdom: Cambridge University Press.]
Norton, B. (2000). *Identity and language learning: Gender, ethnicity and educational change*. Harlow, United Kingdom: Longman/Pearson.

第 1 部

語りを聞く

あなたはライフストーリーで何を語るのか ...... 川上 郁雄
日本語教師・学習者そしてその経験者の「語り」を聞くということ ...... 河路 由佳
ライフストーリー研究の展開と展望 ...... 桜井 厚

第 1 章

あなたはライフストーリーで何を語るのか
―― 日本語教育におけるライフストーリー研究の意味

川上 郁雄

1. はじめに――予備的考察

　本章は日本語教育におけるライフストーリー研究の意味を考えることを主題としている。はじめにこの主題を考える前に、いくつかの点を予備的に考えておきたい。

　第一は、人間とは何かを考える研究(以下、人間研究)においてライフストーリー・アプローチが研究方法の1つとして開発され利用されてきた背景に何があるのかという点である。歴史学や人類学、社会学などでは、これまで人間研究を行う場合、「史料」や「事物」等から人間理解へ向かう研究が重視されてきた。つまり、「事実」から「社会的現実(リアリティ)」を探究する実証的研究が客観的、科学的研究として標榜された。しかし、残された「史料」や断片化した「事物」から「社会的現実」が再構成されても、「生身の人間の生きざま(人間らしさ)」が十分に反映されたとは言い切れないと思う人もいた。そのため、生身の人間の証言や語りを聞くことにより、「史料」や「事物」から見えにくかった「社会的現実」を再構成する方法として「聞き書き」やライフストーリー・インタビューが生まれてきた。本章では歴史的再構成に重きを置くライフ・ヒストリーや、個人の語りや主観的意識等に主眼を置くライフストーリー・インタビューをまとめて、ライフストーリー・アプローチとするが、そのライフストーリー・アプローチは、いずれにせよ、「社会的現実」を、「史料」や「事物」からだけではなく、人間の語りの視点から再構成するのが目的となる。ただし、そのように再構成される「社会的現実」とは何かが課題となるが、それについては後で再度、考察することにしよう。

　第二は、どうして近年、ライフストーリー・アプローチが注目されるのか、その背景に何があるのかという点である。人間の心や意識を研究テーマにした研究、たとえば民衆史、心理学やパーソナリティ研究などは以前からあったし、それぞれ長い研究史もあるが、一方で、ライフストーリー・アプローチ

がより広い研究領域で注目されるのは，その背景に，おそらくアカデミズムにおける知のパラダイム転換があるからであろう。そのパラダイム転換とは，ある集団を同じ考え方や同じ文化を持つ均質的な集団と捉え，その母集団の歴史や心理的特徴や型（タイプ）を提示するといった固定的で本質主義的な捉え方から，多様性や動態性，異種混淆性などの視点から集団や個を見る捉え方への転換，また集団や個人を取り上げても，その集団や個特有の特質から理解するという見方から，その集団や個の置かれたさまざまな社会的，相互作用的関係性の中で集団や個を捉える見方への転換，さらには「言語論的転回」による社会構築主義的見方への転換などである。それらのパラダイム転換には，いわゆる流動的でポストコロニアルな社会状況，アカデミズムの知の生成やあり方についての政治性や権力性，ヘゲモニーに対する異議申し立てといった世界的な潮流が関連している。その流れの中で，それまでの研究方法論に対する批判的な見直し，研究者の位置性への問い直し，調査される側やその研究主題の当事者性への視点が以前より注目されるようになった。そのようなアカデミズムにおける知のパラダイム転換を背景に，研究方法論としてのライフストーリー・アプローチが生まれてきているといえよう。

　第三は，これらの動きと呼応するように，日本語教育の研究主題や問題関心の移り変わりがあるという点である。1990年代までの日本語教育の研究や課題設定には，「教え方」「第二言語習得」「言語（日本語）」「教材・教具」等，いかに「日本語を教えるか」を中心に展開される傾向があった。そのため，実践者は「教室内の教え方・学び方」に関心を寄せ，教科書分析や導入の仕方，教室活動の研究，また学習者のニーズ調査からカリキュラム開発まで多くの研究を進めてきた。その後，学習者の自律学習や主体的な学びなど，実践者からの視点だけでなく，学習者の視点も含む研究へ，つまり，「教室内」から「教室外」へ，あるいは「教える側」から「学ぶ側」へと視野が拡大されていくと，たとえば学習動機や学習過程，日本語使用の意識について学習者にアンケート調査やフォローアップ・インタビューをするなど，問題関心も研究方法論も拡大した。ただし，その場合でも，ある事柄を学ぶ前と後，あるいは教室活動の過程など，比較的短い期間の学習，また限られた場所での学習に焦点化する研究が主流であった。

　しかし，学習者はそのときだけ日本語を使用しているわけでも，日本語を学んでいるわけでもない。日本語学習というのは，学習者個人の中で行われる活動というよりは，実践共同体の中で，あるいは学習者が置かれている社会的

な関係性の中で生まれていると見る社会文化的アプローチや状況的学習論から捉える見方が導入され，学習者自身が社会的文脈で第二言語使用を通じてアイデンティティ交渉を行っているという見方が近年広く支持されるようになってきた。

そうなると，日本語教育の研究範囲は従来の範囲に留まらなくなる。学習者が第二言語として日本語を学ぶことは，教室内外の特定の学びの場だけではなく，生活全体，あるいは人生全体の中で行われており，時間的にも空間的にもより広い生活や人生の中で学習者が日本語学習をどのように意味づけ，どのように日本語を使用しているのかに研究関心が拡大していった。同時に，そのような日本語学習者に関わる日本語教師自身の成長過程も日本語教育の研究対象として浮上するようになった。このように，これまでの研究主題や研究方法からは見えにくかった領域の人のあり方に関心を寄せる人が増え，そのあり様を探求する方法として，ライフストーリー・アプローチに注目する人が増えてきたのである。このように，ライフストーリー・アプローチの興隆の背後には，日本語教育学界の研究主題や問題関心の変化があると考えられる。

ただし，ここで留意しておかなければならないことは，日本語教育に関わる人すべてがこのような問題意識の変化を感じているかといえば，そうではないということだろう。テクノロジーの発達によって，たとえばコーパス研究のように，大量の情報データを駆使して日本語使用の実態や言語変容を探求する研究も蓄積され，方法論として発達している。ライフストーリー・アプローチとこれらの方法論は，いずれも「人間研究」，「社会的現実」の探求という点では共通するが，何を「社会的現実」と捉えるかは，論じる人によっても異なる。その点は，後で再度検討してみよう。

以上の3点は，日本語教育におけるライフストーリー研究の意味を考えるうえで前提となる観点といえよう。そのことを踏まえたうえで，次に，具体的な素材として，このテーマを考える私自身がどのようにライフストーリーを研究方法として使用するようになったのかを述べたい。そのうえで，日本語教育におけるライフストーリー・アプローチの先行研究を検討し，その意味と可能性を議論し，最後に，日本語教育におけるライフストーリー研究で私たちは何をすべきかについて考える。

2. ライフストーリーと私

私は今，子どもの日本語教育に関心を寄せている。その子どものことばの

研究にこれまでライフストーリー・アプローチを研究方法として活用してきた。ここでは，そのことを例に日本語教育におけるライフストーリー研究について考えたい。ライフストーリー・アプローチを実践する一人ひとりの研究者にはその人自身のライフストーリーがあり，それが研究方法に重なるようにして，その研究者のライフストーリー観が形成されているといえよう。したがって，ここでは，私のライフストーリー研究の実践と考え方がどのように形成されたか，そしてなぜ子どもの日本語教育においてライフストーリー・アプローチを研究方法として活用してきたのかについて簡単に触れてみたい。

2.1 文化人類学—フィールドワークで出会った子どもたち

　1980年代半ば，私は大阪大学大学院博士課程（日本学専攻）の学生で，民俗学，文化人類学を学んでいた。所属する研究室では文献講読の他に，日本各地の農村，漁村，山村でのフィールドワークを行い，古老から昔の生活や風習，昔話などについて聞き書きを行い，年中行事や儀礼などを参与観察していた。フィールドで出会う人々と関係性を築きながら，その人が信じている世界に深く分け入っていくことに強い興味をいだいていた。そして集められたデータから，昔の生活や信仰の世界を再構成し，記述する訓練を受けた。この訓練が，のちにライフストーリー研究を行う基礎となったと思われる。

　当時私は，博士論文のテーマとして，将来の日本社会に出現すると思われる，国内の「多文化状況」の研究を考えていた。文化人類学徒が国外にフィールドを求めて出ていくことが多かった時代に，国内のテーマを選ぶのは少数派であった。研究テーマとして，当時増加しつつあったベトナム難民家族の日本定住過程の人類学的研究を考えた。まずベトナムの社会や文化について学び，ベトナム語を習い，1980年代後半から調査を開始した。そしてベトナム人の家庭を訪問し始めると，彼らの子どもたちがたくさんいることに気づいた。そこで，その子どもたちにベトナム語で話しかけると，そんなことばは知らないと拒否された。ベトナム語を知っているはずなのに，どうして知らないと言うのかと疑問に思い，子どもたちの言語生活について関心を持つようになった。それが複数言語環境で生きる子どものことばの問題を研究するきっかけになった。

　さらにその後，私は神戸市長田区のカトリック教会でシスターたちが運営していたベトナム難民家族の子どもたちのための学習支援活動にボランティアとして参加するようになった。そこのベトナム人の子どもたちはすでにベトナ

ム語より日本語の言語能力の方が強くなっていたが，学校では教科学習の遅れが目立ち，シスターたちがそのことをとても心配していた。そのボランティア活動を通じて，ベトナム人の親のことや，親が子どもにベトナム語を教えるベトナム語教室のことも知った。その活動を通じて，子どもたちがどのようにベトナム語を覚えたり，日本語を覚えたりしているのか，またアイデンティティ形成についても考えるようになった。

　私がベトナムの子どもたちの言語問題，特に日本語教育や教科学習に関心を寄せた理由は他にもある。私は博士課程に入学する前，大阪で高校教諭をしつつ民間の日本語教師養成講座に2年間通い，420時間の訓練を受けていた。そのこともあり，フィールドで出会ったベトナム人の子どもたちの言語生活と言語教育を考えることが将来の重要な課題になると思い，調査を行い，その調査結果を日本語教育学会の学会誌に投稿した（川上，1991）。

　一方，移民に関する文化人類学的研究として，移民国家であるカナダやアメリカでの先行研究を読み漁った。移民国家の中では，移民がホスト社会に定住後，社会の主流文化との接触の中で自分たちの持ちこむエスニック文化をどのように維持し，エスニック・アイデンティティを形成しているのかといった，いわゆる「民族集団研究」が1960年代から活発化していた。それらの研究を見ると，同じエスニック背景を持つ移民が集団を形成し，ホスト社会へ自分たちの主張や要求をつきつける利益集団化する動きがあった。私は，来日したベトナム難民も集団化し日本社会へインパクトを与える「民族集団」になるのではないかと考えた。財団法人トヨタ財団の研究助成を得て，本格的に調査を開始した。

　調査は，関西，関東に住むベトナム難民家族からスノーボール方式で協力者を探し，60家族のベトナム難民から，ベトナムでの生活，難民としてのベトナム脱出の経緯，ベトナムから日本までの経緯，日本定住過程，仕事，家族，宗教，将来への希望などについて詳細な聞き取り調査を行い，彼らの日本定住生活についてのエスノグラフィーを記述した（川上，1999）。

　しかし，調査をする前に私が予想したのはベトナム難民が定住過程で利益集団化していくことだったが，その様子は見られなかった。むしろ，日本は仮の住まいで，彼らの視線は海の向こう，つまり，ベトナムや他の第3定住国に移住した親族や仲間たちに注がれていることがわかってきた。そこで調査方法を変えて，ベトナムに一時帰国するベトナム難民家族に同行してベトナムに渡り，彼らの親族や友人に会って話を聞いた。さらに日本で知り合ったベトナム

難民でアメリカへ渡った若者やオーストラリアへ渡った若者を追跡し，それぞれの定住先で話を聞いた。その結果わかったのは，日本定住ベトナム難民の生活世界は日本の中だけに完結するものではなく，彼らのトランスナショナルなネットワークによって構築されているということだった。その生活世界には，社会主義国，難民，祖国へのナショナリズムといった政治性や，利益集団となりえない個人の多様性，複数地点間に広がる動態性といった側面が色濃く反映していた（川上，2001；Kawakami, 2003）。

2.2 「移動する子ども」のライフストーリー調査

　子どもの日本語教育に職業的に関わったのは，1990年に国際交流基金の「長期派遣日本語教育専門家」としてオーストラリアのクィーンズランド州教育省に勤務し，初等中等教育レベルの「日本語教育アドバイザー」となったのが最初であるが，それよりも現在の私の中で大きな出来事は，当時6歳だった娘が英語もわからないまま現地の小学校に入学し，1年生として第二言語の英語を習得していく様子を，私が親として目の当たりにしたことだった。娘は，週に一度，巡回してくるESL教員により在籍クラスから「取り出され」，別室でESL教育を受けていた。娘は現地校に通い始めたころは長い「沈黙期間」に入り，英語の習得に苦労したと思われるが，在籍した2年間にその学校にも慣れ，すっかり英語も話せるようになった。日本で幼稚園教育を受けていた娘にとってオーストラリアの学校文化は異質なものであった。しかし，私の任務を終えて家族で帰国すると，娘は「帰国子女」として日本の公立学校に編入し，今度は日本の学校文化に面食らった。私の娘自身が「移動する子ども」であった。

　オーストラリアから帰国し宮城教育大学に赴任した後も，私は仙台でいわゆる「日本語指導が必要な外国人児童生徒」への日本語教育を研究し，文部省（当時）の「JSLカリキュラム」開発にも委員として関わった。2002年から早稲田大学へ勤務するようになり，「年少者日本語教育研究室」を立ち上げ，「移動する子ども」の研究に専念するようになった。

　第二言語として日本語を学ぶ子どもたちへの「日本語の教え方」や「第二言語能力の把握方法の開発」，子どもに日本語教育の実践をする院生への指導などについて実践研究を重ねていくうちに，幼少期より複数言語環境で成長する子どもたちの「第二言語としての日本語の習得」から「複数言語環境で子どもが成長することそのもの」に関心が広がった。それまでの研究で得ていたホ

リスティックな言語能力観をベースに，子どもの人生そのものをホリスティックに捉えることが大きなテーマとして浮上してきたのだ。つまり，幼少期より複数言語環境で成長した子どもが大人になるとどのようになるのかということである。

そこで考えたのが，幼少期より複数言語環境で成長した大人にインタビューをし，複数言語をどのように習得したのか，あるいは習得できなかったのか，自分自身の複数言語能力をどのように考えるのか，また複数言語能力は人生やアイデンティティ形成にどのような影響を与えたのかという研究である。そのための研究方法として考えたのがライフストーリー・アプローチである。ベトナム難民家族の難民脱出から定住生活までについてのインタビュー調査を経験していた私にとって，「移動する子ども」だった人へのライフストーリー・インタビューという方法論はごく自然に出てきた発想であった。

当初より，「移動する子ども」というテーマの重要性を広く社会的に知らせることをねらいとしていたので，調査対象者は「複数言語背景のある著名人」とした。研究室の院生たちにも手伝ってもらい，インターネットで候補者を検索した。セイン カミュさん（マルチタレント），一青妙さん（女優，歯科医），コウケンテツさん（料理研究家），華恵さん（エッセイスト）など十数名がリスト化され，メールで問い合わせをし，所属事務所と本人の了解を得た11人にインタビューをすることになった。事前に研究調査倫理上の説明をしたうえで，インタビュー時には録音，録画，写真撮影を行い，後日，私の研究費から謝金を支払った。

そのような経緯で行ったライフストーリー調査の研究成果を，私は2009年の秋の日本語教育学会で「私も「移動する子ども」だった―幼少期に多言語環境で成長した成人日本語使用者の言語習得と言語能力観についての質的調査」と題して発表した（川上，2009）。発表では，セイン カミュさんと一青妙さんのライフストーリー・インタビュー時の映像とスクリプトを紹介した。そのうえで，幼少期に複数言語環境で成長した子どもの場合，(1)子どもは社会的な関係性の中で言語を習得する，(2)子どもは主体的な学びの中で言語を習得する，(3)複数言語能力および複数言語使用についての意識は成長過程によって変化する，(4)成人するにつれて，言語意識と向き合うことが自分自身と向き合うことになり，その後の生活設計に影響する，(5)ただし，言語能力についての不安感は場面に応じて継続的に出現することを，結論として提示した。そのうえで，このような環境で成長した人は，極めて主観的な意識のレベルで言

語習得や言語能力意識を形成し，そのことに主体的に向き合い，折り合いをつけることによって自己形成し，自分の生き方を立ち上げていくが，不安感を秘めた言語能力意識が言語習得や言語生活を下支えしており，その意識に向き合う言語教育実践の構築が今後の課題となると述べた。

　発表後，フロアーからいくつかの質問が出た。その1つは，「移動する子ども」と「移動しない子ども」をどう考えるのかという質問であった。これに対して，私は「移動する子ども」というのは分析概念であると答えた。会場にいた人がどれほど分析概念という意味を理解したかはわからないが，これをもとに，のちに川上（2011）で分析概念の意味を詳述した。もう1つの質問は，「セインさんも一青さんも成功例であるが，成功しない人はどうなのか」というものだった。これについては「成功したという人の場合でも，言語能力について不安感があるという点に注目すべきではないか」と答えたが，この質問から，のちに「言語教育の成功，不成功とは何か」という問題意識が生まれた。

　この学会発表の翌年，このライフストーリー調査から10人を選び，『私も「移動する子ども」だった—異なる言語の間で育った子どもたちのライフストーリー』として刊行した（川上編，2010）。現在，勤務校で私が担当する，学部生，留学生を主な対象とする日本語教育学の副専攻科目の授業で，この本をテキストに使っている。受講生は，このテキストを読み，友人や自らの「移動する子ども」の体験を語り合い，自らを再帰的に捉え直している。

　この「移動する子ども」の研究には意外な展開があった。この本でインタビューをした一青妙さんが2012年に『私の箱子（シャンズ）』という自伝を刊行した。妙さんは，台湾人の父と日本人の母のもと東京で生まれた後，すぐに家族とともに台湾に渡り，11歳まで台湾で暮らした。その後，日本に帰国して「帰国子女」受入れ校に編入し，さらに大学へ進学したのち歯科医と女優になった。この本によると，父，顔英民さんは台湾の鉱山王と呼ばれた会社の跡取り息子で，10歳から日本に「内地留学」した人だった。つまり，妙さんの父も「移動する子ども」だったし，さらに，妙さんの祖父も，台湾から日本に「留学」し日本の大学を卒業した人だった。そのように，妙さんの家族は植民地時代の台湾と日本の間で移動する「移動する家族」の歴史を持っていた。妙さんはすでに他界した両親の足跡を追いながら，自らを再帰的に発見していく。私が妙さんにインタビューしたのは2009年3月であったが，妙さんがこの本を書こうと思ったのは，2009年に妙さんの自宅の解体作業中に両親の古い写真や手紙などが入った箱を偶然見つけたことがきっかけだったという。つまり，私の

インタビューとこの本の構想がほぼ同時期に重なり，妙さんは自らと自らの過去と向き合い，物語を紡ぎ出したのだ。

　私は妙さんのこの本が「移動する子ども」の優れた自己エスノグラフィーであると捉えた。それゆえ，この本と私のライフストーリー・インタビューの内容をもとに，2013年の春の日本語教育学会で，「幼少期より複数言語環境で成長した子どもの経験と記憶はその後の生にどのような影響を与えるのか―台湾と日本で成長した一青妙氏とその家族の歴史を例に」と題して発表した（川上，2013）。この発表で私は，(1)幼少期より複数言語環境で成長する子どもにとって，複数言語を使った経験とその記憶，そして複数言語能力意識が子どもの成長やアイデンティティ形成に深く関わること，(2)経験や記憶を意味づける力は自分の生をメタ的に捉える力であり，それがアイデンティティの再構築や生きていく力の育成につながること，(3)その力の育成こそが年少者日本語教育の実践の中心にあり，その点へ収斂する実践をめざすことが必要であることを主張した。

　この発表でようやく私のライフストーリー・アプローチによる研究主題の輪郭が明確になってきた。つまり，「移動する子ども」という概念のコア・コンセプトが幼少期より複数言語環境で成長した経験（過去の体験を現在の視点で意味づけたものという意味の経験）と，それと向き合って自分の生をメタ的に捉える力であるということになり，さらに，そのような力の育成をめざしてどのような日本語教育実践ができるのかということが年少者日本語教育研究の中心的テーマになるのではないかということである。

　以上のように，ひとりの研究者がどのような学問的訓練を受け，どのような研究関心を持ち，どのような研究を行ってきたのかということと，ライフストーリー研究という方法論を採ることは重なっていくのだろう。あるいは，ライフストーリー研究という方法論には研究者のライフ（人生，生活，考え方）がすべて反映していくと捉えることもできよう。

3. 日本語教育におけるライフストーリー研究

　では，次に日本語教育におけるライフストーリー研究の先行研究からいくつかを取り上げ，研究者がどのような意図でそれぞれの研究を行っているのかを考えてみたい。そのために，「(1)なぜライフストーリーという方法論が採られたのか」「(2)ライフストーリーという方法論で何を明らかにしたいと思ったのか」「(3)何をめざしてライフストーリー研究が行われたのか」という，3つ

の観点から検討してみよう。これらの観点が，日本語教育におけるライフストーリー研究の意味を考えるうえで必要な観点と思われるからである。

　前述のようにライフストーリー研究は人のライフ（生活，人生，生き方）を研究することに主眼がある。したがって，日本語教育におけるライフストーリー研究は，大きく分けると主に学習者と教師についての研究となる。

　はじめに日本語学習者に焦点を置いたライフストーリー研究をいくつか見てみよう。

　日本語学習者についてのライフストーリー研究の例としては，羅暁勤が日本語学習者の学習動機に焦点を当てたライフストーリー研究を行った（羅, 2005）。羅は台湾の大学生にライフストーリー・インタビューをすることにより，学習者の日本語学習動機の変化や意識について考察している。その中で羅は，学習者が社会的文脈の中で葛藤や妥協，選択をしながら日本語学習を進めている姿を明らかにした。同時に，その学習動機は固定的なものでも不変的なものでもなく，個人と社会的文脈との相互作用で生じるダイナミズムの中にあると結論づけた。

　山口悠紀子はドイツで成長した日本人青年が日本語とどのように関わり，何を感じながら日本語を学習してきたかをライフストーリーによって描こうとした（山口, 2007）。山口は日本人青年が周囲や社会との相互作用の中で，日本語学習をめぐる文脈がアイデンティティ交渉の場となったとき，日本語学習へ「投資」することによってアイデンティティ構築をしていると説明し，「補習校で学ぶ子どもたちは日本語を介して一己の人間としての自分を探し求め，葛藤している」(p. 156) と最後に述べている。

　また中山亜紀子は，韓国人留学生へのライフストーリー・インタビューを通じて，ライフストーリーに見られる「自分らしさ」と，日本語を話す自分に対する評価としての「自分らしさ」を明らかにしようとした（中山, 2008）。中山は，カナダへの移民が社会的な関係性の中で英語習得を進め「正統な話者」となるという学習者の側から言語学習を描いた Norton（2000）の研究を評価しつつも，「彼女（Norton：引用者）がアイデンティティとは時間と場所によって変わるものだといいながら，一方で言語学習の目標であるとする「正統な話者」というアイデンティティを，固定化され一度手に入れたら変わらないものであるかのように描いていること」(中山, 2008, p. 37) を批判し，学習者が社会的関係性の中で見られる（再）構築されるアイデンティティの「個人史的意味」を考えることが重要であると主張する。そして，それゆえに，日本語教育に

おいては「学習者の言葉に耳を傾けることの大切さをここで述べたいと思う」(p. 190)と最後に結論として述べている。

以上のように，日本語学習者に焦点化したライフストーリー研究は，これまであまり知られていなかった学習者の視点からの言語学習，特に社会的な関係性の中でどのように学習を進めているのかを，学習者の意味づけを含めて明らかにしようとしている研究といえよう。そのねらいは，日本語教育の学習者のもつ「社会的現実」すなわち「リアリティ」を提示することに，目的と主題があるといえよう。

次に，教師に関するライフストーリー研究を見てみよう。

江口英子は，日本語教師の山川小夜という女性のライフストーリーを提示している(江口, 2008)。山川小夜は満州(中国東北部)に渡った日本人の両親のもとで1940年に満州で生まれ，1947年まで中国で過ごしたのち，日本に帰国し，いくつかの職業を経て，日本語教師となった人である。山川が戦中戦後の激動の歴史の中で成長し，のちに日本語教師になっていくというライフストーリーの中，江口は山川が日本語教師としての考え方や日本語教育観を形成していく様子を詳細に説明していく。

江口(2008)は結論として，このようなひとりの日本語教師の半生と日本語教師の実態を示すことによって，「日本語教師の多様性」を示そうとしたと述べる。その理由は，『日本語教育』132号の特集「日本語教育学とは何か」から，日本語教師を「ある一定水準以上に保つことが優先されている」(p. 2)ことに疑問をいだき，「現実の世界に生きる日本語教師を知る必要がある」(p. 2)という発想から，ひとりの日本語教師のライフストーリー研究を行ったという。

江口の研究は日本語教師が時代的背景や個人の生活史の中で日本語教師という職業に就いていることを考える研究といえる。つまり，一人ひとりの日本語教師はそれぞれ異なる人生，生活を生きているのであるから，その多様性を知ることが私たちにとっては重要だという主張のように読める。

日本の日本語教師だけではなく，海外の日本語教師のライフストーリー研究もある。太田裕子はオーストラリアの中等教育レベルで教える日本語教師のライフストーリーを提示している(太田, 2010)。太田はオーストラリアという社会的文脈の中で日本語教育や日本語教師についてのマスター・ナラティブと，教師あるいは日本語教師についてのモデル・ストーリーのもと，さらに教師自らの人生や生活の中のさまざまな経験から，どのように日本語教師としての生き方や考え方が形成されてきたのかを，教師のライフストーリーをもとに

考察した研究である。太田は，この研究で一人ひとりの日本語教師が社会的文脈の中でさまざまな影響を受けながら，そして教育現場や個人的な家庭生活の体験をもとに，自らの日本語教育観と実践観を形成していく様子を示し，言語教育政策と教育現場の間に見られる日本語教師の主体的な生き方を示したといえる。

　このように日本語教師が社会との関わりや社会的な影響を受けつつ変容するあり様を「成長」という視点から捉える研究もある。飯野令子は，日本語教師のライフストーリー研究という方法論によって教師の成長を主題とした研究を行った(飯野, 2012)。飯野は，日本語教師が日本語教育における複数の実践コミュニティでの実践を通じて日本語教師としてのアイデンティティ交渉を繰り返すことにより成長していく姿を5人の日本語教師へのライフストーリー・インタビューを通じて明らかにした。そのことにより，日本語教育学界に見られる「日本語教師の成長」とは何かを問い返し，新たな「日本語教師の成長の再概念化」を試みている。

　日本語教師と社会という接点では，日本語教育史の研究領域において，日本語教師のライフストーリーをもとに，日本語教育の歴史像を再構成する研究もある(たとえば，河路, 2011)。日本語教育史におけるライフ・ヒストリー研究では，それまで見えにくかった，あるいは知られていなかった日本語教育の新たな歴史像を日本語教師の個人の視点から描き出そうとしている。

　以上のように，日本語教師のライフストーリー研究は，日本語教師を取り囲む社会的関係性に見られる，日本語教師の生き方や生活の「社会的現実」を提示することに，目的と主題があるといえよう。

　もちろん，これら以外にも日本語教育におけるライフストーリー研究はあるが，本章で考えたい課題を設定するにはこれで十分であろう。まず，日本語教育における学習者と教師についてのこれまでのライフストーリー研究は，学習者と教師に関する「社会的現実」すなわち「リアリティ」を提示することに重きを置く研究であったとまとめることができる。つまり，前述の「(1)なぜライフストーリーという方法論が採られたのか」「(2)ライフストーリーという方法論で何を明らかにしたいと思ったのか」の観点から見れば，これまで研究視角に入らなかった，つまりあまり知られていなかった学習者や教師の動態的な意味世界という「社会的現実」を明らかにすることが目的であって，そのためにはライフストーリーという方法論がもっとも適切な方法であるとして採用された。その意味においては，ライフストーリーという方法論も研究成果も適

切であったといえる。そのため，研究者はライフストーリー・インタビューを通じて明らかになった「社会的現実」に突き動かされ，そのことを詳細に述べたい，あるいは自らの教育観や学習者観，教師観を振り返り，新たな問題提起を提示したいと思うのは当然であった。

ただし，研究成果を見る限り，「(3)何をめざしてライフストーリー研究が行われたのか」は必ずしも明確ではない。ライフストーリーを収集し，それらを分析すること，そして「社会的現実」を提示した後に，私たちが行うべきことは何かが必ずしも議論されていない。したがって，日本語教育におけるライフストーリー研究とは何かという主題は改めて考えなければならない課題として残っている。

4. 日本語教育におけるライフストーリー研究とは何か

以上のように，日本語教育におけるライフストーリー研究は，これまでの日本語教育の研究で見えにくかった，あるいは見落とされていたと思われる学習者や教師の動態的な意味世界という「社会的現実」を提示しようとしている。

三代純平は近年の日本語教育におけるライフストーリー研究の隆盛について，以下のように解釈している。

> 日本語教育におけるライフストーリー研究は，聴かれてこなかった，日本語や日本語教育に携わる人々の声を聴くことを第一の目的としてきた。また，結果，ライフストーリーを聴くことにより，今まで前提としていたものが問い直されたり，視界に入っていなかったものが浮き彫りになったりという新鮮な経験をライフストーリー研究者やその記述を読んだ日本語教育関係者にもたらした。逆に言うならば，ライフストーリーという装置を手に入れるまで，日本語教育は，個々の「声」を聴きとることに十分な努力をしてこなかったと言えるかもしれない。 (三代, 2013, p.85)

この「人々の声を聴くことを第一の目的としてきた」という三代の解釈は，前節で私が述べた，日本語教育における動態的な意味世界という「社会的現実」を提示することという意味と重なる。

三代は次に，「日本語教育学」としてのライフストーリー研究の課題と可能性について，いくつかの課題があると指摘する。その1つは，これまでの日本

語教育におけるライフストーリー研究が桜井厚の提起している対話的構築主義に基づいたライフストーリー研究になっていないという点である。それは，調査者の位置づけが不透明で，調査協力者と調査者との対話で構築されるライフストーリー分析が不十分であるという意味である。もう1つは，「日本語教育学」としてのライフストーリー研究とは何かという議論が不十分であるという点である。これまでの日本語教育におけるライフストーリー研究は「対象が日本語教育関係者という以外に「日本語教育研究」であるとする根拠がない」と三代は説明する。

　さらに三代はこの2つの課題はつながっていると指摘している。日本語教育におけるライフストーリー研究は，調査者(研究者であり，実践者であるもの)が調査協力者と共に構築した経験の意味を調査者の経験や構えを含めて自己言及的に考察することによって，新しい「日本語教育学」の構想に寄与できるのではないかという。ここでは，これを3つめの課題としておこう。以下，三代が提起する課題を手がかりに議論を進める。

4.1 「対話的構築主義に基づいたライフストーリー研究になっていない」とは

　三代が指摘する第一の課題，すなわち日本語教育におけるライフストーリー研究が桜井のいう対話的構築主義に基づいたライフストーリー研究になっていないという点から考察を始めよう。

　桜井はライフストーリー・アプローチを3つのアプローチに分類している(桜井, 2002)。桜井によれば，その3つのアプローチとは，ライフ・ヒストリー研究のように歴史像の再構成を主眼とする実証主義アプローチ，ライフストーリーの収集過程で分析・解釈しながら，新たな属性や関連性が見られなくなる〈飽和〉状態の中で特定の「社会的現実」を帰納的に一般化する解釈的客観主義アプローチ，そしてライフストーリーが語り手とインタビュアーとの対話を通じて共同構築されると見る対話的構築主義アプローチである。

　この三者の違いは，それぞれのアプローチが記述しようとする「社会的現実」の捉え方の違いであるといえる。たとえば，実証主義アプローチを採る研究者は，個人が語ったライフストーリーは歴史的事実を表象している「資料」と見做し，「資料」に基づく「社会的現実」を再構成することをめざす。その場合，歴史は客観的に存在することが前提となっている。解釈的客観主義アプローチを採る研究者は，多数の語られたライフストーリーをもとに意味構造を解読し，そこに現れた確固とした現実と思われるものを「社会的現実」として

記述することをめざす。その場合，確固とした現実を表象する意味世界があらかじめ存在することが前提となっている。それに対して，対話的構築主義アプローチでは，語り手が語る出来事などに語り手の解釈だけではなく聞き手(インタビュアー)の反応や解釈も含まれて語りが成立すると考える。それを桜井は「ライフストーリーの物語的構成」(桜井, 2002)と呼ぶ。そして，その物語的構成に見られる語り手と聞き手によって共同構築された現実解釈が考察対象となり，それが「社会的現実」ということになる。桜井はそれを「それぞれの価値観や動機によって意味構成された，きわめて主観的なリアリティ」であると述べている(桜井, 2002, pp. 39-40)。

この桜井の対話的構築主義アプローチの最大の特徴は，「語ることは，過去の出来事や経験が何であるかを述べること以上に〈いま・ここ〉を語り手とインタビュアーの双方の「主体」が生きること」であるとし，「インタビューの場こそが，ライフストーリーを構築する文化的営為の場」(桜井, 2002, p. 31)と見る点であろう。したがって，このアプローチではライフストーリーで「何を語ったのか」よりも「いかに語ったのか」という語りの様式に注目する。桜井の新しい視点は，ライフストーリーが歴史的資料となる前に，「語り」に聞き手(調査者)が関与しているという点を明確にした点であろう。

しかし，このような桜井の考え方について批判があると，桜井自身が認めている。たとえばその批判とは，ライフストーリーに「私(桜井：引用者)が物語性を認め，語りが事実を反映しているという視点をとっていないことに対する批判」や，「方法が「構築主義」に論理整合的ではない」(桜井, 2012, p. 170)という批判である。これらに対して，桜井自身が，「体験や経験の概念が個人にそなわっていると理解される記述があるところや，リアリティを〈いま・ここ〉での相互行為ではなく〈あのとき・あそこ〉に位置づけて説明している点など，厳密な「構築主義者」からの批判は免れない」(桜井, 2012, pp. 170-171)と率直に認めている。ただし，そのような批判があったとしても，桜井が対話的構築主義アプローチを堅持するのは，桜井自身が長年にわたって行ってきた社会的マイノリティへのインタビュー調査の，その経験と実感があるからであろう。構築主義とは言語あるいは言説によって意識や社会が構築されると見る「言語論的転回」によるパラダイムをいう(上野編, 2001)が，桜井は「そのときその場で生活している一人ひとりの生き方や経験を聞くとき，その「主体」や「経験」のリアリティを感じる。少なくとも，人びとの生活と語りがそのリアリティを根拠にしていることは疑いようがない」(桜井, 2012, p. 171)とインタ

ビュー調査時の実感を述べている。

　桜井はライフストーリーを論じる際に，「語りの真偽性」や分析の視点としての「内的一貫性」，語り手と聞き手の相互行為によって構築される「物語世界」といった視点からライフストーリーを論じながらも，「社会的現実」を実際に記述するのは調査者自身であると述べているように見える。その点が重要であるから，「特定の理論に整合かどうかは二の次だというものだ」(桜井, 2012, p. 171)と桜井は言い切っている。

　したがって，桜井の対話的構築主義アプローチによる調査研究は，語り手(調査協力者)と聞き手(調査者)の双方によって「語り」が共同構築されるが，その「主体」や「経験」のリアリティを感じるのは調査者自身であり(もちろん，そのリアリティを感じるのは語り手も同じだと調査者は感じるのであろうが)，その結果，インタビュー調査の記述に調査者自身の考える現実理解や歴史認識が反映されるということになる。

　前述のように三代は「日本語教育におけるライフストーリー研究が桜井のいう対話的構築主義に基づいたライフストーリー研究になっていない」と問題提起したが，ライフストーリー研究は桜井のいう対話的構築主義アプローチだけによって行われる研究とはいえない。日本語教育史の研究者は実証主義的アプローチを採るかもしれない。そのアプローチを採る研究者はライフストーリーを通じて見えてくる「客観的歴史」としての「社会的現実」を再構築したいと考えるであろう。

　また，桜井が一線を画した「解釈的客観主義アプローチ」においても多様な議論がある。このアプローチの代表的な方法論がグラウンデッド・セオリー・アプローチであるが，その発案者のB. グレーザーとA. L. ストラウスの間にも研究方法をめぐる対立があったといわれる(木下, 1999)。木下康仁は，その対立の理由が「人間の認識論的な立場」にあるといい，木下が提案する修正版グラウンデッド・セオリー・アプローチ(M-GTA)においては「研究する人間の視点」を重視しているという(木下, 2003)。木下が「研究する人間の視点」を重視するのは，データの分析，解釈の過程の手順を明確化することだけではなく，「手順を踏みながらもデータを解釈している人間の力量」に注目するからである。木下はそのことを「「わかる」という経験」と表現する。データ分析の際の「理論的センシティビティ」や「感覚的わかりやすさ」という要素を踏まえると，「「感じ，感覚的要素」というおよそ科学的ではなく，主観というよりさらにあいまいであるものが，実は私たちが「わかる」ための不可欠

の要素ではないか」(木下, 2003, p. 75)と指摘し,さらに「【研究する人間】とは感覚的理解を排除しないということだけでなく,理論的存在であり,同時に価値的存在として位置づけられる」(木下, 2003, p. 76)と説明する。グラウンデッド・セオリー・アプローチでは,とかく分析手法であるコーディング,継続的比較分析,理論的サンプリング,理論的飽和化といったことが注目されるが,木下自身がデータを分析する人間に留意し,「データの解釈はその人のものの見方があって成り立っている」,「リアリティ感や手ごたえ感,適切さや確からしさの確認,これらは一朝一夕に身につくものではなく,誰であってもそれなりの時間と学習努力が必要なのである」(木下, 2003, p. 72)と述べている点は,修正版グラウンデッド・セオリー・アプローチを理解するうえで重要な点であろう。

つまり,日本語教育におけるライフストーリー研究において重要なのは,どのアプローチを採るかではなく,調査者がどのような考えでそのアプローチを選ぶのかである。それは同時に,前述の桜井や木下の議論を踏まえれば,調査者が何を「社会的現実」すなわち「リアリティ」と感じるかという点と密接に関係していると考えられる。

本章ではこれまで社会的現実を「社会的現実」と括弧つきで提示してきた。その理由は,調査者がライフストーリー・インタビューをもとに書く「社会的現実」は,文化人類学者のJ.クリフォードが民族誌を書くとはどういうことかの議論の中で,民族誌の真実とは部分的真実(partial truths)である(Clifford, 1986)と述べたことに通じると考えられるからである。ここで留意しなければならないのは,真実は複数形であるということだ。これを日本語教育の文脈で見れば,日本語教育におけるライフストーリー・インタビューで調査者が主観的に実感する「社会的現実」とは,複数形の社会的現実の1つにすぎないということである。さらに言えば,その「社会的現実」とは,日本語教育の文脈の中で調査者が重要と考える「社会的現実」ということになる。

この点が,三代がいう2つめの論点,「日本語教育学」としてのライフストーリー研究とは何かという議論が不十分であるという点を考えるうえで重要な視点になると考えられる。次に,その点を考えてみよう。

4.2 「「日本語教育学」としてのライフストーリー研究とは何か」という問い

「日本語教育学」としてのライフストーリー研究という議論が不十分であるという三代の問題提起は,「日本語教育学」とライフストーリー研究の関係,

あるいは,「日本語教育学」におけるライフストーリー研究の位置づけという問題として再設定できよう。

　このように再設定された問題でもっとも重要な点は,この問題の中心にあるのは「日本語教育学」であるという点である。言い換えれば,「日本語教育学」を豊かに発展させるためにライフストーリー研究をどのように関係づけるか,あるいは位置づけるかということである。だからといって,「日本語教育学」に貢献しない(と思われる)ライフストーリー研究は認めないとか排除するということではないし,さらには日本語教育以外の研究領域におけるライフストーリー研究の質よりも,日本語教育におけるライフストーリー研究の質は劣っていてよいということでもない。日本語教育の領域でライフストーリー・インタビューという方法論を採る人は,前述の先行研究の成果や課題を十分に理解したうえで研究を行うことは当然必要になるだろう。日本語教育という実践は人間教育の1つであるゆえに,関わる学習者や教師という人間の一人ひとりのライフ(人生,生活)は日本語教育に携わる人にとっては魅力的である。またライフストーリー・インタビューという方法論によって浮かび上がる意味世界は,調査者にとってそれまで知りえなかった世界である。したがって,そのライフを知った調査者はそのことを語らずにはいられなくなるのだが,ただしここで留意したいことは,けっして日本語教育の実践の場はライフストーリー研究者の「草刈場」ではないという点である。つまり,「日本語教育学」のためのライフストーリー研究であって,ライフストーリー研究のための「日本語教育学」ではないということだ。

　前述のように,これまでの日本語教育におけるライフストーリー研究が「人々の声を聴くことを第一の目的としてきた」という三代の解釈や,それらの研究が日本語教育における動態的な意味世界という「社会的現実」を提示することに力点があったという私の解釈は,それらの研究が「日本語教育学」のためのライフストーリー研究になりえていないのではないかという疑問と重なる。もちろん,日本語教育においてライフストーリー・インタビューを採って行った研究の中には,調査者自身の日本語教育観を自己言及的に問い直し,かつ,日本語教育学界でこれまで支配的であったと思われる考え方や捉え方について問題提起するような論点や主張を提示してきた研究があったことも確かであろう。しかし,そのような実践者自身の日本語教育観の問い直しや問題提起だけが日本語教育におけるライフストーリー研究の意義とはいえないだろう。なぜなら,それらの研究には,「日本語教育学」とは何かという問いがないか

らである。この点は，前述の3節で述べたように，これまでの日本語教育におけるライフストーリー研究の研究成果には「何をめざしてライフストーリー研究が行われたのか」が必ずしも明確ではないという点と表裏をなす点である。

　ここで改めて日本語教育において「何をめざしてライフストーリー研究を行うのか」という問いを考えたい。人類学や社会学で行うライフストーリー研究はライフストーリー・インタビューから析出される「社会的現実」を人間理解や社会発展に役立てることをめざしているといえよう。同様に，日本語教育におけるライフストーリー研究は，人間理解や社会発展をめざしつつ，同時に日本語教育の発展をめざすことになろう。ここで重要なのは，日本語教育におけるライフストーリー研究によって析出される「社会的現実」の意味を日本語教育の中で問うことである。

　よって次に課題となるのは，日本語教育におけるライフストーリー研究によって析出される「社会的現実」とは何かということである。前述のライフストーリー・アプローチ研究全般に見られたように，調査者が析出する「社会的現実」は基本的には調査者がインタビュー・データに向き合い，意味のあることとして実感的に，そして主観的に析出したものである。そのデータの意味づけが傍証によって補強されたり，データ分析の方法が具体的に説明されたり，データの収集場面が詳しく再現されたりしたとしても，提出された「社会的現実」は調査者の主観によって析出されたものであることは変わらない。だからといって，ライフストーリー研究は客観的ではなく意味がないというわけではない。ここでは詳述しないが，人が過去や自身を語るということは人間の行為としても極めて意味のある重要なことであることや，ライフストーリー・インタビューという方法論の有効性は，前述の私自身のフィールドワーク経験からもいえることである。ただ，ここで議論したいことは，日本語教育においてライフストーリー・インタビューのデータから実践者が主観的に析出する「社会的現実」は，その調査者が意味があると考える「社会的現実」であるという点である。そのことを踏まえれば，ここで重要なのはその実践者がデータから析出し主観的に重要と考えた「社会的現実」は日本語教育においてどのような意味があるのかを問うことになろう。その問いを考えるプロセスは調査者が考える日本語教育とは何か，そして自分自身の日本語教育観を問い返すことに等しいし，そのことは自分自身が日本語教育学をどのように考えているかも語ることを意味するだろう。逆に言えば，その問いを考えるプロセスのないライフストーリー研究は日本語教育学に貢献できる研究とはいえないということだろう。

4.3 2つの課題のつながり

　前述の三代の3つめの課題は，これまでの議論ですでに解決している。三代は桜井の対話的構築主義の立場から日本語教育におけるライフストーリー研究を考えている。それゆえ，調査者が調査協力者と共に構築した経験の意味を調査者の経験や構えを含めて自己言及的に考察することによって，新しい「日本語教育学」の構想に寄与できるのではないかと考えている。しかし，すでに見てきたように，日本語教育においてライフストーリー・インタビューという方法論を採る研究者が必ずしも対話的構築主義の立場に立たなければならないというわけではない。また，桜井のいう「実証主義的アプローチ」や「解釈的客観主義アプローチ」が日本語教育に貢献しないとは言い切れない。したがって，この三代の3つめの課題にだけ日本語教育のライフストーリー研究の議論を収斂することは生産的とはいえないだろう。むしろ，ここで改めて問わなければならないのは，3節で見た第三の視点からの問い，すなわち，「何をめざしてライフストーリー研究を行うのか」ということだ。

　しかし，この「何をめざしてライフストーリー研究を行うのか」は人によって千差万別かもしれない。たとえば，日本語学習者を調査協力者にしたライフストーリー研究で，学習者が主体的に語彙を習得することに関心を寄せる調査者は調査協力者がどのように語彙を主体的に習得しているかを中心にライフストーリー・インタビューを行うであろう。また，どの教科書が学習者にとって効果的であったと学習者自身が考えるかに興味を持つ調査者は，調査協力者がこれまでどの教科書をどの時期に使用し，どの教科書がもっとも効果的であったと判断しているかを語ってもらうようなインタビューを行うかもしれない。また，教室で学んだことが教室外でどのように役立ったのか，役立たなかったのかと学習者が考えているかを調査したいと思う人は，教室外での日本語使用場面の詳細なデータを聞き出すようなインタビューを行うかもしれない。あるいはまた，日本語を学ぶこと自体がその人の人生にどのような影響を与えたのかを聞きたいと思う調査者は，調査協力者の日本語学習から日本語を使用する生活や生き方まで詳細に聞きたいと思い，インタビューを重ねるかもしれない。

　このようにライフストーリー・インタビューのテーマはさまざまであろう。また，テーマを持たずに語ってもらうとしても，20歳の調査協力者のこれまでの20年間の人生や生活を語ってもらうためにインタビューに20年を費やすことはできない。また，そこまで膨大な時間を割いて語ってくれる調査協

力者もいないであろう。1時間のインタビューであれ，複数回にわたるインタビューであれ，そのインタビュー・データはその人の人生や生活のほんの一部の語りでしかないであろう。それは対話的構築主義アプローチによって語り手と聞き手の何十時間のやりとりを詳細に記述しても，同様であろう。

　重要なのは，その限られたデータと調査者自身が設定したテーマによって，調査者がどのような「社会的現実」を析出し，何を語り，日本語教育学の発展にどのように貢献するのかということである。したがって，上記の例でいえば，語彙研究からどのような「日本語教育学」をめざすのか，教科書と日本語の学びという視点から，あるいは教室内外の日本語の実際使用の視点から，あるいは，日本語と人生の視点からどのような「日本語教育学」をめざすのかという問いこそが，調査者自身にとっての最大の課題となろう。

　これらの問いで明らかなのは，結局，課題の中心は調査者自身が「日本語教育学」をどう考えるのかということになる。私が考える「日本語教育学」は，前述のように私自身のアカデミックな出自である文化人類学と日本語教育を節合する「日本語教育学的語り」(川上，2011)によって構築する学である。ポストモダン人類学が「近代西欧の価値観」や「西欧的理性の普遍性」「客観性」を批判したように，日本語教育の「現場」においても流動性や多様性，相互作用性，社会的視点を抜きに実践を語ることはできないだろう。冒頭で述べたように日本語教育を取り囲むアカデミズムはすでにポストモダン日本語教育学の時代に入っている。私の造語である「移動する子ども」はその顕著な例である。子どもの親の国籍，文化的背景，エスニシティではくくれない多様な子どもたち，複数のことばの学びの場の間を移動する子どもたち，グローバルな時空間を移動する子どもたちが出現している。インターネット等のメディアによる大量のイメージ流通にさらされている子どもたちが多様な意味と記号群との壮絶な「ことばの鋳造の場」を日常的に体験している。そのような広く流動化する社会的関係性の中で，「ことばを学ぶ」とは何かを「日常的実践」(田辺，2002)という人間的な営為を通じて追求していく学が「日本語教育学」であると私は考える。私の場合は，私が考える「日本語教育学」を，日本語を学ぶ子どもを軸に「移動する子ども」学という視点でさらに展開しようとしている(川上編，2013)。いずれにせよ，日本語教育におけるライフストーリー研究者は，各自の考える「日本語教育学」とは何か，日本語教育実践とは何かという「日本語教育学的語り」を行うことが求められるのである。

5. あなたはライフストーリーで何を語るのか

　では，これまでの日本語教育におけるライフストーリー研究の中に，「日本語教育学的語り」を行った研究はないのであろうか。その萌芽的研究の例をいくつか見てみよう。

　三代（2009）は，日本語を学ぶ留学生の生活において日本語がどのような意味を持っているのかというテーマで3人の韓国人留学生へのライフストーリー・インタビューを通じて，「留学生活と日本語教育の関係」を捉え直そうとした研究である。この研究で三代は，インタビュー・データの分析をもとに，留学生が日本人との人間関係で困難を感じ，それを乗り越え，自分のコミュニティを形成することでコミュニティに参加しているという実感を持つことが学びにつながっており，かつ，その過程を支えるものが日本語によるコミュニケーションであり，その過程で日本語によるコミュニケーションを学んでいると留学生が感じることを述べている。この主張がこの論文のタイトル，「コミュニティへの参加の実感という日本語の学び」として端的に表現されている。

　ここではその当否を検討することはしない。それよりも注目するのは，この論文の最後に述べられている「コミュニティへの参加を支えるための日本語教育」の節である。三代はこれまでの日本語教育が日本語を使用するコミュニティへ参加するための日本語能力の育成を目的としてきたことを見直し，コミュニティを形成すること，そしてコミュニティに参加すること自体がコミュニケーションの学びとなると捉えることを主張する。そのために，教室活動も社会参加の準備段階としてコミュニケーション能力の育成をめざすのではなく，学習者を支えるコミュニティ形成自体を目的にすべきであると主張する。さらに，一回きりの日本人との交流の場というイベントではなく，「カリキュラム全体として「コミュニティへの参加の実感」という，従来「学び」として位置づけられてこなかった概念を「学び」の大きな要素とすること」（三代，2009, p. 12）を述べ，さらに日本語教育のカリキュラムが日本人学生に対するコミュニケーション教育にも関連していくという見通しを示し，「国や言語の境界を超えたコミュニティをいかに築いていくかという視点からカリキュラムは見直されるべきである」（三代，2009, p. 12）と結論づける。

　このように三代は留学生へのライフストーリー・インタビューを通して，留学生が語る「実感」や「学び」を手がかりに，三代自身が感じる従来の日本語教育の目的や実践のあり方を批判的に振り返り，新たな日本語教育実践の可能性とそのための日本語教育のカリキュラム全体の見直しを構想している点

に，三代自身の「日本語教育学」の語りが見られると私は考える。

　川上・尾関・太田(2011)は，幼少期より複数言語環境で成長し，日本の大学で学ぶ留学生・大学生の複数言語能力意識に関するライフストーリー・インタビューをもとに，彼らへの日本語教育のあり方について論じた研究である。ここでいう留学生・大学生はその学生の国籍に関わらず幼少期より複数言語環境で成長した学生であり，日本の大学で日本語を学んだ経験のある学生たちである。この研究では17名の学生へのライフストーリー・インタビューのデータを分析した結果，幼少期からの生い立ちや家庭環境，複数言語の使用状況，言語学習経験などがそれぞれの学生の言語能力意識の形成に大きく影響を与え，それらが言語学習全般への動機や姿勢，さらには自己形成に深く関わっていることを明らかにした。

　そのうえで，川上らは，最後に「「移動する子ども」だった学生の語りから日本語教育を考える」という節で，「日本語との距離感」という新たな概念を提示した。「日本語との距離感」という概念は，幼少期より日本語とどのような関係にあったかということである。日本語を学習して日本語能力が向上することだけではなく，日本へ留学し，生きた文脈で日本語を使い，他者とやりとりする体験，そのやりとりの中で感じる日本語能力についての不安感，さらにはそれらの経験から自分自身のアイデンティティに向き合うことなどが自分の中にある「日本語との距離感」を微妙に変化させることを示した。学生は成長の時間軸にそって自らが納得する「日本語とのつきあい方」を見つける作業を，日本語学習を通じて行っていると川上らは見ている。川上らはこの研究を通じて，これまでの日本語教育がスキルやコミュニケーション能力を育成することに重点を置き，その後の人生で日本語をどのように使用するかは学習者に委ねる傾向があったと指摘し，「これからの日本語教育の実践は日本語を学習することと学習者が生きることがどのように学習者自らの中に位置づけられるのかを学習者自身が考えながら，日本語を使う生活と自らの生き方を切り結ぶような実践が求められる」(川上ほか, 2011, p. 68)と主張する。その例として，たとえば，日本語を使用するときの意識を語る実践や自分史を語る実践，自らの日本語能力に向き合い，これからの人生に日本語をどのように生かしていくかを学習者間で交流する実践などが提案された。

　川上ほか(2011)は学生へのライフストーリー・インタビューを踏まえて，幼少期から複数言語に触れながら成長してきた学生の「日本語との距離感」「日本語とのつきあい方」がその成長過程の動態性や他者や社会との相互作用

性によって変化するものであることを示している。それゆえに，この「日本語との距離感」「日本語とのつきあい方」という論点は，「学習者が自己を形成する中で自分の中にどのように日本語を位置づけ，それとどのように向き合い，今，そしてこれからの人生にどのように日本語を生かしていくのかという課題であり，同時に，それに向かうときに学習者一人ひとりが生きていく上で不可欠な課題となる」と指摘し，その意味において，「学習者それぞれの生き方と直結する」(川上ほか，2011, p. 67)と述べる。この視点こそが，前述の新たな日本語教育実践の提案につながっており，ここに川上らの「日本語教育学的語り」が見られる。

　三代(2009)や川上ほか(2011)は，前述のライフストーリー・アプローチに関する先行研究のレビューからわかるように，ライフストーリー・インタビューを通じて調査者が意味があると考える「社会的現実」を提示し，それをもとにそれぞれの「日本語教育学的語り」を提示している。つまり，日本語教育におけるライフストーリー研究は，調査者がライフストーリー・インタビューを通じて考える「社会的現実」をもとに調査者自身の「日本語教育学的語り」を行うことに意味があるのである。

　さらに言えば，ここには，日本語教育におけるライフストーリー研究の意義と限界があることにも留意する必要があるだろう。前述の「実証主義アプローチ」，「解釈的客観主義アプローチ」，「対話的構築主義アプローチ」のいずれのアプローチを採るにしても，調査者が考える「社会的現実」が日本語教育においてどのような意味があるのかを述べることが重要であり，そのうえで，新たな日本語教育の実践の意義と可能性を語るという「日本語教育学的語り」が必要であり，このことが前述の日本語教育において「何をめざしてライフストーリー研究を行うのか」の問いの答えでもある。しかし，実証主義アプローチによる日本語教育史の研究も含めて日本語教育におけるライフストーリー研究は，ライフストーリー・インタビューによって明らかになる「社会的現実」の提示とそれに基づく新たな日本語教育の実践の意義と可能性の提示までしかできない点に，その限界があるといわざるをえない。なぜなら，日本語教育は実践を行うことによって成立する実践の学であるからである。ライフストーリー研究によって明らかになった新たな日本語教育の実践を行うことこそ，私たちが取り組むべき課題である。そのような実践をめざすことがなければ，日本語教育におけるライフストーリー研究はそれ自体が目的化してしまい，実践の学としての日本語教育の構築に貢献することはできないであろう。

「あなたはライフストーリーで何を語るのか」という冒頭の問いは，調査者が調査協力者に問う問いを意味するのではなく，日本語教育におけるライフストーリー研究によって，調査者はどのような「社会的現実」を語るのか，そしてどのような日本語教育の実践を提示し，どのような実践を行ったと語るのかという「日本語教育学的語り」の問いかけを意味する。その問いかけに答えることが，日本語教育においてライフストーリー研究を行う人の責務であろう。

参考文献

飯野令子(2012).『日本語教師の成長の再概念化―日本語教師のライフストーリー研究から』早稲田大学大学院日本語教育研究科博士学位申請論文.
上野千鶴子(編)(2001).『構築主義とは何か』勁草書房.
江口英子(2008).「日本語教師，山川小夜さんのライフストーリー」『京都精華大学紀要』34, 2-23.
太田裕子(2010).『日本語教師の「意味世界」―オーストラリアの子どもに教える教師たちのライフストーリー』ココ出版.
川上郁雄(1991).「在日ベトナム人子弟の言語生活と言語教育」『日本語教育』73, 154-166.
川上郁雄(1999).「越境する家族―在日ベトナム人のネットワークと生活戦略」『民族學研究』63(4), 359-381.
川上郁雄(2001).『越境する家族―在日ベトナム系住民の生活世界』明石書店.
川上郁雄(2009).「私も「移動する子ども」だった―幼少期に多言語環境で成長した成人日本語使用者の言語習得と言語能力観についての質的調査」『2009年度日本語教育学会秋季大会予稿集』, 183-188.
川上郁雄(編)(2010).『私も「移動する子ども」だった―異なる言語の間で育った子どもたちのライフストーリー』くろしお出版.
川上郁雄(2011).『「移動する子どもたち」のことばの教育学』くろしお出版.
川上郁雄(2013).「幼少期より複数言語環境で成長した子どもの経験と記憶はその後の生にどのような影響を与えるのか―台湾と日本で成長した一青妙氏とその家族の歴史を例に」『2013年度日本語教育学会春季大会予稿集』, 269-274.
川上郁雄(編)(2013).『「移動する子ども」という記憶と力―ことばとアイデンティティ』くろしお出版.
川上郁雄・尾関史・太田裕子(2011).「「移動する子どもたち」は大学で日本語をどのように学んでいるのか―複数言語環境で成長した留学生・大学生の日本語ライフストーリーをもとに」『早稲田教育評論』25(1), 57-69.
河路由佳(2011).『日本語教育と戦争―「国際文化事業」の理想と変容』新曜社.
木下康仁(1999).『グラウンデッド・セオリー・アプローチ―質的実証研究の再生』弘文堂.
木下康仁(2003).『グラウンデッド・セオリー・アプローチの実践―質的研究への誘い』弘文堂.
桜井厚(2002).『インタビューの社会学―ライフストーリーの聞き方』せりか書房.
桜井厚(2012).『ライフストーリー論』弘文堂.
田辺繁治(2002).「日常的実践のエスノグラフィ―語り・コミュニティ・アイデンティティ」田辺繁治・松田素二(編)『日常的実践のエスノグラフィ―語り・コミュニティ・アイデンティティ』(pp.1-38). 世界思想社.
中山亜紀子(2008).「『日本語を話す私』と自分らしさ―韓国人留学生のライフストーリー」大阪大

学博士学位申請論文.
三代純平(2009).「コミュニティへの参加の実感という日本語の学び─韓国人留学生のライフストーリー調査から」『早稲田日本語教育学』6, 1-14.
三代純平(2013).「日本語教育におけるライフストーリー研究」『2013年度日本語教育学会春季大会予稿集』(パネルセッション：日本語教育におけるライフストーリー研究の意義と課題), 83-87.
山口悠希子(2007).「ドイツで育った日本人青年たちの日本語学習経験─海外に暮らしながら日本語を学ぶ意味」『阪大日本語研究』19, 129-159.
羅曉勤(2005).「ライフストーリー・インタビューによる外国語学習動機に関する一考察─台湾における日本語学習者を対象に」『外国語教育研究』8, 38-54.
Clifford, J. (1986). Introduction: Partial truths. In J. Clifford & G. E. Marcus (Eds.), *Writing culture: The poetics and politics of ethnography* (pp. 1-26). Berkley: University of California Press.
Kawakami, I. (2003). Resettlement and border crossing: A comparative study on the life and ethnicity of Vietnamese in Australia and Japan. *International Journal of Japanese Sociology, 12*, 48-67.
Norton, B. (2000). *Identity and language learning: Gender, ethnicity and educational change.* Harlow, United Kingdom: Longman/Pearson.

第2章

日本語教師・学習者そしてその経験者の「語り」を聞くということ
── 「日本語教育学」の探求をめぐるライフストーリー

河路 由佳

1. はじめに

　土壌学といえば，地球の表層にある天然資源としての土壌についての学問であって，その研究室では生物や大気や水など環境によって多種多様である土壌の性質や，目的に応じた土壌の改良法などさまざまな研究が行われているのだが，どういう拍子でか，ある学生が教授に問うたそうである。「先生，土壌学とは，つまり何でしょうか」と。教授はしばしの沈黙の後，こう答えた。「〈土とは何か〉を考える学問です」と。

　この話に私は感銘を受けた。学問とはそういうものであるに違いない。日本語を教える仕事をしていた私は，〈日本語教育とは何か〉という問いを自分に向けてみた。〈日本語とは何か〉〈教育とは何か〉の二つに分けてみたり，〈母語としての日本語教育とは何か〉〈もう一つの言語としての日本語教育とは何か〉に分けてみたり，そもそも〈言葉を学ぶとは何か〉〈言葉を教えるとは何か〉と考えてみたりもしたが，いずれにしても人間にかかわる学問であるに違いなかった。元来，私は人間と日本語が好きで演劇を学び文学を学び，日本語教師になったのだった。

　〈もう一つの言語として日本語を学ぶとは，教えるとは何か〉という問いを意識して以来，私の関心は一層人間に向かうようになった。「言語教育」の実態は，学ぶ人と教える人のいるその空間にあり，「言語教育」の成果は，それらの人の内部に蓄積され，その人生に現れる。そう考えると，人間こそが研究の対象である。

　教育，すなわち「学び，教える」という営みは，人間の根源的な営みの一つだが，中でも母語の学習は，人間の発達の指標でもあり，もう一つの言語の学習は，人生の表現そのものに大きな影響を与える。私は過去に日本語を学び，教えた当事者に会いたくて，勤務先の日本語学校の長期休暇を利用しては

訪ねたものだが，ある時点から「日本語教育学」への探求であることを意識して取り組むようになり，ときにはその一部を論文等で発表するようになった。こうして日本語教師や学習者，そしてその経験者の「語り」に耳を傾けてきて，四半世紀になる。長いとも言えないが，短いとも言えない。先はなお遠いが，振り返ればそれなりの距離を歩んできたとも思える。私がいつまで生きて研究を続けられるのかはわからないが，感覚としては折り返し点に辿りついたというところだろうか。

このたび日本語教育における「ライフストーリー研究」をテーマとする一書に文章を寄せるにあたって，まず，自分の「ライフストーリー・インタビュー」の経験，すなわち「ライフストーリー・インタビュー」をめぐる私自身のライフストーリーを振り返ってみたところ，そこから受けてきた恩恵の大きさを改めて思うに至った。インタビューについては論文など何らかの形で公表したものもあるが，そうでないものの方が多い。それらを含めて日本語教師・学習者，そしてその経験者の「語り」（ライフストーリー）を聞いてわかったこと，学んできたことを整理し，改めてその意義を述べる。そして，日本語教育にかかわる「ライフストーリー」の活用へのさらなる可能性と期待を述べたいと思う。

2.「日本語教育学」における教師や学習者，その経験者による「語り」

人はなぜ，すでに身につけた言語に加えて，新しい言語を学ぼうとするのだろうか。新しい言語を身につけるには，本人の努力は欠かせない。人はどんなときになぜそうした努力をするのだろう。また，その言語を母語（第一言語）としない人々に対して，その言語を教えようとするのは，なぜ，どんなときなのだろうか。

古来，こうして自らの言語以外の言語を学んだ人がいて，そうした人が，言語の異なる人々，地域，文化の間をとりもって，人々を，地域を，文化をつないできた。人々の行動範囲は広がり，理解・共感できる範囲も広がった。今日では世界は二百年前には想像もできなかったほど，小さくなった。交通や通信をはじめとするさまざまな技術の進歩が人や物の移動範囲を飛躍的に広げたわけだが，そこには必ず言語の接触があり，互いの言語を学ぶ人間の営みがあった。新しい言語を学ぶこと，そのための言語の教育は，人間が自らの枠組みを超えてその先の何かにつながろうとする意思に支えられている。田中(1993)に次の一節がある。

> 外国語は，それが存在し，話され，書かれているかぎり，人は聞きたいと欲し，読みたいと欲し，他の人々とは異なる言いかたを，母語とは別のことば表現を試みたいと思う。この欲求は自由にもとづくものであり，誰も禁じることはできない。そこでは，ことばじたいが，すでに一つの思想である。外国語を知りたいという欲求は，それゆえに潜在的に，自国の文化や制度のそのままの受容と容認ではなく，それへの不満や批判を含んでいる。（p. 133）

　言語教育学とは，こうした人間の営みの不思議に迫ることにほかならない。言語を学ぶとは何か，教えるとは何か。言語の教育とは何か，を問うことが言語教育学の本質である。

　そういうわけで，私は学習者や教師の営みやその人生に関心をもってきた。こうしたことに関心があるから日本語教育を仕事に選んだのか，この仕事を選んだから関心をもつようになったのか，今となってはわからない。が，そうした人間の営みを深く知りたいと思うこととよき教師でありたいと願うこととの間に矛盾はなく，私は現役の日本語教師のころから，学習者や教師の語りに積極的に耳を傾けてきたし，関連の本を読むことにも熱心であった。改めて数えたことはなかったが，20年余りにわたって話を聞いた人の数は200名を超えるだろう。そのうちインタビューの文字起こしを整えたのは100名ほどだと思うが，「論文」とか「資料」としてその一部でも公にしたものはその半数にも満たない。

　私がときには遠く足を運んでも「語り」に耳を傾けるのは，先の問いに迫るためである。知りたいから聞くのである。「語り」から学べることは多い。「論文」等を書いて発表するかどうかは別の問題で，それも大切な仕事には違いないが，インタビューによって得られるものはもとより書き尽くせるものではない。人生の「語り」はその性質上，無条件に公表できるものではなく，一番大事なことは個から個へ伝えられ，不特定多数に公表してもなかなか伝わらないこともある。書かなかったこと，書けなかったことにも大きな意味のある所以である。

3.「ライフストーリー」「ライフヒストリー」「オーラルヒストリー」という用語

　さて，日本語教育分野での「ライフストーリー研究」は最近始まったばかりであると本書の編者である三代純平氏は言っている。私が行ってきた聞き取り調査に基づく研究は氏によると「オーラルヒストリー研究」で，「ライフ

ストーリー研究」とは区別されるということである。私の行っているインタビューは何ら珍しいものではなく，先行研究に準じて「聞き取り調査」と呼んできたが，それに対して「ライフストーリー」「オーラルヒストリー」という言葉が聞こえるようになったのは，ここ10年のことであろうというのは私の実感からも肯ける。まず，これらの言葉の定義を整理しておきたい。

『オーラル・ヒストリーの理論と実践』と題されたヴァレリー・R・ヤウ(2005/2011)によると，「オーラル・ヒストリー」の定義は「テープに記録された回想」，「タイプ打ちされた口述記録(トランスクリプト)」，「綿密なインタビューを伴う調査法」のことで，「同等の意味」の用語としてほかに「ライフヒストリー，セルフレポート，個人的なナラティブ，ライフストーリー，オーラルバイオグラフィー，回顧録，テスタメント(証)」などがあると述べられ(p.22)，用語間の差異には言及がない。

教育学の研究法を論じた文献としてS・B・メリアム(1998/2004)は，質的研究に必要なのは「インタビュー」と「観察記録」と「文献調査」であるとしている。「ライフストーリー・インタビュー」とも言って差し支えなさそうだが，同書では「インタビュー」と呼ぶのみである。

これらのように用語間の意味や定義の違いには関心を払わずに，質的研究の「インタビュー」をひとまとめに論じるものもある。一方，これらを明確に区別するものもある。

ポール・トンプソン(2000/2002)は「オーラル・ヒストリーの世界」と副題にあるとおり，「オーラルヒストリー研究」についての先駆的文献の一つだが，オーラル・データは，「ライフ・ストーリー・インタヴュー」によって得られると説明され，巻末に「ライフ・ストーリー・インタヴュー・ガイド」が付されている。「ライフ・ストーリー・インタヴュー」を通して「オーラル・ヒストリー」の記述を行うという立場である。

また，桜井(2012)の記述(pp.6-12)を整理すると，次のようになる。

ライフストーリー：個人のライフ(人生，生涯，生活，生き方)について，インタビューという語り手と聞き手の相互行為をもとに共同で産出される自己と個人的経験についての(口述された)物語。

ライフヒストリー：時系列的に編成された個人の人生の物語。オーラル資料のほかに自伝，日記，手紙などの個人的記録をも主要な資料源として用いる。

> オーラルヒストリー：ライフストーリー・インタビューによる個人の経験についての調査に基づく個人の人生の物語。ただし，調査者の研究的関心は，個人の人生にあるのではなく歴史叙述にある。

社会学の立場から「ハンセン病者」「屠夫(とふ)(食肉処理業者)」「ボクサー」らによる「被差別」の文脈の語りを対象とする山田編(2005)の山田による「はしがき」には，以下のとおり，「ライフ・ヒストリー」との差異が明確に表明されている。

> なぜ，ライフ・ヒストリーではなくライフストーリーなのか。それは，個人によって語られた物語が，その人自身に帰属するというよりはむしろ，それが語られた相互行為の文脈に依存すると考えるからである。(中略)ライフストーリーとは，インタビュアーと回答者が協同で社会的現実を構築する一つの方法なのである。
> 　したがって，私たちは回答者から得られた回答について，その背後にあると想定される客観的な社会構造や歴史的事実と照らして真偽をチェックしたりする必要はないと考える。　　　　　　　　　　　　　　　　(p.3)

そして，「ライフヒストリー研究」について論じるグッドソン・サイクス(2001/2006)では，対照的に，インタビューで得られた「ライフストーリー」を如何に歴史的文脈に位置づけられた「ライフヒストリー」にしてゆくかが重要であるとして，その方法が論じられている。

> ライフストーリーからライフヒストリーへと転換させることは歴史的文脈の説明へと移行することである──たいへん危険な移行であるが，それは当然のようにライフストーリーを選別し，移動させ，そして沈黙させることで「位置」を決める「植民地化」のための強い権力を研究者に与えるからである。それでも私たちは「ライフストーリー」の読解に必要な歴史的文脈を作り出す必要がある。　　　　　　　　　　　　　　　　(p.18)

> その(河路注：ライフヒストリーへの転換の)ねらいはライフストーリーがある特定の歴史的環境で効果的に作用するように「位置づける」ことである。そのためには広範囲にわたるデータが用いられる。すなわち文献資料，

関連する人々へのインタビュー，理論，テキスト，そして物理的な場所や建物さえもデータとなる。こうしたデータをいわば三角測量（トライアンギュレイト）することで，ライフストーリーを歴史の中に存在する社会的現象として位置づけるのである。　　　　　　　　　　　　　　　　　(p. 89)

　グッドソン・サイクス（2001/2006）の記述は教育学に特化されていて，日本語教育学研究に適用しやすい。ここでは，「ライフヒストリー研究のインフォーマント」が語ったデータそのものは「ライフストーリー」であり，教育学研究のためには，それを歴史的文脈に位置づけた「ライフヒストリー」として編成する必要があると説明されている。これは私がインタビューを日本語教育学研究に活用してきた方法と重なる。
　民俗学や生活史研究，女性史研究などにおいて，正史にその声が反映されにくい人々の語りを聞く「聞き書き」「聞き取り」と呼ばれる調査法は，日本では1970年代から広く行われてきた。私はむしろそうした方法に準じて，1990年代半ばに日本語教師や日本語学習経験者へのインタビュー調査を始めた。私はこれを「聞き取り調査」と呼んできたが，改めて上記の定義に照らすと，調査そのものは「ライフストーリー・インタビュー」，そこで得られた生のオーラル・データは「ライフストーリー」と呼んでよさそうである。それをさまざまな資料をつきあわせて歴史的文脈に位置づけて編集したものが「ライフヒストリー」，また，そこから描き出された歴史叙述が「オーラルヒストリー」であると考えることができる。そう考えると，私の書いた論文や著書への表れを総称して「オーラルヒストリー研究」と呼ばれることは理解される。しかし，それが「ライフストーリー研究」と密接にかかわっていると感じるのは，行っているインタビューそのものは「ライフストーリー・インタビュー」であって，日本語教師や学習者，その経験者の「語り」が学ぶべきものの宝庫であることを確信し，耳を傾けるその行為において，共通したものがあるからに違いない。
　論文等に書くことを目的とせず，公表しない約束でもインタビューを申し込んでお話をうかがうことは珍しくないが，私は広義の「研究」とはそういうことではないかと思う。一般に，読書の大半は読みたくて読んでいるのであって，特定の目的があるわけではないだろう。当面書くべき論文のための読書はもちろんあるけれども，普段はそういうわけではなく，知りたいことを知るために読みたいものを読む。が，一つの論文や作品が完成するには，日ごろ読ん

できた知識や考え方の累積がどこかで役立ってくるわけである。日本語教師や学習者，またその経験者の「語り」に積極的に耳を傾けることも同じで，目の前に具体的な目的がなくとも研究の一環として大切な行いで，それは後のさまざまな局面に必ずや反映されるものと信ずる。

そう考えると，日本語教育学への道の一つとしての「ライフストーリー・インタビュー」を手掛かりに私のライフストーリーをたどってみるのも意味のあることかもしれない。

4. 日本語教師や学習者，その経験者の「語り」を如何に聞き，何を考えてきたか―聞き取り歴を振り返る

4.1 日本語学校の担任教師として聞いた学生たちの「語り」

私は1988年の春，慶應義塾大学国際センターにおかれていた2年制の日本語教授法講座を修了して，当時文部省の外郭団体であった国際学友会日本語学校の専任教員となった。この学校は日本の高等教育機関への進学のための予備教育機関で，専任教員は日本語能力別に分けられた15人から20人程度のクラスの担任として，2, 3人の非常勤講師とティームティーチングで授業を行う傍ら，学生の種々の相談に応じるのである。中でも大きな仕事の一つとして進路指導があった。授業では学生の個人的な事情に深入りすることはないが，進路をめぐる面談では経済面を始め個人的な事情に触れざるを得ず，さまざまな学生の事情や思いを聞くことになった。当然ながら教師には守秘義務があり，こうして聞いた学生の個人情報は口外してはならない。したがって，これらを人に話したり書いたりしたことはないし今後もすることはないが，このことを通して得たものは大きかった。あえて抽象的な表現でまとめるなら，学生たちがはるばる日本へやってきて新たな言語を手に入れようと努力する背景には，一般に言われている勉学上の理由以外にも，さまざまな事情があることを思い知ったことであった。中には深刻な事情を抱えて二度と戻らぬ決意で故国を離れ，新たな天地で未来を切り拓こうと学習に臨んでいる学生もいた。個人的な「語り」は，必ずしもすべてが進路指導や，まして日本語指導に必要ではない。しかし，進んで語る学生もいて，中には，それが本人の創作だったという事例もあった。余裕のない状況で将来を賭けて励む学生たちは，ときに大きな，多くは小さな嘘をよくついた。嘘は困る。しかし，人がなぜ新しい言語を学ぼうとするのかという問いを解く鍵はこうした事例の中にもあった。人には嘘を語る自由もあるし，嘘をつかなければいられない事情もあることを，私は

理解した。ここから，私は「日本語教育学」への一歩を踏み出したと思う。

　また，先輩教師たちがそうしていたように，私もクラスの学生たちを自宅に招いて「おでんパーティー（イスラム教徒にも安心して食べられるメニューを用意する必要があった）」を開いたり，逆に学生たちの，たとえばラマダン明けのパーティーに招かれたりすることがあり，そうしたときには学生たちから故国のことや家族のこと，将来の夢など，いろいろな話を聞いたものである。これは「ライフストーリー・インタビュー」とは言えないが，振り返って思うと，それに準ずる情報が得られたようにも思われる。先輩教師たちは学生たちのそれぞれの国の事情などによく通じていたが，それもこうした交流の経験からの蓄積が大きいものと思われた。

4.2　日本語学校の教員から聞いた1960年代，70年代についての「語り」

　上記の日本語学校では，日々学生が日本語を獲得して成長してゆく姿に接するのがおもしろくて仕方がなかったものである。4月に日本語を学び始めた学生も，12月には当時の日本語能力試験の1級（2010年度以降の新しい制度のN1にあたる）を受験し，その後各大学等の受験を経て次の春には日本各地の大学等に進学してゆく。教科書や教材の枠組みは確立されていて，かつ日々の授業の工夫は各教員に委ねられるこの学校のシステムはよくできていた。確立の過程を知りたく，先輩教師たちに話を聞いたものである。鈴木忍氏の名前もこのころ知った。氏は1930年代のこの機関の草創期から在職し，戦争をまたいで戦後の再出発の基礎を築いた。東京で日本語学校といえば長沼スクール（当時の正式名称は「財団法人言語文化研究所附属東京日本語学校」）と国際学友会日本語学校くらいしかなかった1960年代から70年代初頭のこと，インドネシア賠償留学生の話など，先輩教師から折々に聞いた。戦後しばらくは留学生の国ごとの結束が強く，ときに衝突もあったので，その対策として国籍混合のクラス別スポーツ大会が始まったこと，閉鎖の危機が訪れた際には戦前戦中に学んだ卒業生たちからも存続への要望が寄せられたことなどは，戦中戦後の連続性を理解するのにも役立った。この後私は，国際学友会の創設された1930年代からアジア太平洋戦争を経て日本が連合国軍の占領下におかれた時代にかけての日本語教育への関心を深めたが，資料はあっても先行研究は少なく，自ら調査研究を進めることとなった。

　私が勤めたばかりのころは，戦争中に東京女子大学で教え，戦後もずっと日本語教師を続けた生田目弥寿氏が非常勤講師として来ていた。いつも凛とし

た着物姿であった。私はインタビューのお願いをし，日程を決めようというあたりで日常の仕事に取り紛れ，あろうことか数年過ぎて，結局それを実現しないまま訃報を聞くことになってしまった。残念なことにこうしたことはいくつもあって，思い出すたびに悔やまれる。

　なお，同時期の長沼スクールこと(財)言語文化研究所附属東京日本語学校については，2004年秋より同研究所の研究員となり，特に2008年の同校の60周年記念誌編集の任を受けた折に，同校草創期の教員であった任都栗喜代子氏，齋藤修一氏，永保澄雄氏，そして永保君恵氏を招いて座談会を行い，その内容を編集して河路(2009a)にまとめた。占領期に創設された東京日本語学校では初期の学習者はもっぱらアメリカ人のビジネスマンや宣教師，外交官などで，学習者の生活水準は教師よりも遙かに高かった。外国人の避暑地としても知られる軽井沢での教師研修は相対的に費用も高く，日本語教師の仕事が文化的ステイタスの高いものであったという話は，戦後日本の日本語教育の社会的位置づけを知るのに大変役立った。長沼スクールでは宣教師のために「宗教の時間」も設けられていたそうである。学習者と教師の関係や学習者のニーズは80年代以降のものとは異なるが，教授法，教材はこの時代に確立したものが，今日にも受け継がれている。直接法で初級を教えるときに使う小道具を備えたからくり箱のような「木村箱」と呼ばれる箱を，故木村宗男氏が見せてくれたことがあるが，これは木村氏自作のものだけではなく，長沼スクールには複数あったそうである。学習者と教師の関係や構造が国際情勢等によって如何に変わろうとも，効果的な指導法はさほどその影響を受けずに改良を重ねていけるらしいことが理解された。

4.3　中国・西安交通大学勤務時代に聞いた中国の日本語教育のこと

　1991年夏から1年間，中国の西安交通大学の日本語科に日本人専門家として赴任する機会を得た。この赴任は，私が日本語教育の歴史に深い関心をもつきっかけになった。

　同僚の中国人教師が旧「満洲」の出身で，その母親が訪ねてきたときに誘われて，「満洲」育ちで日本語の上手なその初老の女性と話す機会を得たことがある。このとき，旧「満洲」の様子をいろいろ聞いて，その時代を身近に感じることができた。また，日本語科の主任であった顧明耀氏との出会いの意味は大きかった。氏は建国後の中国の日本語教育史を体現しているような人物で，日本との国交のない時代に日本語を学び，その後中国の大学で日本語教育

が盛んになってゆく時代を支えてきたのだった。氏は，中国の日本語教育環境の変化に強い関心をもち，古い教科書を集めていた。日本人と日本語で話せるときが来るとは思わずに，北京対外貿易専科学校で日本語を勉強したころのことなど，しみじみと語ってくださったものである。私はご自宅にお邪魔しては氏が収集した古い教科書を手に取って，話を聞いた。古く遣唐使の時代に，当時は長安の都と呼ばれたこの町におかれていた政府に，日本人留学生を迎えるために日本語教育を行う部署があったのだという話も忘れがたい。情報源について「確かに読んだが，それが何であったか忘れた」ということで，この話は以来このままになっている。中国の古都で中国の人々と共に暮らしつつ，この国で行われてきた日本語教育について話を聞きながら想像を広げることができたのは貴重なことであった。西安には交通大学のほかにも複数の大学があり，私は古い日本語教科書をさがして周囲の大学の図書館をも訪ねた。このとき閲覧した教科書類や顧明耀氏の話については，帰国後，慶應義塾大学で行われていた「日本語教育史談会」という研究会で口頭発表をしたことがある。

　なお，私が慶應義塾大学で中国語を教わった立間祥介氏はその逆で，中国との国交のない時期に中国語を学んだ古今の中国文学の翻訳家であった。中国語を話す機会などないと思っていたと話された。その後，先生は五十代で青春時代に果たせなかった中国留学を実現した。顧明耀氏も国交回復後，努力して日本語の発音を学び直したそうである。

4.4　戦争中の国際学友会の教員・関係者・元学生への聞き取り調査

　中国から帰国後，私は日本語教育の歴史への関心を深めた。勤務先であった国際学友会日本語学校の歴史にもより意識的になり，教科書や教授法，カリキュラムの起源をたどると，1935年に設立された国際学友会の最初の10年に奇跡的な展開があったことがわかった。当初，外務省関係者らも含めて現場の教師たちさえ，非漢字圏からの留学生が1年間の日本語学習で，日本語で高等教育を受ける力をつけるとは想像もできなかったのを，実現したのが1943年に開校した1年課程の国際学友会日本語学校であった。その過程と当時の様子を知りたくて，1990年代半ばから約10年をかけて当時を知る人々を訪ねてはインタビューを重ねた。対象者は1930年代末から1940年代前半にかけて国際学友会で日本語を教えていた中村愛子氏(1917生)，後藤優美氏(1918生)，水野清氏(1913-2013)，教師でありかつ教科書編纂者であった松村明氏(1916-2001)，嘱託として辞書編纂に携わっていた金田一春彦氏(1913-2004)であっ

た。加えて，草創期の教師でキリスト教の牧師だった村田重次氏(1881-1948)については，その孫にあたるお二人に話を聞き，資料を見せてもらって，そのライフヒストリーをまとめた。

続いて当時の国際学友会の学生だった方々にインタビューを行った。当時の国際学友会で最も多かったのはタイからの学生だったこともあり，数度にわたるタイ・バンコクへの調査で10名ほどに話を聞いた。その中で，特に，優秀な学生として日本側にも資料や記録が多く残っているサワン・チャレンポン氏(1922生)のお宅へは二度うかがって長時間にわたるインタビューを行い，ご自宅に保管されているさまざまな資料を見ながら，そのライフヒストリーをまとめた。戦争中の日本で，自分も一緒に戦いたいと申し出て，君は留学生なんだからと諭されたといった話もあり，当時の若き留学生の気持ちを内側から知ることができた。インタビュー調査にうかがうと，当時の写真やノート，証明書や書簡など，さまざまな資料に出会えるが，このことの価値もまた大きい。歴史的な証言と合わせて，日本語教育現場の歴史的事情が具体的になってくる。語りを歴史的な論文に活用する場合は特に，語られた内容について複数の資料で確認をとることは大事である。

こうした一連の「聞き取り調査」と資料を合わせて，1年制の日本語学校の開校を短期間でなしとげた背景には教師たちが驚くほどの成果を上げた留学生の力があり，それに確信を得て教材やカリキュラムを練り上げた教師たちの努力があったこと，言語教育の飛躍的な発展を実現するには学生・教師相互の力が必要で，それは国際関係の緊張した時代にこそ切実な使命感を帯びて発揮されることなどが理解された。

この研究は一橋大学大学院言語社会研究科に提出した博士論文の一部となり，その内容の一部は河路(2006a)として出版した。上記のインタビューは同書の第三部に収めた。この著書と同時に，元教師の方から借りた当時の教科書を復刻し解説をつけて河路(2006b)として刊行した。

また，1942年度・43年度のタイ国招致学生として来日したチュムシン・ナ・ナコーン氏(1926生)，スダー・ミンプラディット氏(1926生)，プラシット・チャチャップ氏(1928生)のインタビュー資料は，河路(2007a)にまとめた。招致学生については日本・タイ両国で公文書をはじめ関連の新聞，雑誌等にも関連記事があり，比較的資料が多い。日本側の公文書や教師の手紙は，第一期生は素直だが，第二期生は反抗的で困るという見解で一致していたが，会って話を聞いてみると第一期生と第二期生は仲が良く，通じ合っていた。現

れ方の違いは，生徒の資質の違いによるものというよりも，所管が外務省から大東亜省に移り統制が強化された体制の違いを反映していたことが，当事者たちによって語られたのである。文字資料とオーラル資料をつきあわせることで実態が立体的に浮かび上がることがある。この事例から，そうした方法論に関する論文（河路，2005，2007b）も書いた。

　こうして理解が深まった当時のタイにおける日本語教育事情については，ほかに数編，論文や研究ノートを書いた。その時代を生きた人と対面し同じ時空を共有してみると，その時代への心的距離は驚くほど縮む。この調査のように，日本の教員側とタイの学生側の両方の声を聞くと，両側からの視点を理解することができ，双方の語りのずれから当時の資料の読み解き方がわかってくる。インタビュー調査には，そういった効用もある。

　関連して，同じく当時の国際学友会日本語学校で日本語を学んだベトナム人留学生のチェン・ドク・タン・フォン（陳徳清風）氏（1927生）が，アメリカより来日した機会に，東京でインタビューを行ったが，その内容はベトナム人留学生とベトナム独立運動との関係についての貴重な証言を含むものであった。日本語教育の関係者のみならず，ベトナムと日本の関係史等に関心のある方にも活用してもらいたく，「1943年・仏印から日本への最後のベトナム人私費留学生とベトナム独立運動」（河路，2012a）と題した「聞き書き資料」として発表した。

　そのほかに，公表を見送ったものがいくつかある。南方特別留学生が暮らした本郷寮で1943年6月から1944年3月まで寮母を務めた上遠野寛子氏（1918-2005）には1996年12月に話を聞いたが，これは公表していない。5時間に及ぶインタビューであったが，上遠野氏が熱心に話した内容はほぼそのまま，上遠野（1985）にすでに書かれていた。その後の話といえば，広島の原爆で亡くなったオマルさんの墓参を毎年欠かさないことなど極めて限られていたのである。そうであれば，公表の必要性は認められない。しかしながら，その語りの臨場感には，圧倒されるものがあった。氏が本郷寮の寮母を務めたのが50年以上前の9か月間という短い期間であったことを思うと，その人生におけるこの9か月間の途方もない重みが伝わったのである。その意味で，深い印象を残したインタビューであった。その後2002年に，上遠野氏は前著の改訂版を出版し，その3年後に亡くなったが，さらにその後，遺族によってその英訳（Kadono, 2010）が出版されている。

4.5 日本統治下台湾における日本語話者への聞き取り調査

　上記と並行して，台湾での調査を行った。一つは，1939年の台南師範学校附属公学校3年女子クラスの「日本人教師」と「台湾人教師」，そして「台湾人児童」という立場の異なる三者に，それぞれ話を聞いてその実態を描き出そうというものであった。「台湾人教師」(郭文生氏)と「台湾人児童」だった方々(劉期頓氏ほか6名)には台湾の台南で，「日本人教師」の二人(萬田淳氏・甲斐文二氏)には九州・福岡で話を聞いた。

　この調査では，植民地という環境における教育の構造への理解が飛躍的に深まった。しかし，この成果を私は論文にはせず，「日本統治下における台湾公学校の日本語教育と戦後台湾におけるその展開―当時の台湾人教師・日本人教師・台湾人児童からの証言」(河路, 1998)と題した「資料」として，項目別に三者の証言を対照して提示するのみとしたのである。その理由は次のとおりである。

　三者の関係は極めて良好で，信頼関係が認められた。元「台湾人教師」は戦後台湾の教育界で指導的立場に立ち，元「日本人教師」は戦後，日本の小学校に戻り，校長になって定年まで勤め上げた。両者は昔の教え子を愛情深く見守っていた。集まると日本語でおしゃべりをする元「台湾人児童」は，日本時代，すなわち子ども時代の思い出を楽しげに話し，昔の恩師を慕っていた。台南師範学校附属公学校はエリート校で，当時より意識が高かった。

　三者の語りを重ねると事実関係は符合したものの，意識や感覚のずれは顕著であった。特に「日本人教師」と「台湾人教師」の語りにおける当時の仕事の意味付けは著しく異なっているのが確認できた。いずれも子どもたちの将来の幸せを願いつつ教えたのは共通しているが，振り返って「日本人教師」は「言語に関係なく，子どもたちへの人間教育を行ったのだ」と語り，教授法などは覚えていないと言うのに対し，「台湾人教師」は教授法を具体的かつ詳細に記憶していて，たとえば「鳥が飛ぶ」という文を教えるときは……などと鮮やかに教室での様子を再現して見せてくれたのである。「台湾人教師」の郭文生氏は戦後，日本時代に身につけた指導力が評価されて若くして初等教育の指導的な立場に引き立てられ，日本語の教授法を中国語教育に転移して，戦後台湾の中国語教育の基礎を築いた。

　郭：これ(『初級小学国語常識課本(一)国語総合教学指引第一冊』北門區佳里鎮第一国民学校, 1946年12月)は終戦の翌年に私が書いたもので，日本

語の教案を北京語に直した教案集です。台湾語しか知らない子どもたち
　　　に全く初めて教えるんです。日本語のときと同じです。どう教えるか。
　　　(中略)それで当時私は，日本語の方法をそのまま中国語にして書いたん
　　　です。台湾語は使わず北京語だけで北京語を教える方法です。これを見
　　　ていくと，教材研究したものを，一つ一つどう教えるかがわかります。
　　　教科書自体は台湾で政府が発行したものが与えられましたが，どう教え
　　　るかについては指導がなく，教師が研究して工夫するほかなかったんで
　　　す。この本は，学校で教えながら夜書きました。

　郭氏がこのように言って示されたその中国語の指導書は，大陸向け教科書『ハナシコトバ』(東亜同文会)の長沼直兄による『ハナシコトバ学習指導書』(日本語教育振興会, 1941-1942)にも似て，直接法での指導の進め方をシナリオのように逐次書いて示したものであった。当時の日本語の教え方はこの本にある中国語の教え方のとおりだということだった。「日本人教師」の証言とはおよそ意味合いが違っている。互いにわかり合っていると思っていたが，実際には認識の違いに甚だしいものがあったのである。このことを分析して描き出せば，現在まで三者が大切にしてきた信頼関係や友情を傷つける可能性があると思われた。それで，私は論文にすることを差し控え，「資料」にとどめたのだった。これをもとにいつか誰かが論文を書くことは可能である。
　郭文生氏の戦後の中国語教育の話は大変印象深いものであった。台湾の人々にとって戦後国民党政府が与えた「国語」としての中国語(北京語)は，新しい言語だったのである。このとき郭氏は，中国語(北京語)を知らなかった。日本語の教案を中国語に差し替えるための中国語を，大陸からわたってきた人に毎晩教わって練習して書いては，翌日教室の子どもたちに教えたのだと言う。台湾の言語事情を考えるとき，この事実は重要である。
　さまざまに食い違いがありながら，三者の誰もが，当時の教育を高く評価し，特に元児童からは「孫世代がお金を払って学んでいる日本語を幼いときから習えたのはよかった」という声が一様に聞かれた。彼らは同世代の夫婦間や友人同士で，また日本旅行や日本人との交流に日本語を使っていた。言語学習に限ったことではなく，人には自らの努力を積極的に認め，生かしてゆこうとする逞しさが備わっているらしいことは，苦労話を聞くたびに確認される。また，言語の教育にとって教材，まして教師の質の問題は大きいということも実感される。質の良い言語の教育は人を豊かにしこそすれ，損なうものではない

(逆に，言語や文化の学習を制限したり，否定したりすることは人権侵害に属する)。

　同じころ，上記とは別に『台湾万葉集』の編者，孤蓬万里こと呉建堂氏 (1926-1998) との交流があった。氏とは対面する機会はなかったが，電話，郵便，FAXを通して一時期頻繁にやりとりをし，日本での『台湾万葉集』出版に至る台湾での私家版や関連資料のコピーが詰まった箱が届いたりもした。呉建堂氏は1998年12月に亡くなった。私は氏の最晩年に交流をもったことになる。呉氏が医師としてなした私財をなげうって働きかけた結果，日本で『台湾万葉集』の出版が実現し，氏は菊池寛賞を受賞，憧れの皇居に招かれ美智子皇后と対面する機会を得た。氏の積年の思いは叶ったかに見えたが，実際はそうではなかった。日本語で学力を蓄えて青年期を迎え，なかんずく日本の伝統詩形である短歌に親しんだ氏にとって，戦後，日本語が自由に使えない環境は過酷なものであった。短歌について氏が語るとき，おそらくは本人にも如何ともしがたい苦しみが滲んだ。氏はときに「台湾万葉集は，沖縄歌壇くらいの値打ちはあるのに日本人はいまだに植民地短歌扱いをする」とか，「古代『万葉集』を正しく継承しているのは『台湾万葉集』で，日本の晦渋な現代短歌は間違っている」などと憤るのだった。送られた雑誌・新聞の記事のコピーの束には出典が記されておらず，そのことに触れたら「私の家に原本があるから本棚をひっくり返して調べればいい」と声を荒げた。真夜中に続々と送られるFAXには鬼気迫るものがあった。「子どもたちは日本語を解さず台湾の若い世代に継承者はいない，日本人が正しく評価してくれなければ困るのだ」と訴えられた。氏の晩年は幸福なものとは言えなかった。それは，台湾の「谷間の世代」の「日本語人」の不幸の一典型であろうと思われた。思い出すたびに胸が痛む。私は氏の生前に「短歌と異文化との接点—『台湾万葉集』をヒントにボーダーレス時代の短歌を考える」(河路，1997) と題した短歌評論を書いたが，論文は書かなかった。氏が亡くなって初めて，「日本統治下の台湾における日本語教育と短歌—孤蓬万里編著『台湾万葉集』の考察」(河路，2000) と題した論文を書いた。が，氏の名誉を守り一部なりとも氏の要望に応えるためにも作品論を中心に据え，氏のライフストーリーを前面に出すことはしなかった。

　なお台湾での聞き取り調査は回を重ね，多くの方にお話をうかがった。お宅に宿泊してじっくり話を聞いた方も3名いる。本人による加筆修正を経てライフヒストリーをまとめたが，最終的には異口同音に「公表は控えてほしい」との意向が伝えられた。それでこれらは秘すこととなった。交流はその後も続

き，うちの2名は老人施設に入った。2010年，世界日本語教育研究大会参加のため台北に行った際，この施設を訪ねた。そこで日本時代に学校教育を受けたお年寄りが日本語でおしゃべりを楽しんでいる輪の中に招かれ，ここでもまた自由なおしゃべりを聞いた。これはもとより「研究のための調査」ではない。老人施設でも日本語世代は少なくなり，「若い人はダメ。日本語できないから」という事情が生じていたのが印象的であった。

　ある時代についての語りが，その後の経験によって規定される性格が強いことも，台湾での調査によって認識を深めたことの一つである。戦後，一度身につけた日本語の使用が制限された現実は，日本語使用が自由になった今，日本語が慕わしく語られる要因となっている。

4.6　中国・ハルピンと北京での，元東京高等農林学校留学生への聞き取り調査

　上記とは違い，研究助成を受けて研究調査として成果をまとめることを前提に実施した調査研究に，戦時下東京農林高等学校の元留学生を対象としたものがある。河路（2001）にまとめたように，日中戦争が全面化してからも中国人留学生の来日は続いたし，終戦を日本で迎えた中国人留学生も少なからず存在した。当時の私の勤務先であった東京農工大学の，農学部の前身にあたる東京高等農林学校では戦争中も中国人留学生が学んでいた。その中から戦後の中国の農業・農学分野で大きな功績を挙げた人物が多く輩出され，両国の国交断絶期を乗り越えて交流が続いていた。

　この調査は，まず中国人留学生の同級生だった日本人へのインタビューから始めた。学内に残る沿革資料のほか関連文献の調査を行いつつ，中国の調査対象者の方々と手紙等で打ち合わせた後，中国に調査に出かけたのは2000年9月のことであった。「満洲」の元留学生にはハルピンで，中華民国からの元留学生には北京でインタビューを行った。

　「満洲」からの元留学生3名の東京高等農林学校の入学年はそれぞれ1937年，1937年，1938年で，最後の職場は，張徳義氏（1917生）が東北林業大学森林工程系，譚貴忠氏（1918年生）が東北農業大学農学院昆虫教研室，解啓英氏（1917年生）が東北農業大学獣医系である。張氏と解氏は東京高等農林学校を卒業し，譚氏は戦況の不安から卒業の前に帰国したが，いずれも留学時代の専門分野を生かし，戦後中国の教育研究に従事した。

　一方，中華民国からの元留学生の陳一民氏（1921年生），丁一氏（1925年生），宋秉彝氏（1926年生），董振亜氏（1926年生）の入学年は，それぞれ1943年，

1944年，1944年，1946年である（1944年度に東京農林専門学校と校名が変わった）。敗戦前後の混乱の時期，いずれも卒業は叶わず，帰国後，それぞれ勉学を続ける努力をした。陳氏は主として中等教育に従事し，天津鉄路第一中学の教員として定年を迎えた。丁氏は印刷関係の専門家となり，関連分野の日本語文献の中国語翻訳を手がけた。宋氏は小麦生産量を飛躍的に増加させるなど中国農業に顕著な功績を挙げ，最後は北京市農林科学院院長を務めた。董氏は進学準備のため東京の東亜学校に在籍していたが，そこで敗戦を迎え，苦労の末1946年に東京農林専門学校に入学したものの生活の困難から退学を余儀なくされた。それでも帰国後，その専門性を生かし，天津市農林局の高級農芸師となった。

　東京農工大学の同窓会組織を通して出会えた方々だけに，困難な時代の留学経験を大切に国交断絶期をしのび，国交回復後交流を復活した点において共通している。中華民国と「満洲」，戦時中とその前後の時代が，7人のライフストーリーから浮かび上がった。共著者として農業経済学の淵野雄二郎氏，日本近代農業史・農業教育の野本京子氏を迎え，日本語教育のみならず，近代農業教育の学の連鎖にかかわる萌芽的研究としても興味深い成果を収めることができた。

　この成果は，科学研究費補助金〔研究成果公開促進費〕の助成を得て『戦時体制下の農業教育と中国人留学生—1935～1944年の東京高等農林学校』（河路・淵野・野本，2003）という本になった。それぞれのライフストーリーのテキストは，資料として本書に収めてある。

　ちなみに，戦争中の中国で日本語教育に従事した日本人教師というと，日本政府の日本語普及事業に協力した人々がまず浮かぶが，その逆の立場の日本人教師も存在した。日本の戦争に反対の立場で中国共産党に協力した日本人教師たちである。その語りは，藤原・姫田編（1999）に収められている。立場を異にするそれぞれが中国の人々の日本語学習に深くかかわり，それは戦後中国における日本語教育に大きな影響を与えている。

4.7 「戦前・戦中・戦後を日本語教師として生き抜いた人々」の調査研究

　こうした調査研究を進めてきて，戦争が教育現場にもたらす影響の大きさと，それらに翻弄されつつも時代の変化を乗り越えて自己を成長させてゆく人々の力に感銘を受けた。社会状況の変化は激しく人生はそれに大きく影響されるものの，人の一生は存外長い。日本語教師の需要の増減も激しく，戦前・

戦中・戦後を日本語教師として生き抜くことは容易ではないが，それをなしとげた人物の生き方に関心がもたれた。残念ながら当事者はすでにこの世にない。残された文献資料に加えて，ご遺族を訪ねて話を聞いた。

鈴木忍氏(1914-1979)については1974年に録音されたテープを川瀬生郎先生(1932生)が保管されていたのを借りて，文字に起こして注釈を付し，資料として発表したのが河路(2009b, 2009c)である。その後，長男の鈴木泰氏へのインタビューを実施，鈴木忍氏のノートの類を拝見した。また上記の1974年のテープの座談会に同席していた豊田豊子氏にも会って鈴木忍氏の思い出を聞いた。その成果は，河路(2009d)の一部になっている。

戦前戦後いずれも20年余りを日本語教育に従事した長沼直兄(1894-1973)については，財団法人言語文化研究所附属東京日本語学校(現・長沼スクール)に残されていたテープを聞いた。すでに財団法人言語文化研究所(1981)に「1961年コロンビア大学に於て日本語を語る」として掲載されている。掲載資料はテープに忠実で，新たな情報はなかったにも関わらず，長沼直兄の明晰な語り口は，謦咳に接することの叶わなかった私に強い印象を残した。長沼直兄が身近に感じられるようになり，資料の理解が容易になった。肉声を聞くことにはこうした効果もあり，それは決して小さくない。その後，甥にあたる現・長沼スクール理事長の長沼一彦氏と，同じく理事の白石英一氏に，直兄の妻・アントネットの思い出も含めて家庭での長沼直兄についてうかがい，写真等も見せてもらった。もとより公表を前提としたものではないが，母国との戦争中も日本に止まり長沼直兄を支えたアントネットについて私は知りたかったのである。心温まる証言を得て，長沼夫妻への理解が深まり，長沼直兄の人物像も私の中でふくらんだ。このインタビューは写真入りの資料にまとめて，お二人にお渡しした。

長沼直兄については，東京日本語学校60周年記念誌に詳しい年譜を掲載したほか，いくつかの論文を書いたが，ライフヒストリーを前面に出したものとしては河路(2012b)がある。

阿部正直(1903-1967)については，長男の阿部和彦氏に数度にわたって話を聞き，書簡や写真，自作教材や教授メモ等多くの資料提供を受け，その生涯の全貌がわかってきた。2006年夏の日本語教育史研究会にて，「阿部正直と日本語協会——戦前・戦中・戦後を日本語教師はどう生きたか」と題した口頭発表(河路，2006c)を行い，年譜，資料をまとめて簡易製本した私家版資料集とCDをご遺族にお渡しした。東京帝国大学で教育学を修め，社会教育，成人教育に

関心の高かった阿部正直は，宣教師に教えることから始め，「満洲」での日本語教育にかかわり，戦後は GHQ の日本語教育を数年行ったのちに，東京で阿部日本語学校を開いた。死の直前まで名誉や見返りを求めることなく，地道な教育実践を重ねた。こうした教師の営みを我々はきちんと語っていかなければならないと思う。授業では，伝記資料を次々にプロジェクターに映しながら，無声映画の弁士よろしく解説する，ということをしている。しかし，まだ書いて公表したものはない。

以上は，日本語教師として生涯を全うした人物で，遺族もその功績をしのんで快くインタビューに応じてくれた。一方，父松宮弥平(1871-1946)と共に，戦前戦中の日本語教育に貢献し，影響力も大きかった松宮一也(1903-1972)は戦後，日本語教育から離れた。遺族とやっと連絡がとれたが，日本語教育関係者には話すことはないと断られた。これまで日本語教育史関係の文献に書かれた断片的な記述は弥平・一也を積極的に理解しようとしていないことに私も気づいており，それを正したい一心での申し出であったが，すでに遺族の信頼は失われていたのだった。

戦時中の関係者へのインタビューを通して，この世代の人々が戦後世代の語りに不満と諦めに似た気持ちを抱いていることがわかっている。その次の世代にあたる私たちの世代は，前の世代より客観的に話を聞くことができる。今こそ虚心坦懐に事実を知り，先人の努力に敬意を表し，将来を真剣に考えてゆく必要がある。その後，弥平，一也の活動に焦点を合わせて文献調査を進め，河路(2013)をまとめた。当事者の思いに寄り添って理解に努めたつもりである。

一也の父，松宮弥平は戦前戦中を生き抜き敗戦を見届けるように 1946 年 7 月 4 日に亡くなった。同じく敗戦を見届けるように亡くなった偉大な日本語教育者に松本亀次郎(1866-1945)がいる。1945 年 9 月 12 日に亡くなった。松本については伝記もあり，生地である静岡県掛川市には遺品が多く保管されている。会うことこそ叶わなくとも，その地を訪ね，蔵書や肉筆のメモなどを手に取ると，人柄をしのぶことができる。加えて，嗣子の松本洋一郎氏が著書『珈琲を飲みながら』(松本, 2006)の中に「祖父松本亀次郎の思い出」(pp. 297-323)という一章を書いている。これらを総合すると，松本亀次郎のライフヒストリーが立体的に浮かび上がる。

私が，「語り」を資料として公開しようと努めるのは，将来，この方々に会えない世代にも，その人の声を伝えたいと願うからにほかならない。

さて，こうした調査研究を通して，戦争と日本語教育の関係をめぐる状況

の整理とそれについての思索の必要を切実に感じた。それで書いたのが河路(2011)である。

4.8 パラオの日本語話者に対する聞き取り調査

2012年には，科学研究費の助成を受けた「〈紐帯としての日本語〉，日本人社会，日系コミュニティ，「日本語人」の生活言語誌研究」の分担研究者としてパラオでの聞き取り調査を行った。パラオの日本語話者，日本語の指導者へのインタビューが目的で，同年春と夏の2度，パラオにわたり，15名ほどの方々に話を聞いた。

周知のとおりパラオはかつて国際連盟の委任統治領として日本の統治下にあり，学校教育で日本語が使われていた。中心地コロールでは1940年時点での住民の7割以上を日本人入植者が占めるに至り，この時期のパラオの人々は日本語を第二言語とする環境で流暢な日本語を身につけた。中には，戦後も同世代とのおしゃべりに日本語を使い続けた人々もいる。調査では，この世代の4名に加えて，戦後生まれの5名に話を聞いた。

小学校，高校，短大で日本語指導に従事している日本人にも話を聞くことができた。これはパラオで日本語教育を行っている公的機関すべてにあたり，すべての日本人教師に会ったことになろうと思う。しかし，いずれも記録や調査内容の公開，発表は控えてほしいとの意向であった。

それに対し，パラオ人の方々からはいずれも記録，公開の承諾を得られたので，パラオ人の「語り」を中心に成果をまとめつつある。日本時代を知る世代の日本語話者として1925年，1930年，1935年生まれのパラオ人女性と，1935年生まれの日本人の父とパラオ人の母をもつ男性に加え，戦後この人と結婚した日本人女性。戦後生まれの日本語話者としては，日本留学経験があり日本人向けサービスの充実したホテルの経営者H氏(1960生)，ダイビングのガイドとして日本人客の世話をしているS氏(1961生)，日本語で観光ガイドをしているK氏(1962生)に加えて，高校でツーリズムを教えているB氏(1963生)，そして日本留学経験のある最年少のK氏(1982生)に話をうかがった。このうち女性はB氏のみであとの4名は男性である。そのうち，H氏，K氏は3年以上日本の教育機関で学んだ経験を持ち，S氏，K氏は農業研修生として6か月の日本語研修を受けたことがある。B氏はパラオ高校，パラオ・コミュニティ・カレッジで日本語の基礎を学んだ。漢字が自由に読み書きできるほどの日本語教育を受けなかったS氏，K氏，B氏ばかりか，日本の教育機関で日本

人学生と一緒に学んだ経験のあるH氏も，現在，日本語で読み書きをすることはないと言ったのは印象的であった。彼らはアメリカ時代に教育を受け，英語の読み書きを学んでいる。日本に関する情報をはじめ仕事に必要な情報は英語によって得ると言う。日本のテレビ放送などを通して常に日本語を聞き，話す練習を怠らないが，読み書きは必要がない（から練習もしない）と言う。国費留学生として東京の日本語学校で日本語を学んだ後専門学校を卒業したK氏だけが，日本語の読み書きができると話し，将来パラオに日本語学校を作りたいと語った。日本語を使って仕事をしていても，日本語の読み書きの必要を認めないというのは，私の調査では初めて聞いた。日本国内での日本語使用とはまた違ったパラオの日本語使用，日本語学習の現実である。

　この調査では，語られる日本語もまた興味深いものであった。それぞれが自家薬籠中のものとしている日本語だが，中には限られた文型・語法のみを使って，身振りや表情の豊かさで豊かな会話を成立させる人もいた。オーラル・データは言葉の特徴そのものを残すので，そうした言語技能そのものの研究にも道を拓く。これについては東京外国語大学で口頭発表(河路, 2014)を行い，「現代パラオにおける日本語—人々による日本語使用とその学習の諸相」と題して論文にまとめた。「日本を離れた日本語」の調査に関する他の論文とあわせて，2015年度中に東京外国語大学国際日本研究センターから刊行される予定である。

　ちなみに，このとき，私は中島敦の短編小説「マリヤン」のモデル，マリア・ギボン(Maria Gibbons)の関係者へのインタビューも行った。1917年生まれのマリアは日本統治時代のパラオで教育を受け，日本の女学校に留学経験をもち，教養のある日本人と同程度の日本語を操った「日本語人」であった。パラオではその遺児をはじめ交流のあった人々に話を聞き，帰国後はマリアと親交のあった日本人の方々と連絡がつき神奈川，埼玉，群馬にそれぞれの方を訪ね，話を聞いた。傑出した女性指導者としてのマリアの人物像が浮かび上がった。この調査を通して，南洋庁はパラオの青年に日本留学の道を用意することはなかったが，キリスト教のセンブンスデーアドヴェンチスト教会(SDA)が優秀なパラオの若者を日本留学させてパラオの指導者として育てていたことがわかった。その成果の一部は，河路編著(2014)『中島敦「マリヤン」とモデルのマリア・ギボン[Nakajima Atsushi's "Mariyan" and Maria Gibbon, its Inspiration]』という日英バイリンガルの本として2014年9月に刊行された。「マリヤン」の英訳も収めてある。バイリンガルにしたのは，パラオのベラウ国立博物館と

の約束で，パラオの人々に読んでもらうためである。200部寄贈したこともあり，2014年11月24日，ベラウ国立博物館の主催で出版記念会が開催された。博物館の関係者やマリアの親族のみならず，トミー大統領をはじめパラオ政府の要人や各酋長，日本大使館，中華民国大使館の方々が集まってくださった。博物館では国内24の教育機関すべてに2部ずつ配布したということである。話を聞くだけでなく，成果を現地に還元することの重要性に改めて感じ入ったことであった。

4.9 ドナルド・キーン氏とその元学生への聞き取り調査

　最近成果を本にすることができたのは，アメリカの海軍日本語学校で日本語を学び，アジア太平洋戦争に語学将校として従軍し，戦後，日本文学の研究・翻訳で未曾有の偉業をなしとげたドナルド・キーン氏へのインタビューである。日本語学習のプロセスや，その後の教育活動を中心に話を聞いた。本はキーン氏との共著で『ドナルド・キーン　わたしの日本語修行』と題して2014年9月に出版された。同年9月28日に八重洲ブックセンターで記念イベントが開かれ，冒頭にキーン氏のスピーチがあったが，そこで氏は「海軍日本語学校時代について聞きたいと言われたとき，既に自分で書いたもの以上に話すことがあるだろうかと思ったのだが，河路の質問はおもしろく，忘れていたことをいろいろ思い出させてくれた。この本には，ほかの本に書かれていないことが書かれている。確かに私はこうしてドナルド・キーンになったのだ」という内容の話をされた。

　私はこの話を聞いて胸がいっぱいになった。インタビュアーとして私の目指したのは，そういうことであったからである。忘れていることを思い出してもらうには，資料や周囲の証言による刺激が有効である。今回は海軍日本語学校時代の教科書に70年ぶりに再会してもらったことに加え，本人が在学中に書いた手紙，そしてキーン氏に教えを受けた人々へのインタビューをもとに，思い出してもらったのである。氏がこれまでに書いた内容についても，できるだけ周辺の資料にあたるようにした。

　キーン氏の話で感銘を受けるのは，戦争中の日本人または日系人の日本語教師とアメリカ人生徒との信頼関係が，戦後に大きな展開をもたらしたという事実である。海軍の任務で赴任した戦地としてのハワイで，週に一度の休暇を利用してハワイ大学で日本文学を学んだ話など，想像もできなかった。コロンビア大学でキーン氏の日本や日本人への敬意と信頼を決定的なものにした角田

柳作，海軍日本語学校の日系人教師たち，そして戦争中のハワイ大学で日本文学を講じ，毎週日本語でレポートを提出させてキーン氏を鍛えた上原征生(ゆくお)(日本生まれで後にアメリカに帰化した)が，「祖国の敵兵」に惜しみなく日本語や日本文学への愛情もろとも情熱をもって教えたことが，ドナルド・キーン氏を偉大なる日本文学者にする基礎となった。キーン氏のみならず，米国陸海軍の日本語教育からは後の日本研究者，日本語教育者らが多く輩出している。キーン氏はこのことについて，「日本は戦争には負けましたが，日本文化は勝った，というのが私の確信です」と語った。

このインタビューは，戦争と日本語教育という年来のテーマに別の角度から切り込む試みでもあった。

5. 日本語教師・学習者，そしてその経験者の「語り」からわかったこと

上記のとおり，私は「聞き取り調査」すなわち「ライフストーリー・インタビュー」を重ねてきた。日本語教育に携わる者として，さまざまな立場の教師や学習者の「語り」を聞くことから得られたものはあまりにも大きい。それぞれについて述べてきたが，あえて書かなかったいくつかについて触れておきたい。秘密義務の大きさから触れなかったものには，日本と国交のない地域の当事者の語りがある。また，外国の軍隊での日本語指導に従事した元教員に話を聞こうとしたところ，「当時，軍隊内部のことは決して口外しないと誓ったので生涯口外するつもりはない」と言われたことがある。こうして意志的に秘匿される事実もある。教師としての守秘義務のある場合はもちろん，語り手がそれを望まない場合は，発表することはできない。魅力的な話のいくつもがそうして秘されることになる。しかし，「語り」を聞くこと自体に，日本語教育学をめぐる思索を刺激する価値があるのだから，発表できないからといって聞いたことの価値が減ずるわけではない。

そうした事例をも含めて，ライフストーリー・インタビューを重ねてわかってきたことを示すとしたら，以下のようになるだろうか。

* 人が新しい言語を学ぶことになるきっかけは偶然であることが多い。それは多くの場合，同時代の国際情勢を受けた国家の政策や社会的ニーズの影響によるもので，これを免れることはできない。
* 言語教育の現場における教育者と学習者の動機づけや目標は，往々にして異なっている。

＊学習者は決して受動的な存在ではなく，自ら学ぼうとする主体的な存在である。
 ＊教育現場では，双方に信頼関係がなければ教育の効果は上がらない。効果を上げる目的から信頼関係が築かれることもある。
 ＊教育者，学習者ともに強い使命感があると集中力が増し，通常以上の効果を上げることがある。
 ＊教育現場の目的がどうであれ，またその教育現場が失われた後も，学ばれた言語は学習者のものであり続け，生涯にわたってその人自身が，自由に使える財産となる。
 ＊言語を学ぶという営みは人の成長を促し，人生の可能性を広げる。一方，自由に使える言語の使用が制限されることは，人に苦渋を強いる。
 ＊戦後の歩みを異にする地域では，戦後日本への理解不十分から戦後日本への批判がでやすく，その反映として戦争中の日本が美化されることがある。

また，特に戦争中にかかわる語りにおいて，当時の人々の思いが理解されるにつれて当時の議論の限界が見えてきた部分がある。それは言語習得論や国際協調への議論が十分ではなかった時代の限界と言えるが，これを理解しておくことは重要である。主だったものを挙げる。

 ＊今日では一人の人間が複数の自由な言語をもつことができることが知られているが，当時はその確信がもてず，人がある言語を身につけるためには，その人の中のほかの言語が犠牲になるのは仕方がないと思われていた節がある。
 ＊「同化主義」は差別主義に対するものとして内外で好意的に受け止められ，同じ日本語を話せば同じ仕事，同じ待遇が受けられることは平等であると信じられていた節がある。
 ＊日本側では日本語を学ぶことは日本への好意に支えられていると信じていた節がある（これだけは戦後も引き継がれた。戦争中はこの習性が敵の軍隊に利用されたりもしたのだが）。

その後私たちは，これらの構造を理解し，乗り越えるための思索を重ねつつある。時代の進歩は確かにあって，私たちは過去を乗り越える知恵を身につ

けることができる。しかし，過去の語りを理解するためには，限界を含めてまずは当時の事情を受け入れて，その中で生きた人々の思いに寄り添うこともまた，重要である。

戦争は古今東西，言語接触の場面の一つで，言語の学び合いが発生する。戦争にかかわる言語学習，言語教育は，国の命運をかけて行われるだけに徹底していて，平時にはない効果を上げることがある。アジア・太平洋戦争中の日本語教育についてみれば，多くの優れた頭脳が集中的に日本語を学び，教え，考えたこの時期の調査研究，教材開発は，類稀な水準の高さを示している。1年制の国際学友会日本語学校の実現や米陸海軍の集中的な日本語教育の成果はその典型だと言えるが，それらは今日の基礎となっている。

戦争中の話を聞くとき，私はもし自分がこのとき同じ立場にあったとしたら，と考える。また，青年時代に演劇に従事していたからか，折々にもしこの人物を私が演じるとしたら，と考える。その状況に自分をおいてその人物の苦悩や喜びを内側から再現できると思えるときもあるが，わからないものが残ることもある。それは勉強が足りないのだろうと思う。

6. おわりに―「ライフストーリー」の活用への可能性と期待

最後に，改めて日本語教育にかかわる「ライフストーリー」の活用への可能性と期待をまとめる。

教師として学習者のライフストーリーを聞くことは，学習者理解につながる。日本の日本語学校では，多くの学生が初めての多文化接触を通して人間的に著しい成長を遂げる。彼らの語りを聞くことは，人が新しい言語を学ぶことの意味を考える手立てにもなる。言語教育の果たす役割や教師の仕事の意味を確認することもできる。

教師にとって，先輩教師のライフストーリーを聞くことも有用である。先輩教師の経験は，実践的な知恵を多く含んでいるほか，日本語教育をめぐる近い過去の歴史的事実を知るきっかけにもなる。

物故者を含む過去の教師や学習者のライフヒストリーを知ることは，日本語を学び教える営みの普遍性に迫る道しるべとなる。社会の力がどう動いたとき，日本語教育の現場が如何に生まれるのか。そこで学んだ日本語の力はその後その人生に如何に作用するのか。多くの学習者に日本語を教えた経験は，その後その人生に如何なる意味を与えるのか。こうした思索をめぐらすには，ライフストーリーに耳を傾けることは必須であるに違いない。

次にライフストーリーを論文等にどのように用いるかは，論文のテーマに応じて決まることだろう。いずれにしてもある目的をもって書かれる研究論文では，豊かな「語り」の多くが捨象されることになる。そうして一つの論文を仕上げることは大事だが，インタビューの成果はそこで終わるものではない。語り手の声は，調査者の耳や心に残って，集積されていく。集積された人々の声が響きあえば，オーケストラのように重厚なひとつの音楽が聞こえてくるかもしれない。「日本語教育学」は生涯をかけて究めるものだろう。

参考文献

上遠野寛子(1985).『東南アジアの弟たち―素顔の南方特別留学生』三交社.
上遠野寛子(2002).『改訂版・東南アジアの弟たち―素顔の南方特別留学生』暁印書館.
河路由佳(1997).「短歌と異文化との接点―『台湾万葉集』をヒントにボーダーレス時代の短歌を考える」『短歌研究』54(10), 63-69.
河路由佳(1998).「日本統治下における台湾公学校の日本語教育と戦後台湾におけるその展開―当時の台湾人教師・日本人教師・台湾人児童からの証言」『人間と社会』9, 263-284.
河路由佳(2000).「日本統治下の台湾における日本語教育と短歌―孤蓬万里編著『台湾万葉集』の考察」『人間と社会』11, 47-64.
河路由佳(2001).「盧溝橋事件以後(1937～1945)の在日中国人留学生―さねとうけいしゅう『中国人日本留学史』再考」『一橋論叢』126(3), 83-99.
河路由佳(2005).「その人の〈声〉に耳を澄ます―オーラル・データの豊かさとそのアーカイヴ化をめぐる議論のために」『史資料ハブ地域文化研究』5, 48-57.
河路由佳(2006a).『非漢字圏留学生のための日本語学校の誕生―戦時体制下の国際学友会における日本語教育の展開』港の人.
河路由佳(編)(2006b).『国際学友会「日本語教科書」(全7冊)[1940-1943]』港の人.
河路由佳(2006c).「阿部正直と日本語協会―戦前・戦中・戦後を日本語教師はどう生きたか」『2006年度第1回日本語教育史研究会』9月, 口頭発表.
河路由佳(2007a).「〈オーラル・アーカイヴ班〉聞き取り調査資料集―タイ編(04-Ka-1)・(05-Ka-1・2・3)」東京外国語大学21世紀COEプログラム「史資料ハブ地域文化研究拠点」.
河路由佳(2007b).「立体的理解を可能にするオーラル資料と文字資料の併用―1942年度・1943年度のタイ国招致学生事業における在日タイ国留学生に関する調査研究の事例から」『日本オーラル・ヒストリー研究』3, 75-97.
河路由佳(2009a).「財団法人言語文化研究所附属東京日本語学校60周年記念座談会・長沼直兄と東京日本語学校ゆかりの方々に草創期の話をきく」『財団法人言語文化研究所附属東京日本語学校60周年記念誌』, 4-70.
河路由佳(2009b).「戦時中の鈴木忍・高橋一夫と日本語教育―1974年の座談会録音テープより(1)」『東京外国語大学論集』78, 303-316.
河路由佳(2009c).「戦後(1945-1974年)の高橋一夫・鈴木忍と日本語教育―1974年の座談会録音テープより(2)」『東京外国語大学論集』79, 415-434.
河路由佳(2009d).「鈴木忍とタイ―戦時下のバンコク日本語学校での仕事を中心に」『アジアにおける日本語教育―「外国語としての日本語」修士課程設立1周年セミナー論文集』, 3-27.

河路由佳(2011).『日本語教育と戦争―「国際文化事業」の理想と変容』新曜社.
河路由佳(2012a).「1943年・仏印から日本への最後のベトナム人私費留学生とベトナム独立運動―チェン・ドク・タン・フォン(陳徳清風)さん」『日本オーラル・ヒストリー研究』8, 163-175.
河路由佳(2012b).「長沼直兄の戦前・戦中・戦後―激動の時代を貫いた言語教育者としての信念を考える」『日本語教育研究』58, 1-24.
河路由佳(2013).「戦時期の日本語普及事業と松宮弥平・松宮一也―日本語教師養成事業をめぐる官民論争に着目して」加藤好崇・新内康子・平高史也・関正昭(編)『日本語・日本語教育の研究―その今, その歴史』(pp. 227-239.) スリーエーネットワーク.
河路由佳(2014).「現代パラオにおける日本語―人々による日本語使用とその学習の諸相」『東京外国語大学国際日本研究センター社会言語部門主催公開研究会「紐帯としての日本語―「日本」を離れた日本語」』7月, 口頭発表.
河路由佳(編著)(2014).『中島敦「マリヤン」とモデルのマリア・ギボン[Nakajima Atsushi's "Mariyan" and Maria Gibbon, its Inspiration]』港の人.
河路由佳・淵野雄二郎・野本京子(2003).『戦時体制下の農業教育と中国人留学生―1935〜1944年の東京高等農林学校』農林統計協会.
キーン, ドナルド・河路由佳(2014).『ドナルド・キーン わたしの日本語修行』白水社.
グッドソン, アイヴァー・サイクス, パット(2006).『ライフヒストリーの教育学―実践から方法論まで』(高井良健一・山田浩之・藤井泰・白松賢(訳)) 昭和堂.[Goodson, I., & Sikes, P. (2001). Life history research in educational settings: Learning from lives. Buckingham/Philadelphia: Open University Press.]
財団法人言語文化研究所(1981).「1961年コロンビア大学に於て日本語を語る」『長沼直兄と日本語教育』(pp. 191-205.) 開拓社.
桜井厚(2012).『ライフストーリー論』弘文堂.
田中克彦(1993).『国家語をこえて―国際化のなかの日本語』筑摩書房.
トンプソン, ポール(2002).『記憶から歴史へ―オーラル・ヒストリーの世界』(酒井順子(訳)) 青木書店.[Thompson, P. (2000). The voice of the past: Oral history (3rd ed.). Oxford, United Kingdom: Oxford University Press.]
藤原彰・姫田光義(編)(1999).『日中戦争下 中国における日本人の反戦活動』青木書店.
松本洋一郎(2006).『珈琲を飲みながら―円い地球の表と裏を旅した商社マン』露満堂.
メリアム, シャラン, B. (2004).『質的調査法入門―教育における調査法とケース・スタディ』(堀薫夫・久保真人・成島美弥(訳)) ミネルヴァ書房.[Merriam, S. B. (1998). Qualitative research and case study applications in education: Revised and expanded from case study research in education (2nd ed.). New York, NY: John Wiley & Sons.]
ヤウ, ヴァレリー, R. (2011).『オーラルヒストリーの理論と実践―人文・社会科学を学ぶすべての人のために』(吉田かよ子(監訳)) インターブックス.[Yow, V. R. (2005). Recording oral history: A guide for the humanities and social sciences (2nd ed.). Walnut Creek, CA: AltaMira Press.]
山田富秋(編)(2005).『ライフストーリーの社会学』北樹出版.
Kadono, H. (2010). Asian leader's children who were called "nanpo tokubetsu ryugakusei". (村上朝子(訳)) Akatsuki Inshokan.

第3章　［インタビュー］

ライフストーリー研究の展開と展望

語り手：桜井　厚
聞き手：三代　純平

はじめに

　2014年12月某日，桜井厚氏が勤める立教大学の研究室にてインタビューを行った。私や，おそらく日本語教育の分野でライフストーリー研究を行っている多くの研究者，特に2000年代前半にライフストーリー研究を始めた若手研究者は，桜井厚氏の『インタビューの社会学―ライフストーリーの聞き方』（せりか書房，2002年）をたよりに，手探りで研究を続けてきた。日本語教育の領域でライフストーリー研究が行われ，10年余りが経ち，ライフストーリー研究を日本語教育学として考えようとしている今，あらためて，「ライフストーリー研究」とは何かを桜井厚氏に聞き，「日本語教育学」としてのライフストーリー研究を考えるうえで参考にしたいと思い，桜井氏にインタビューを依頼した。インタビューは，2時間半に及んだ。まず桜井氏の調査経験とそれに根差したライフストーリー観を語ってもらった。次に，私自身の研究上の悩みに答えてもらう形で，ライフストーリー研究の方法について話を聞いた。最後に，今後の展開として，語り継ぐことやアーカイブの現状，さらにライフストーリー実践の教育的意味などが話された。
　　　　　　　　　　　　　　　　　　　　　　　　　　　　　　（三代 純平）

中野卓先生との出会い

三代：では，早速ですが，いろんなところで書かれているとは思うんですけど，桜井先生がこのライフストーリー研究をされるきっかけは，はじめ，中野先生のところで？

桜井：そうですね，僕はもともと理科系出身で，一旦社会人になったんですけども，社会人になって，すぐ東京教育大学の社会学科に学士入学で入ってるんですね。で，そこで大学院に進むんですけれども，東京教育大学ってのは，僕が修士課程を終えると筑波大学になっちゃいますのでなくなっちゃうわけですね。で，今の首都大学，当時の東京都立大学のドクターに行くんで

すけど，中野卓先生と出会うのはその修士課程中の東京教育大学時代なんですよ。ただ僕自身，最初は，技術者と社会というテーマでしたので労働関係の先生につくんですけどね。で，大学院に進学したときに，中野さんが最後の学部生の社会調査実習を担当することになって「誰か助手やってくれないか」って言っても大学院生はもういなくなってきてたんです。それで，「ああ，僕でよければやりますよ」って言って，そこで中野先生と出会うっていうかな，そういう流れがあります。

三代：その実習で行ったっていうのが，『口述の生活史』[注1]の場所ですか？

桜井：そうそうそう，その『口述の生活史』の場所なんですが，倉敷市の水島工業地帯の集落で，公害問題の意識調査だったんですね。自由記述をたくさん使うアンケート調査で，基本的には僕が学部生の調査票をチェックしたりしてたんです。調査票の回収や内容をチェックして，もう1回行ってこいとか指示していた。

　ところが，中野先生は，訪ねてきたおばあさんと話してるわけだ，あっちのほうで。だから，あんまり手伝わないわけ，こっちのことやんない（笑)，僕がやってた。それで，中野さんはあとで有能な院生がいてくれて助かったとか書いてあるんだけど[注2]（笑)。中野さんはそのとき『口述の生活史』のおばあさんの聞き取りをしていたわけですよ。ちょっと前に知り合っていて，そのあとも何度か訪れてますけどね。だから，中野さんは『口述の生活史』のインタビューを，その前後に始めているということですね。それが1975年だったので，本が出るのは1977年。そんな状況がありましたよね。中野さんはそういうふうな形でライフヒストリーをやり始めると言うか，精力的にやりだしたというようなことがあって，まあ，僕はそれに大きく影響されたっていうことでしょうね，うん。

三代：へえー。ずっとついて行かれたとあとがき[注3]に書かれていましたよね？　それを読んで，僕はてっきりずっと一緒にやってきて，ついて行ってたのかと思っていました。

桜井：それはね，岡山の水島工業地帯の公害問題で，村の全体が移転するって集団移転の話が出てたんですよね。で，それを倉敷市が，本当に住民がそう

[注1]　中野卓（1977)．『口述の生活史―或る女の愛と呪いの日本近代』御茶の水書房．
[注2]　中野卓（1977)．「石油化学コンビナートの「公害」と「天災｣」『現代社会の実証的研究―東京教育大学社会学教室最終論文集』108-160．
[注3]　中野卓・桜井厚（編）（1995)．『ライフヒストリーの社会学』弘文堂．

望んでるかどうかを意向調査してくれって言って，第1回目の調査をするんです．で，70年ごろに最初の報告書を出すんですね．それは本当に調査票調査，量的な調査なんです．その第1回目があって，それを出したあとに，教員が交代で調査実習って授業を受け持っていたわけで，中野さんが担当のときに最後の学部生を連れて行く．それを僕が調査助手として手伝うって形が，まあ，実質的な出会いです．

　中野さんと現地へ前もって調査に出かけたりしますよね，準備のために．電車やバスに一緒に乗って途中でしゃべるんですが，先生はもともと英語の文献とかは好きじゃないわけですよ．つまり，社会学が輸入学問であるということに対してとても批判的でしてね．そういう意味では日本の社会を内側から見ていかなきゃいけないというふうな考え方をずっと持っていて．それまでも農村社会学はそういう伝統を持っているんですね．農村とか，漁村の調査でね．一方，僕はですね，当時，アルフレッド・シュッツっていう現象学的社会学の研究者，まあ，そのあとブームになるんですけども，に関心を持っていて，そこでの考え方みたいなことを中野さんにしゃべりますよね．それをね，中野さんが反発しないで，「おお，それはおもしろい」って言い始めるわけですよ．要するに人びとの世界をどういうふうに理解するかっていうことのひとつの方法論として，現象学的な考え方が入ってくる．それを言わば僕が中野さんに紹介したわけですが，意外に先生の反応がよくてね，道中で大いに盛り上がったわけです（笑）．それで，ああ，この先生はおもしろいなと思いましてね．で，それから一緒に行動をともにしたっていうのがまぁ最初ですよね．だから，当時からその人びとがどんなふうな生活世界を持っているのかなっていうのには大いなる関心があったということで，それが伝統的にはライフヒストリーというね，個人の生活史をしっかりおさえるっていう考え方とつながってくるっていうふうになるわけですけどね．

三代：じゃあシュッツは先に桜井先生が関心を持たれていたんですね．

桜井：そう，だから翻訳を早いうちに，もう80年代入って出したんです[注4]が，そのときに僕はまだ院生でしたので，出版社がちょっと中野さんの名前も入れましょうって言って，中野監修みたいになってるんですよ．中野先生に見せてOKもらってるんですけれども．で，中野先生がライフヒストリー，つまり個人の生活史を聞くことの意味みたいなのを雑誌なんかに投稿

注4　シュッツ，アルフレッド（1980）.『現象学的社会学の応用』（桜井厚（訳））　御茶の水書房.

して載っけてるんですが，そのときにシュッツとかいろいろ出てくるわけで，ウェーバーよりやっぱシュッツのほうがおもしろいぞとか書いてあるわけ。それは俺が全部言ったことでしょっていうような話なわけ。要するに，僕が中野さんに紹介してるわけですよ。

三代：ああ，すごい，おもしろい。それは何か運命的な，そこがほんとに始まりなんですね。

琵琶湖の環境問題調査—ライフヒストリーを聞く

三代：桜井先生はそのあと部落の聞き取りなどをされていますよね。

桜井：はい，それでね，僕の調査経験で言うと，まだそのときは院生のマスター時代ですよね。で，ドクターを終えて，まあ，ちょっと遅かったんですが，就職が決まったのが1982年なんですね。就職したときに，東京教育大時代の先輩で，今，日本社会学会の会長をしている鳥越皓之さんが琵琶湖の環境問題の共同調査に誘ってくれたんですね。そこに集まった連中が刺激的な人たちで，ちょっと前まで滋賀県知事をしていた嘉田由紀子さん，松田素二さん(京都大学)，古川彰さん(関西学院大学)とか，まぁ，その後の環境社会学の担い手になるような人たち，まだ30代ちょっとの駆け出しの研究者だった人たちが，集まったんですよ。環境問題を社会科学的な視点から捉えようとするのは，当時としては新しい試みだったのね。自然科学の人はたくさん入ってますけどね。

で，琵琶湖の西岸，湖西のある地域を選んでフィールドワークを3年ほどしたんですけれども，僕はそこであるお年寄りにお話を聞いて，どんなふうに自分の村の前を流れている川の改修をやったり，それから簡易水道をどういうふうに引いたりとか，そういうような話を彼の個人生活史を追いかける中でまとめたんですね。だから，いわゆる生活史という概念を使って論文にまとめたのは，琵琶湖のその調査研究の本の中が初めてです。そのときは，この人の人生を，例えば川が汚染されていく様子があって，その人がどんなふうに簡易水道をつけるように奔走したのかっていうことを，時系列的に，まさにライフヒストリーをずっと追いかける中で整理した。「川と水道」注5っていうタイトルの論文なんですが，ライフヒストリーとしてはあま

注5 桜井厚(1984).「川と水道—水と社会の変動」鳥越皓之・嘉田由紀子(編)『水と人の環境史—

りこなれてない論文(笑)を書いたんですね。それが本格的にフィールドに入った初めてだし、ライフヒストリーをひとつの軸にしてフィールドの世界をまとめようとした最初の試みだったんです。

被差別部落の調査―ライフストーリーへ

桜井：琵琶湖の調査と並行する形で、今度はもうひとつ別のグループから、奈良の被差別部落の調査に、ライフヒストリーをずっと聞くという手法の調査をしたいんだけども、入ってくれないかっていう誘いがありまして、奈良の被差別部落に入りました。それは、最初からライフヒストリーを聞くというスタンスがあって、そのリーダーになっていたのは、埼玉大学を定年になりましたけど、福岡安則さんなんですね。あ、ご存知ですか？

三代：ああ、あの在日コリアン研究をされている？

桜井：そうそう在日とかの調査をやってる人。彼とは、それはまさに、黄色い本注6の後ろに書いてあることなんですが、一面識もなかったのに、突然僕がただライフヒストリーをやってるからって言うんで声がかかった。で、奈良のフィールドで初めて会うわけですよ。全然タイプが違う研究者なんですけどね(笑)。だからフィールドワークのやり方では、結構ぶつかるんですが、そのあと、本注7をみんなでまとめました。だからそのときの方法はずっとライフヒストリーなんですよ。

　当然、僕自身の中に、ライフヒストリーって何なのかっていう問いもいろいろありまして、どういうふうに考えていこうかなと思って、福岡さんのチームでやった調査が終わったあとも、しばらく奈良の被差別部落へ一人で通ったんですけどね。そこでの労働形態なんかもまとめたりしたんですが、最終的に、もうちょっと、話がどんなふうに展開したのかをしっかりまとめてみたいと考えて、前後するかもしれませんが、当時、勤めていた中京大学社会学部の紀要に、自分たちで作っている紀要でもあるので自由に投稿できるわけじゃないですか、審査も特になくて、それでね、3回連続にわたって

琵琶湖報告書』(pp. 164-204.) 御茶の水書房.
注6　桜井厚(2002).『インタビューの社会学―ライフストーリーの聞き方』せりか書房.
注7　福岡安則・好井裕明・桜井厚・江嶋修作・鐘ヶ江晴彦・野口道彦(編)(1987).『被差別の文化・反差別の生きざま』明石書店.

インタビューのトランスクリプトを全部載っけたんですよ[注8]。高齢女性たちの語りを中心に。

　もちろんそのひとつずつにテーマがあって，どんなふうに話が展開してるのかというのを追いかけようと思ったのと，それからナラティブ的な考え方が当時入ってきていて，一番その基本になったのはもちろんラボフ[注9]の古典的な論文ですよね。そういう概念枠組みを参考にしながら，おばあさんたち3人ぐらいにインタビューして，そのインタビュー・トランスクリプトをそのまま掲載して，そのナラティブに，どんなふうな指標，例えば時間とか空間とか，それから人物とか，そういうものが表れているかっていうのを，まあ実験的にね，書き出してみる作業をずっとしたわけ。話の展開が過去と現在，つまり時間がどういうふうに往復しているか，ストーリーの展開が行き来するような，そういうのを書き出すとか，でも，結果的にあんまりよくわからなかったんですけどね（笑）。でもそういう試みは紀要じゃないとできない。そういうことを，ちょっとやりました。それでシュッツの概念とか，それからナラティブ概念とか使いながら整理できないかとか，まあ，当時は手探りの状況だったんですが，それで，ナラティブということにずっと関心を持つようになるわけですよね。ライフヒストリーだけではなくて，口述，ライフストーリーということに関心を持つようになる。

　中野先生はね，『口述の生活史』などの一連の口述史の出版を終えて，個人生活史ですから，大きな関心を持ったのは，そのあと日記とか手紙とか，いわゆる個人的な記録ですよね。で，ライフヒストリーの資料っていうのは，古典的な社会学ではトーマスとズナニエツキの『ポーランド農民』[注10]が有名なんですけど，その『ポーランド農民』で使われている資料は，口述ではなくて移民が自分で書いた自伝と，それから手紙ですよね。だから手紙とか日記といった個人的記録を使って中野さんはいろいろ個人生活史をまとめる試みをし始めるわけですね。ただ僕はですね，そういう文字資料ではな

注8　桜井厚（1988）．「被差別部落の生活史（1）―性規範・性役割の非対称性とその変化」『中京大学社会学部紀要』2(2), 31-71．桜井厚（1988）．「語りのなかの女たち―被差別部落の生活史（2）」『中京大学社会学部紀要』3(1), 1-77．桜井厚（1989）．「語りのリアリティ―被差別部落の生活史（3）」『中京大学社会学部紀要』3(2), 1-39．

注9　Labov, W. (1972). *Language in the inner city: Studies in the black English vernacular*. Philadelphia: University of Pennsylvania Press.

注10　トーマス，ウィリアム，I.・ズナニエツキ，フロリアン（1983）．『生活史の社会学―ヨーロッパとアメリカにおけるポーランド農民』（桜井厚（訳））　御茶の水書房．

くて，インタビューという手法と語りのおもしろさ，フィールドワークに必要不可欠なね，そういうようなものにずっと関心を持っていたので，個人の語りを何とかしたいと考えていたわけです。

相互行為としての語りへ

桜井：結果的に，僕なりのライフストーリーの考え方につながるんですけど，そのときにこれまでのフィールドがどういうふうに関わるかっていうと，琵琶湖のときは，これを聞きたいのでって言うと語り手が，これはこうでね，ああでねって，まあわりと気楽にしゃべってくれるわけじゃないですか。ところが被差別部落に行って話を聞くっていうことは，どんなふうに暮らしてましたかとかって聞くんですが，否応なしにまず，「あんたらどっから来たん」っていう話から始まるわけですよね。要するに向こうは聞き手であるこの人間は何者なんだっていうことを一応確認しようとします。で，信用できなければしゃべりたくないわけですよ。だから，必然的にそういうやりとりが出てくるわけですね。つまり聞き手のこっちが問われちゃう。それは，単純に相手が問うだけではなくて，われわれが相手のライフヒストリーを聞こうとすると，それを対照させて，自分は何者だろうっていうね，自分のポジションが気になるのと同じように，そこでのやりとりをすごく意識せざるを得ないということがひとつあります。

　それから，話を聞いていくと途中で気がつくことになるんですが，こんなことがあったんですね。奈良で調査をしていたときに，受け入れ先の村で信頼されている先生がいて，その先生の家にごやっかいになりながら，村の人たちに話を順番に聞いていったんですね。僕がある女性に話を聞いたとき，家族の話になって「うちの子どもはちょっといろいろありまして」とかって言って，そこはさらっと流して自分のことをいろいろしゃべってくれた人がいました。ただ「いろいろありまして」っていうのは気になりますよね，こっちは。だから話が一通り終わった段階で，「さっき，そうおっしゃいましたけど」とかってあらためて聞いたら，息子が学校で差別を受けて学校に行けなくなったと登校拒否になっちゃったと，そういう話だったの。で，これはですね，聞き手のわれわれからすると，被差別部落へ来ている限りでは，やっぱり，差別を受けたっていう現実を目の当たりにするってことは，非常に材料としてはおもしろい。つまり，いいネタなんですよ。研究者とし

ては，被差別部落に来たからには差別をどう受けてるかっていうのを聞きたいわけですね。「ああ，やっぱそうだったんだ」みたいな話で，これは耳寄りなトピックということで，最終的にその聞き書きをもとに本をまとめました。一応，原稿そのものは現地の受け入れてくれた先生にお見せしたんですよ。「これでいいですか」って言ったら「いいんじゃないの」みたいな話で，で，本になった。出版されたときにすぐにそこの村に行って報告会をやったんですね。そしたら，本を見たその語り手が，これは子どものことだから出してほしくないと言う。まぁ語り手からクレームが出てきたわけです。それで慌てて，結局初版を絶版にして，その部分を削除して二版を出すわけです。

　実はそういう経験を僕が直接しているわけなんです。本人確認をしていなかったことがひとつの問題ではあるんだけれども，同時に，その聞き方みたいなものの中に問題がある。僕があのときの語りを見逃してれば，その話は出てこないわけですよ。しかも，それを聞いた自分がそのときは，「あ，いい話聞けちゃったよ」って思ってるわけです，どっかで。まあ，僕はそのあと「構え」ということばで，聞く側のそういうスタンスを概念化しました。つまり被差別部落に入ったら差別を受けた話をどっかでいいネタとして聞こうとしているところがあるんだって，その姿勢に反省を迫られる事態に陥る。だから，インタビューの場面と語っている話の中身っていうのは，自分が問われちゃうよねっていうところと，その語りの部分っていうのはインタビューの仕方と非常に密接に結びついているところがある。今まで僕らはしゃべってくれたことばっかりに興味を持って，相手の人がどういう気持ちで，私がどういうふうに聞こうとしているかってことに対して無頓着だったんじゃないかなっていうのが，その後の僕の考え方の基本になっていくわけです。だから，「ナラティブ」って普通に言っても，語りの語られた部分の内容分析ということではなくて，あの，やりとりそのものの中に重要な意味があるんだよ，っていうのは，そこでのフィールドワーク経験がひとつのきっかけになっているというのはあります。

リアリティの捉え方

桜井：それまでのライフヒストリーの考え方は語られ方や聞き方についてちょっと無頓着だったと思うんですよ。というか，研究者っていうのは客観

的だという考え方がまだ成立していた。ところが，ライフストーリーになると，人びとの世界というものが厳然たる実体としてあるというところから，それを解釈するっていうか，そこを描き出す行為こそが基本なんだというように，力点が若干移動したと思うんですね。そこがライフヒストリーからライフストーリーへの変化だったろうと思うんですよ。

三代：その力点の移動っていうのを，どう考えるのかっていうのは，私の中でもよくわかってないところもあります。ライフヒストリー研究とライフストーリー研究は並存していていいんだと思う自分がいます。要するにいまだに実証主義的な研究もたくさんあって，それを読むとそれはそれで資料として価値があるなと思ったり，おもしろいなあと思ったりします。

　先生の中ではライフストーリーに移っていくときに，その棲み分けはあるんですか？　こういう研究にはライフヒストリー研究が適しているとか。それとも，もう私は対話的構築主義だからライフストーリー研究しかないみたいな，そこら辺の関係はどのように捉えていますか？

桜井：もともと実証性の高いライフヒストリー研究から始めたっていうこともあるので，実証主義的な色がついちゃってるのは，ちょっと拭えないんですけども。ひとつは，大きく社会というか，これまでの社会っていうのは，3つぐらいのパターン出しておけばこの世界の全体像が描けるみたいな(笑)，まあ，これは社会学に特有ですけど，類型を設定する，そういう時代だった。よく言われるのは，その大きい物語でこの社会は回っているみたいな。でも，明らかにそういう時代から，価値観の多様化とか，一般的に言えばそういうふうな話になっちゃいますけれども，大きな流れとしては，それぞれがみんな自分の話，物語を作り出すようになった時代への変化っていうのがひとつあると思うんですね。

　それからもうひとつ，僕がその被差別部落から入ったっていうことも背景にありますけれども，やっぱりマジョリティの話ではないところです。マイノリティっていうか，あまり文字資料もなく，これまで声が聞こえなかった人たちの，そういう声をしっかり伝えようとなったときに，何か客観的に全体をおさえなければならないみたいな発想に対してはやっぱりちょっと違和感があるわけですよね。いつも量的な調査がおさえるのはきわめてマクロな部分が中心になっている。まあ，量的な調査では少数意見にはこういうふうなものがありますよみたいな付随的な言い方だけど，むしろ少数意見のほうがまっとうなこと言ってんじゃない(笑)っていう部分もあるわけ。これま

でのあまり聞こえなかった声みたいなものをしっかりと描き出していく必要性は感じているって言うかな。それが全体状況の流れだと思うんですね。

　で，僕自身は，少数者なり個人の声なりを重視する立場でライフストーリー・インタビューを実践してきた中で，インタラクションの重要性を確信しているっていうか，大事だと思ってるんですが，方法に対話的構築主義という名前を勝手につけちゃったので，あとで構築主義者によって批判されることになりました。では，客観的なある種のリアリティがないのかっていうふうに言われれば，客観的とは言わないが相互主観的なリアリティはそれなりにあると思ってるんですね。そこがリアリストになりきれず，実証主義者の根っこを引きずっているところです。ここがわかりにくいところですが，インタラクションと語られた中身というものと一応分けて書いているのは，インタラクションという「いま－ここ」で作られるものがあると一方では思いながら，他方では語られるところってのは，やっぱ「あのとき－あそこ」ね，ある種の過去のリアリティっていうものと関係しているんだというふうに考えているわけです。リアリティをどんなストーリーで語るかは人によって違ってくるわけですが，あるリアリティをそれなりにみんな前提にしながら語っているっていうところは認めている部分があるんですね。だからそういう意味では，ある種のリアリティ派，客観的解釈主義的なスタンスとその点は共有している部分があります。

　ただ『インタビューの社会学』なんかで強調したのは，インタラクションのほうだったので，例えばイギリスの社会史家ポール・トンプソンをはじめ日本の実証主義的なライフヒストリアンからも批判を受けたのは，そんなところばっかり見てたら本当のリアリティって何なのかが見えないじゃないかと。つまり，インタビューのプロセスばっかり追いかけているとリアリティのほうが見えなくなってしまうという批判は一貫してありました。そっちばっかり見るのは研究の本来の趣旨から外れているというふうな言い方で批判された。で，実は，僕はリアリティ的なものを根拠に話すのは，まったくおかしいとは思っていない。ただ，人はそれをいろんな語り方で表現するし，その語られたストーリーをとおしてその世界を解釈するのであって，研究者が客観的なリアリティを前提に，こういうふうな語りが証言や証拠としてあるから正しいとか，われわれが最終的にそのリアリティを見つけんだっていうふうに置くのはやっぱり間違っている。こういうリアリティがある，ああいうリアリティがある，という語りの中で人びとが描くリアリティを明

らかにしていくことが必要なのであって，その語りのインタビュー過程でリアリティを成立させている一員に語り手だけでなく聞き手の研究者も関わっていると考えるからこそ，インタラクションを見る必要があるんですね。確固としたリアリティがここにあって，これを研究者が客観的な視点から見極めていくっていう実証主義とはやっぱり距離はあるということですよね。もっとも，構築主義者からも逃げている部分もあるわけ。完全な構築主義者じゃないわけですよ。完全な構築主義者というのは，コミュニケーションによって初めてリアリティは成立するんだっていうけれども，僕は，何かあるものに対して人びとが意味を与える，与える形でリアリティっていうのは成立すると考えているところがある。すでにそこにある程度リアリティっていうのは想定されていて，そこは共有されている。だから，これについてみんな語ってんだよっていうような前提が，やっぱりある。特に「物語世界」[注11]っていうところからそれが見えてくる。

　で，もうちょっと言うと，じゃあ「物語世界」で何を見るかっていうふうに言ったときに，単純にその人の価値観とかそういうものじゃなくて，その人がどういう経験的な行為をしたかっていうこと。例えば，昨日ご飯を食べに行きましたっていうのは，ある意味でリアリティを表す行為だと思うんですね。だからその行為として表すときはいいんだけど，「昨日はおいしかったよね」っていうのは感情であって食べた直後の行為ではない。行為の連関として物語が成立してるっていうことがナラティブの基本だと思う。それがなくておいしかったとか，昨日は大変だったとかっていうのでは，リアリティは描けないと思っているところはあります。だから「物語世界」で見るのはまず経験なんだってことですよね。

　経験というのは，ある種の行為というか，何々をしたとか，何かそういうことですね。例えば，村で川の管理をしています，川掃除をしていますという話がありますけども，ライフストーリーとして聞くときは，もちろんその人の背景を含めて聞いて，自分は今，ここに暮らしているけども結局農業では食えないから会社勤めしてんだよね，川掃除が日曜日に村であるんだけども，実は，それに出ないと謝りに行かなきゃいけないとか，お酒一升納めなきゃいけないとか，そういう村の規定があるんだけれども，俺，行ってない

[注11]「物語世界」とは，語り手の経験についての語りのこと。それに対して，語り手・聞き手の「いま－ここ」からの経験に対する評価の語りなどは「ストーリー領域」として区別される。

んだよね，みたいな話が聞けたとしますよね（笑）。で，一般的な聞き取りでは，どういうふうに川掃除してますかね，とか聞くと，川掃除してるよとかってね，みんな答えてくれるわけ。で，先週もやったんだよとかいう話をします。でも，あなたがやったのかって言うと違うんですよね。本人は会社勤めしてるから行ってないんで，一升瓶持って謝りに行っている。本人が川掃除をやったかどうかを聞かないことには，その人のライフストーリーではないというふうに捉えるわけです。でも，われわれは環境問題で村の調査をしたときに，ありますよって言えば，そりゃそうだよねっていうふうにおさめちゃう。村の集合的なリアリティとしてはそれでいいわけですね。そういうことって結構いろいろあるわけですよ。だからそこの差異をしっかりおさえてく中でリアリティっていうのを見ていくっていうところが大事じゃないかというのが，僕のスタンスではあるわけです。ライフストーリーでも，実証主義や解釈的客観主義はどちらかと言えば，そうした集合的リアリティを，対話的構築主義は集合的リアリティに対して個人的リアリティの意義に注目するというところがあるかもしれませんね。だからフィールドワークは共通の経験というより語り手の個性的な経験をしっかりインタビューしていくことになっていきますよね。

ライフストーリー研究が提示するもの

三代：社会のパターンという話に戻ってしまいますが，要するに，モデルを作ったりするじゃないですか，研究で。質的研究でもそういう研究っていくつかありますよね。それに対してライフストーリーは，例えばそのパターンとかに否定的だとして，そこで研究として提出する理論というものは，どういうふうに考えていらっしゃるんですか？

桜井：その辺が大変難しいところですよね。まずひとつは既存の理論があるときにそれに対して，違和的な事例を出すことによって，さらにそれまでの既存のパターンに対して，新しい視点を入れていくっていう側面は非常に単純化すればありますよね。

　それはそうなんですが，ライフストーリーは，やっぱり，対象としてきたのは声なき人であったり，これまで声が聞かれなかった人とか，あるいは，まったく違う世界からやってきた人たち，まあ，これは，あの異文化の人なんかもそうなんだと思うけど，そういうような人たちの世界っていうのをど

ういうふうに理解をしていくかっていう話と絡んでくると思うんです。注意しなければいけないのは，既存のカテゴリーとは違うということです。例えば，タイから来た留学生の話になったときに，その留学生がタイ出身だからといってすべてのタイ社会，文化をおさえられるかって(笑)いうと，これは結構難しいですよね。少なくとも，その留学生の経験から理解できるローカル文化でしかない。異文化とのいろいろな接し方，あるいは異文化の日本文化に対するいろいろな見方とかあると思うんですが，そこの差異をある程度整理すると，そこにはパターンがあるかもしれないけど，ただタイの留学生が従来の見方を一貫してするかっていうと必ずしもそうじゃなくて，ある特定の異文化接触の経験を持つ人たちが見える世界があるだろうから，そういう経験した過程をずーっと追いかけていく必要がある。だから，従来の基本的なカテゴリーっていうのがそのまま有効かっていうと，ライフストーリー研究から新しいカテゴリーっていうものが成立していくだろうなっていう気はしますけどね。

三代：日本語教育でライフストーリーが流行っている感じがあると思うんですけど，その背景として，ちょうど僕が2000年ぐらいに大学院に入ったときにすごく問題になっていたのは，日本人とか日本文化を固定的に捉えて，そのパターンを教えたら留学生は日本語ができるようになるというのが主流だったことです。今でもそういうところはちょっとあるんですが。でも，そうじゃないんじゃないかっていう，まあ，大きな枠組みではポストモダン的な理論の枠組みを参照しながらそのような議論が出てきたと思うんですけど，理論的に，文化は，個人によってそれぞれ違うということが言われ始めました。でも，結局，そこから新しい理論や実践につながっていったかと言うと，不十分だと考えています。そこで，次のステップとして，実際の留学生の視点から見た日本みたいなものとその問題を描きたいと考えました。そこで，僕は，教室の中でどうやって文化や人の多様性を理解してもらうかみたいなところから，もう少し広いところで，留学生のライフストーリーを見ていこうっていうふうに2000年代後半からだんだん研究が変わっていったんです。

そうして研究を進めて，一人一人が違うところまでは言えたんだけど，その後，どのように理論的な結論を書こうかということがなかなか難しいと感じました。ライフストーリーが提出できる知見っていうのはどういうものがあるんだろうっていうところが，見えるような見えないようなところが(笑)

あって。例えば，今おっしゃったような，プロセス，こういう経験したらこうなるというプロセスはある意味，GTA[注12]などにも無きにしもあらずですよね。

桜井：うんうんうん，そうですよね，GTA，GTAもそうですかね。

三代：こういう経験をしたらこうみたいな，プロセスをモデル化する。

桜井：ああ，そう，それはありますね，類型化していくとそうなりますね。

三代：でも，類型化よりももっと多様なものを示す意味があるんじゃないかと思って，それは，研究の結論としてどのように示すのかっていうのがとても興味があります。例えば，石川さんは，「リソース」ということばを使ってますよね[注13]。一人一人のストーリーを深く読んでいって，それをリソースとして示すということが，ライフストーリー研究のあり方として一番僕にとって納得のいくものではあります。なので，社会学の中で結論として，初めにおっしゃったメジャーな理論があってそれとは違うのを示すっていうライフストーリー研究はすごくしっくりくるんですけど，そこから先があるんでしょうか？

桜井：ああ，そういう意味ではなかなか難しいところがある。例えば，一番もとをただしていくと，ライフヒストリーの中野さんが方法論を主張したときに，個人に着目することによって，新しい人間像というか，人間類型が出せるんじゃないかっていうふうな言い方をしたので，僕はそれに反対したんですね。彼は論文の中でそういう言い方しちゃったんですが，その後，ひょっとしたら僕の影響もあったかと思うんですが，そういう言い方はしなくなっちゃったんです。だから基本的には僕も類型という言い方はあんまりしていない。

　まあ，一種の解釈のプロセスをずっと追いかけてく中で，ここに至っているっていう流れをいかに出すかっていうことを基本にしているんですね。でも，ただ自分が実際にそういうことをちゃんとやれてきたのかっていうふうに問われれば，まあ，被差別部落の場合は，ライフヒストリーという個人史を出すっていうのは，なかなかすべての人には難しくて，その語りを使ってはいますけれども，個人が特定されることに対する抵抗があったりして，それは許可を受けた人には大丈夫ですけど，出してない部分があるわけです

注12　グラウンデッド・セオリー・アプローチ。

注13　石川良子(2012).「ライフストーリー研究における調査者の経験の自己言及的記述の意義―インタビューの対話性に着目して」『年報社会学論集』25, 1-12.

ね。そうすると，ある考え方がこういうふうにあるけれども，これに対してはこういう別の言い方をする人がいる，と出しながらも，基本はその人のストーリーをずっと作っていくわけです。だから全体の構成をするときには，確かにある人の語りが，ひとつの脈として生きていくというふうにはなっていくんだけども，じゃあそれがすべてではないですよっていう言い方で多様性を出すっていうことはしてきたつもりですね。

　最終的な落ち着き先っていうのは結構やっかいなんだけれども，ライフストーリー研究としては，従来とはちょっと違う視点が打ち出せるかな，と思います。これまでは，例えば社会学なら行為を集合的に捉えてきたわけですが，それに対して個人の行為の連鎖として，もっと言えば個の全体から，しかも主体の意味から捉えるわけですね。人間存在という複雑な文脈から成立している全体をいろいろな角度から捉えることやある経験の意味が作られてくる過程を追うことは有意義ですし，これまでのライフストーリー研究でもアイデンティティの形成の問題や○○になる過程を追うことなどは代表的な成果となってきていると言えるんじゃないでしょうか。また，マクロな議論からはじかれる逸脱者やアウトサイダー，それに社会的カテゴリーの境界にいるような人やその種の経験などをとりあげるのに有効ですよね。抽象化すれば，あくまでもマクロな社会モデルというよりはローカルな意味世界から立ち上がる理論やパターンであるわけですが，ある社会的カテゴリー集団，例えば沖縄戦の体験者や強制収容所のサバイバーの特徴を個々人の特定の経験，例えば戦争やホロコーストの経験をもとに明らかにすることもできますし，すでにそうした研究が数多くあります。僕個人としては，どちらかと言えば，パターンやモデルを取り出すよりも，集合的には同じと見られている出来事や事象が経験的には固有な意味を持っている多様性と多声性をしっかり拾い上げることこそが重要で，むしろひとつに収斂するようなモデルやパターンの抽出というのは，それを研究者の役割と考える研究者のサガというか欲望じゃないんですか。一般的に分類やパターンは物事を理解するツールですから，それを手に入れて安心したいという人間の欲求があるんだと思いますが，個人的には，それを壊し続けることがあってもよいと思っているところもあります。

ライフストーリー研究の評価

三代：日本語教育だと，実はライフストーリーの学会発表は多いんですけど，学会誌にはあまり載らないんです（笑）。要するに，あの結論がないっていうか，あとは，そのコードなどが研究っぽくないっていうんですかね。そういうように見られている気がします。社会学のほうではどのようにライフストーリー研究は受け入れられていったのでしょうか？

桜井：いくつかの若い人の研究事例を思い浮かべると，ひとつは，あまり研究がされてない分野というか日が当たらなかった人たちのライフストーリーがテーマとなって研究発表がされてるっていう例が比較的ありますよね。その場合は，やっぱ複数の人たちの語りでも，7，8人とか，人によって違いはありますけども，そういう中である特徴を持った視点で整理をしていく。それが，全体のすべてであるというふうなすべてをカバーしている類型ではもちろんないですけどね。ただ新しい見方，つまり，それが一貫してあるプロセスの流れの中にあるということは，ポイントになってるんじゃないかなって。プロセスって言ってもGTAのような類型化されるプロセスは，ちょっと別じゃないですか。だから，従来の研究よりも深くその背景が見えるということが評価の対象にはなってきている。

　それから，インタビューの視点というものがもうひとつ入ってるんで，そこから出てくる解釈の深さみたいなものはありますよね。だから，その調査のおもしろさってのもあるわけで，単純にライフストーリーを，語りをそのまま援用してるっていうだけではなくて，インタビュー・プロセスから見えてくる解釈の深さみたいなものはある。そこが今評価されているようなこともあるかなって思います。

三代：そこら辺について，社会学では，その統計とかやってる人たちも，ライフストーリーの「解釈の深さ」はいいねっていう感じで（笑）見ているんですか？　日本語教育は質的研究がすごく増えたけど，やはりそこら辺は……

桜井：基本，マイナーですよね（笑）。

三代：マイナーなんですね（笑）。それで，評価についての理解を，社会学ではどのように作ったのかなって？

桜井：90年代でもそうだったかと思うんですが，まぁ，今でもそう見る人もいるわけですけども，量的調査をやってる人たちから見ると，もともとは質的なデータ自体が補助的にしか見られない時代がありましたよね。理由を

ちょっと深めるために，ちょっとこう利用されてきたっていうのがあって。だから，90年ぐらいで，ライフヒストリーなんていうことばがある程度定着したときでも，平気でそういう位置づけをされることがありました。僕なんかそれに文句を言ってきた人間なんですけども（笑）。

　中野さんと一緒に生活史研究会という，ライフヒストリー研究会のことなんですが，生活史研究会を最初に立ち上げたのは80年代の最初なんですね。口述の生活史が出てから5年後なんですけれども，ずっとマイナーだったんですよ。それでも，関心は非常に高くて社会学の中でも，いろんなものの中に，少しずつそういう内容が入っていくというような，まだ中心的ではないけれども単に補助的じゃなくて，ライフヒストリーを取り入れた研究がそれなりに出てくるっていう状況はありました。だから，初期のころは，これが学問的にどういう意味があるのか（笑）みたいな議論がされていたし，それからほんの少し前まで，「これ何人に調査してるんですか」って言う人がいましたけどね（笑）。で，例えば，論文の中には3人しか出てないけど，7，8人，10人には聞いていて，で，何でこの3人を選んだかって背景はもちろんあるわけですけども，だから，まあ，サンプルの量の問題になる。それが，2000年代前半ぐらいまでは確実にありましたよね。

　だからこれもね，一種のポリティクスかもしれないけど（笑），社会学の中では，ある時期からあまりそういう野暮なことを言う人はいなくなりましたね。ひとつは若い研究者を含めて多くの人がライフストーリー研究をやり始めたから（笑）なんですよね。ところが紀要に載っけようとすると，当人の語りを入れようとするから大変な分量になっちゃうわけ。で，投稿が却下されちゃうとかね，いろんな問題が起きて，オーラルヒストリー学会を立ち上げたときに，せめて原稿枚数は少し多めに引き受けましょうってなったのはそういう背景もあるからなんです。実際にそういう従来の投稿規定からいくと，ライフストーリー，ライフヒストリー的なものはちょっと否定的に見られてきたし長すぎるとか言われました。

　それから，おっしゃるとおり従来の分析コードといった面では学問的に見えないと言われたんですが，最近はそういう言い方は社会学では比較的少なくなりました。むしろ，分析に対しては総合という対比概念があるように，現実を分析して単純化したりすることではなく，むしろ分厚く記述して複雑化する中で読者の具体的な経験をとおして理解する，言わば「腑に落ちる」ということじゃないのかな，と思います。ただ，社会学の場合はどうしても

語りをそのままポンと提示するということでは研究成果とならないんで，基本的にはやっぱり先行研究との絡みで，どんな新しい視点が見えてくるのかっていうことをしっかり出さなきゃいけないというのはあります。ライフストーリーというものを援用しながらも，そこに込められた意味や文脈を見る視点を提示していくっていうスタイルがひとつかなと思います。だから，それは問われる部分ですよね。その辺が，日本語教育なんかの場合に，どういう先行研究が成立しているかということとちょっと絡んでる部分があって，その厚みがちょっと少ない，というよりは，どうしても，ライフストーリーが先行しちゃうふうになると，ちょっと何か学問的じゃないという批判にさらされるかもしれない。でも，そこから見えてくる視点がおもしろければいいじゃないかと，個人的には思いますけどね。

ライフストーリーの解釈

三代：研究法によってはコーディングのプロセスを明確にしている方法があるじゃないですか。それに対してライフストーリーって何か，解釈のプロセスは示してるつもりだけど，特定の，みんながやっても同じになるような，手続きがあるっていうものでもないですね。そこら辺がいまひとつピンとこないという反応が結構あるんですけど，研究法っていうものを先生はどのように考えていますか？

桜井：ああ(笑)。その前に繰り返しになるかもしれませんが，社会学の場合は非常にこれまでも，結構，量的な調査の蓄積があり，かつ聞き取りや文書資料とかも含めた調査もあって，それに対して当事者の世界からはこれまで見えていないものが見えますよってわりと言いやすいところはありますよね。あるいはマイノリティの視点がどうなんだみたいな，そういうふうなところでわりと受け入れられる。また，歴史なんかの文字資料だけに特化してきたものとは違って，やっぱり聞き取りの伝統が社会学にはあったのと，ヒューマニスティックな捉え方も重要なポイントだったので，だからそういう意味では，受け入れられる素地はそれなりにあったってふうには思います。で，例えば，質的心理学会でも，心理学ってやっぱり実証的なわけです。だから盛んなのは GTA のほうなんですね。で，どういうふうに概念化をしたりコーディングをしたりすればいいのかっていうのはある程度ルール化されているほうが，みんなやれるし，そのほうがいいんだっていう言い方がある。

ところがGTAやってた人も，しばらくやったあとに，もうちょっとライフストーリーもやりたい（笑）って言ってくる人がいるのはなんでっていうふうに思うわけですね。

三代：僕も2，3年GTAによる研究を試みた時期がありました。しかし，やっているうちに自分の関心とは違うと感じるようになりました。

桜井：GTAってのは修正されて，木下康仁さん[注14]なんかも違うかもしれないけれども，やっぱり質的な研究とはいえ，コンピューター処理が可能なくらいですから，ルールに則ってやればよい，ある程度手法が決まっている。もともとはKJ法的な発想が基本だと僕は思うので，具体的なものを抽象度をあげて単純化していく考え方だって個人的には思ってるんですけど。それだと個人の生の全体は見えないですよね。GTAであろうと個人の経験から出発するんだけど，でも，最終的には，一人一人の経験のつながりをおさえているわけでは必ずしもなくて，ある種，経験の断片を拾うっていうだけになっている。そういう意味ではライフストーリーというのは，やっぱり個人の全体を見ることができているものだろうと思うんですね。ひとつの具体的な経験や行為が個人の全体をとおして理解できるし，その経験や行為から人間や社会を見ようとする想像力が問われますよね。

　まあ，ライフヒストリーからライフストーリーという流れの中では，それを研究成果としてどういうふうに表していくかというのは，なかなか難しくて，例えばそれが客観性という，つまり誰がやっても同じようにやれるのかっていう問いになれば，それは例えばインタビューというものが，誰がやっても同じようにやれるのっていうふうに言われれば，やれないわけ（笑）。だから，どういうポイントでまとめていくかっていう調査協力者と研究者側のやりとりとの関係の中で，その論文は構成されるっていうものであって，書き手や読み手抜きで論文は成立しないっていうのが非常に簡単な結論ですよね。例えば，インタビューのときは聞き手と語り手がいる。で，その背後にそれぞれが抱え込んだ社会があるっていう考え方だし，論文もその延長線上にあるんだという考え方でしかないと思うんですよ。そういう意味では文学的な作業に近いと言えちゃうかもしれない。確かに聞き手を媒介して，その調査協力者の語り手がどういうふうな物語構成をしているかっていうところをしっかり見るっていうことが基本なので，こちらが勝手に作っ

注14　木下康仁(1999).『グラウンデッド・セオリー・アプローチ―質的実証研究の再生』弘文堂.

ちゃったら，そりゃあいかん，そこは小説的なフィクションとはちょっと違うけれども，それでも書き手の私がいて，成立してるんじゃないのかなっていうふうに思うんですね。だから，インタビューした人が，やっぱり一番書きやすい書き手でもあるというふうになっていくのは必然だと思うし，文字起こしも，他人に頼むこともももちろんありますが，最終的にはやっぱり自分がやるという，そういう一連のプロセスの中で論文っていうのは構成されていくと言わざるを得ないですよね。

三代：そうですよね。

桜井：その結果として，これの受け手がアカデミックなソサイエティであるのか，あるいはそのインタビュイーの社会であるのかっていうのは別にしても，僕は後者だと思っていますが，その人たちが「うん，納得できるよね」っていうものをわれわれが描き出すってことであって，「あ，なるほど，こういうふうに見るとおもしろいよね」っていうものが見えればいいんじゃないでしょうか。それは，他の人がやったようにやれる信頼性ってこととはちょっと違うかもしれないけど，人間ってこうだよねとか，「腑に落ちる」ってどっかにあるわけで，それが社会とか人文系の作品になるんじゃないのかなって思うんだけどね。妥当性ということに近い。それだから従来の客観的な論文スタイルに固執している人から見ると，違和感があるっていうふうに見られるかもしれない。

ライフストーリーの分析方法

三代：僕も研究法の授業を担当していますが，そこで，コーディングの仕方を教えてほしいと言われて（笑）。学生たちは，こうやったらこうなるみたいなのが知りたいんですね。でも，それはなかなか難しい。自分自身はそのようなモデルを作ることに疑問を感じてライフストーリー研究に行ったところもあるので。

桜井：あのね，この間，立教大学の異文化の授業をやったのね。トランスクリプトをばっと20ページくらい見せて，まず，これ読んでみてって。で，何か気がついたことをまず言ってほしいと，その次にインタビュアーがどんな特徴を持ってるかというのをそれぞれ述べてほしい，それから語り手がどんな回答の仕方をしてるかというのをしゃべってほしいと，いくつか視点を指示するんですね。で，そうすると，気がついたことをそれぞれ言うわけで

すよ(笑)．で，だいたいそこから見えてくるものがある．あ，この人こういう人なんじゃないかっていうところや，聞き手がこんなふうに言って答えにくくしてるよねとか，語り手が答えるの嫌がってるよねとか，そういうようなものを，いろいろ出してもらうわけです．で，ちょっと議論すると，わりと共通して了解できる部分と読み手によってちょっと判断の分かれる部分があって，で，実を言うとインタビュアーが僕で，そのフィールドの中身を知ってるせいもあるけど，僕がこのライフストーリーのポイントに考えたのはここなんだよね，とかっていう話をすると，共通理解できる反応が返ってくるっていうふうにやりました．完全に解釈が一致することはないんですけど，ここを見るとこの人の答え方のこういうところがちょっと特徴があるよねとかが見えてくるので，インタビューするこの人ちょっと偉そうだよね(笑)とかね，そういうのはわりかた見えるんですよ．だから解釈のある種の共有化というのを図るっていうのはひとつの解釈をするときのポイントかなあというふうには思います．

　だからコード化っていうのとはちょっと違うけど，僕が最初にやったのは，時間とか空間とかっていう，そういう指標とか，どんなふうにストーリーが展開しているかとかをちょっと整理しなさいとか，そういうのが考え方の基準にはなりますよね．まぁ，参考になるかどうかわからないけど(笑)．こうやればすべてがうまくいくって話ではもちろんないんだけれども，語られるこの物語がどんな展開をしているかっていうのが見えるとか，そのためにコード化をするのは，ひとつある．また，長いインタビューのときに，これにいくつのストーリーがあるのかと，そのストーリーを構成する要素というものがあるので，そこをちょっと見ていくっていうのもポイントになると思うんですよね．ストーリーの展開のおもしろさってのもあるんじゃないかな．

　うん，いずれにしても，ライフストーリーの分析の手法は，確定しているわけではないので(笑)，その辺はね，例えば三代さんが考えて，ちょっとこれおもしろいじゃないというふうに気がついてくれれば，それをひとつ提示してくれれば，それがひとつのやり方になっていくわけですから，それは試みとしてぜひ．

三代：そうですね，逆に方法，だから決まった方法ではないですよね，ライフストーリーは．

桜井：何か，こうやったらできるという手引きの方法ではライフストーリー研

究がおもしろくなくなっていくので，うん。
三代：そうですね。そこは，そう，はっきりさせておかなくてはいけないと思います。

アーカイブの構築

三代：話が前後するかもしれないですけど，パターンとしてまとめるのではなく，いろいろなストーリーを生かしていきたいというとき，そういうストーリー一つ一つを，アーカイブする形で残していくことに意義があると考えています。先生の著書に，語り継ぐというものがあると思うんですけど[注15]，社会学ではライフストーリーのアーカイブはどのような形で成立してるんですか？
桜井：そんなに成立してないです。アーカイブって結構難しくて，今，一橋大学の小林多寿子さんと一緒にアーカイブの問題を考えているんですが，特にライフストーリーっていうのは，非常に個人的に重要な情報がたくさん詰まっているので，プライバシーの問題もあってアーカイブっていうのは難しい。皆，個人的な努力ですよね。まあ，ある特定のテーマに関しては特定のアーカイブができ，それぞれのところで管理保存が行われているっていうことがありますけども。僕なんかも20数年間被差別の調査をやってきていますので，じゃあそのアーカイブはというと，個人的に持っているだけなんですよ。アーカイブとして他の人が二次的に利用するとか，そういうのは，今やっと問題に気がついてきていて何とかしたいと思うけども，アーカイブ化の場所や管理の問題，つまりお金の問題とか(笑)，いろんなものが絡んできてなかなかできてない。で，今，実態調査のようなことはいろいろしていますけど。
三代：公開して共有できるデータベースみたいな形にもならない？
桜井：僕の知っている限りでは，例えば，戦争体験とか，NHKのアーカイブがひとつありますよね。ああいうようなものがちょっとありますけれども，沖縄だったらひめゆり平和祈念資料館なんかがそれなりのアーカイブ作ろうとして。あそこもね，保存するって発想はそれまでなくて，数年前僕らが訪

注15　桜井厚・山田富秋・藤井泰(編)(2008).『過去を忘れない―語り継ぐ経験の社会学』せりか書房．

ねたときに，今から当事者のインタビュー記録をやり始めますって感じですよね。だから，資料館で発信はしているけれども，他の人，例えば研究者と共有できるようなものにまでは，まだいってないですね。現状はなかなか厳しいですね。

　それにライフストーリーやオーラルヒストリーを実践している調査者が，この語りが自分に向けられたものだ，私だから話してくれたんだという思いが強いので，共有したがらないというのもありますね。語りのデータを抱え込んでしまう問題があります。共有が難しいのは，そういう個人的背景もあります。

三代：ライフストーリー研究で多様なものと言ったときに，それがたくさん並んでいて，受け手がその中で考えるみたいな空間，それは言説的な空間かもしれないですけど，そういうものとセットで説明したほうが説明しやすいと思うんです。特に私たち日本語教育は，実践がありますが，実践研究などにもいろんな実践があって，これをモデル化してもあまり意味がない。代わりに，いろんな実践がどうだったという引き出しをたくさん作っておく意味では，アーカイブみたいなのを作りたいなあとずっと考えています。

桜井：いや，ぜひそれは試みていただきたいなと思いますが。日本語教育という，こう焦点が絞られてるので，特に国際的な問題との絡みですから，それはいいんじゃないですかね。

三代：そうですね（笑）。じゃあアーカイブは始まったばっかり？

桜井：ま，始まったばっかりです。僕らがね，アーカイブ研究会，小さな研究会をやって，ライフストーリーとか質的研究をしている人たちに，アンケート取ったりしたんですね。だけど，みんなほんとに個人的な努力でテープの保存どうしているかとか，いろいろ聞いたんですよ。その報告書[注16]があります。あの，でも結局，明快なアーカイブ化の進展というようなものは，うまく出てきませんでした。で，例えばイギリスの大英図書館もオーラルヒストリーのアーカイブをしているのですが，結構昔からテープそのもの，音声資料を保存しているっていうことをやっていて，あそこは例えば10年後に公開してもよろしいとかね，本人生存中はダメとかね，そういうふうな契約を一応して。で，イギリスのオーラルヒストリー研究者にポール・トンプ

注16 質的データ・アーカイブ化研究会(2014)．『質的データ・アーカイブ化とリサーチ・ヘリテージ』(2011-2013年度科学研究費研究成果報告書)．

ソンがいるんですが，彼の教え子がそこの図書館の司書，学芸員でもあるのでできたんでしょうね。トランスクリプトもそれになりにあると思うんですが，例えば，昔見たので，イギリスのお肉屋さん，肉屋さんって，まあ，日本の豆腐屋みたいなもんでね，その調査をしたアーカイブがありましたけれども。だから，あそこはちゃんと契約書，いつ公開してもいいってのを了解取って保存しているのはありますね。日本は，やっと量的な調査がこの数年前，まあ，まだ5年，10年なってないと思いますが，そのアーカイブがやっと東京大学の社会調査・データアーカイブ研究センターができたばっかりですので，質的調査はまだアーカイブになってないです。ぜひ(笑)。

三代：そうですね(笑)。

桜井：先陣を切っていただければ，特に，その留学生関係とかの話になれば，ちょっと国も力を入れるんじゃないかな。社会学は広いので，ちょっと焦点が絞れない。なので，アーカイブは，個々の努力に任されていて，個々にはちょっとずつはあるんだと思います，各資料館とかに。

語り継ぐ

三代：アーカイブとの関連で，語り継ぐっていうのがあるじゃないですか。『過去を忘れない』とかでもそうですけど，語り継ぐ意義っていうのは，わかるんですけど，もし説明していただくとしたら，語り継ぐことには，どのような意義があるとお考えでしょうか？　というのは，例えば，このあとがきで，山田先生と藤井先生が「バフチン的応答責任」が伴うということを書いていると思うんですが，日本語教育のライフストーリー研究や実践研究でも，佐藤正則さんがよく「応答責任」ということばを使うんですけど，特に私たち教師は学生からライフストーリーを聞くとなると，その聞いたことばをどう実践に返していくかという「応答責任」の議論があります。そこら辺で日本語教育学としてライフストーリーをどういうふうに考えるかという議論が，今回の論集でも後半は展開しています。先生は，ライフストーリーを聞く意義をどのようにお考えですか？

桜井：僕も今のひとつのテーマは，語り継ぐっていうのをどういうふうに実践するかっていうことだし，まあ，おっしゃったアーカイブもそれに関連しているところだと思うんですね。で，基本的には，ライフストーリーってのはインタラクションなので，インタラクションである限りは，まさに「応答責

任」っていうのかな，そういうものはあって，通常の社会学的なスタンスで言えば調査結果の報告書とかね，こういうふうにまとめましたっていうことを，相手にお渡しすることがまず最低限の礼儀だっていうふうには自覚はしていますけど。さらにそれを次につないでいくことをどういうふうに考えるかっていうことはありますよね。

　で，震災経験については，それぞれが報告書[注17]にまとめるってのはもちろんあるわけですけれども，同時にやはり一人一人の声ってのは大事にしなきゃいけないというふうに思っているし，そのときにしか聞けない話を聞きたい。で，インタビュー・トランスクリプト集を作成した[注18]。学生のインタビューなので，もうちょっとこの辺聞いてくれるとおもしろいのになってのはいろいろあるんですが，そんなことも含めて，こういうものをまとめていって，経験がない人でも遭遇するかもしれないわけですから，そういう人も含めて共有できるという体制を整えていくというのは基本かなあって思っているんですね。

　このインタビュー・トランスクリプト集については，配布先は限定されますけど，研究者で活用したいという人がいればお分けしますよっていうふうにしてるんですね。そういう意味で，声を届けるみたいなことは，ものすごく重要になるんじゃないか。だから，その場合に，従来は，本にまとめるときなんかは，その語った人中心の物語をずっと書いて整理していくってことがあるんですが，僕がやっぱりこだわりたいのは，誰が話を聞いているのかっていうね，誰に向かっても同じような話をしてるわけでは決してなくて，学生だからしゃべってるし，僕だったらまたちょっと違うストーリーをしゃべってるっていうのがあるので，このインタビュー全体のトランスクリプトをしっかり残していきたいと思っているわけです。語り手が何を伝えたいと考えているかが，そうした聞き手の違いにも表れるのではないか，と思うんです。

　それから，もうひとつはやっぱり，それを受け止めた聞き手が，どんなふうに今の自分と関係づけながらそれを捉えているか，いかに今の人たちに伝

[注17] 「震災のフィールドワーク」授業で作成した学生論文の報告書として，立教大学社会学部(2014).『2013年度「震災のフィールドワーク」報告書』，立教大学社会学部(2015).『2014年度報告書　震災のフィールドワーク―東北で出会った人・語り』がある。

[注18] 立教大学社会学部(2012).『震災経験のライフストーリー　2013年度』，立教大学社会学部(2013).『震災経験のライフストーリー　2014年度』．

えるか。語り継ごうとする人たちの努力を今まで見てきた限りでは，例えば，戦争体験の場合，非体験者の若い世代は実感がみんなないわけですよ。だから，体験者は自己経験を語るっていうのも大事なんだけど，ものを見せたりとかいろいろするわけですが，僕の視点では，その経験者が語るストーリーを語り継ごうとする次の世代の人は，どう自分のものにするか，過去を現在にどう還元するかっていうのを，みんなちょっと工夫しながら語ろうとしますよね。ライフストーリーっていうものを読んでいくと，その語り継ごうとする人たちのストーリーのおもしろさというのもまた見えてきて。やっぱりそういうふうに，ちょっとずつ時代とか，そういう変化で，その強調点とか受け取り方が変わってきたりする，というようなところがある。その意義や重要性っていうかな，そういうことをしっかりおさえていく必要があるかなっていう気はしてます。

　ちょっと，抽象的な議論になりますが，語り継ぐ人の語りに興味を持って分析をしてみたんですね。ある戦争体験を語った当事者，戦争当時，子どもだった人が自分の戦争体験を子どもたちに聞かせる。で，それを受け止めた子どもたちがどういう受け止め方をしたかという感想文の一部を，ちょっと整理するという試みをやったことがあるんです。それから，自分がその体験としているわけじゃないけれども，子どもたちに語り聞かせるときにどんなところを強調しているか，まさに通訳していく人たちが，当時はこうだったよと語ろうとするときにどんな工夫をするのかをちょっと考えたことがあって[注19]。そんなことから，やっぱ語り継ぐっていうこととライフストーリーってのは，非常に親密な関係があるんだとは思いますね。だから，次の世代につないでいく話として残したいなぁという思いで，トランスクリプトを作ってアーカイブしておくっていうことができたらいいな，と思っています。

モデル・ストーリーが変わるとき

三代：研究者として語り継ぐことはすごく大切だと思うんですけど，同時にこのマイノリティの，例えば抑圧されているものを変えたいという理由でラ

[注19] 桜井厚（2013）「戦争体験を語り継ぐストーリーの分析――沖縄戦の語り」『応用社会学研究』55, 79-98.

イフストーリーを研究するということもあると思うんですね。そういうときに，いわゆるその社会に流通しているモデル・ストーリーを変えていく，そういう力になればいいなあと思ってライフストーリーをやることもあるかと思うんですけども，モデル・ストーリーが変わる，逆に例えばケン・プラマーは社会のモデル・ストーリーが変わって語りが変わったみたいな話があるじゃないですか[注20]。逆にこの研究がモデル・ストーリーを変えていったっていうものはあるんでしょうか。ジェンダー研究などは研究と運動が一緒っていうところがあるかもしれないですけど，モデル・ストーリーを変えていくっていうことは，どのようになされるんでしょうか。

桜井：まあ，研究というレベルからモデル・ストーリーを変えられるかって言うと，なかなか難しいですよね。やっぱりその運動であげる声というようなものが，これまでは実質的にはモデル・ストーリーを変えてきたのであって，その当事者なりが変えてきたことは事実だろうと思うんですね。

　研究っていうのはそこまでの力を持っているかっていうと，その辺はどうかなって思いますが，ただ，こういうことはあるわけですね。その社会のモデル・ストーリーを担っていた当事者たちのグループの中でそのモデル・ストーリーに対して，実はちょっと違う話をしたいっていう人にとって語りにくい状況がある。ライフストーリーの研究者はその点に対しては，それを語れる状況を作り出すことができるんだって思ってるんですね。

　で，非常に単純な事例を言うと，実はインタビューに僕が失敗したっていう事例でとりあげているんですが，ある女性が，結婚して東京で子どもを育ててたんだけど，あるとき，夫の実家のある被差別部落に帰る。で，彼女はそこで初めて被差別部落と接して差別問題を学んでいくわけですけど，なかなかうまくインタビューができなかった事例です。何々についてどうですかって聞いても，ああそれについてですかって言って，おうむ返しに相手が問い直す。明らかにあんまり答えたくないし，あの，どう答えていいんだろうみたいな応答なんです。

　ところが，あるところで，こういうことはどうですかってストレートに聞いたときに，いや，その，それでいいのかどうかみたいに言ったので，いや，どちらでも別に僕らは気にしてませんから，と答えたんですね。つまり

[注20] プラマー，ケン (1998).『セクシャル・ストーリーの時代—語りのポリティクス』(桜井厚・好井裕明・小林多寿子(訳))　新曜社.

モデル・ストーリーを彼女は気にしていて，それに反する意見を言ってよいのかどうか，ということを迷っていた。われわれが気にしていないので自由に話してもいいとわかったら，それからはきわめて率直に話してくれてスムースに話が進むようになったんです。

　彼女は，このコミュニティに入ったからには，そこで流通しているストーリーでしゃべらなければいけないと思っているんですが，今までの経験からちょっと違和感を抱え込んだりしているわけですね。で，われわれにも，やっぱりそのモデル・ストーリーに沿って話さなきゃ，と思っている。ところがよく話すと，そうじゃなくていいんですよって言ってくれたので，わりとしゃべれるようになったと，そういうふうに解釈できるんです。

　そういうことで，このコミュニティのモデル・ストーリーとはちょっと違う，ずれた語りが生み出されたことになるわけですよね。で，われわれはそれをサポートしたわけですよ。ということは，新しい，つまり，モデル・ストーリーとは違う語りが生み出されたってことのひとつの事例にはなるわけです。だから，それを伝えることの意義はあるのかなって思うわけです。モデル・ストーリーに対して，そうじゃないストーリーが生み出されるきっかけにはなる。それが新しい展開になるかっていうのはわかんないけどね。研究っていうのは，当事者主体がそれをどういうふうに受け取るか。なるほど，そういうふうに見てもいいのかっていう，その新たな見方を提示する，そういう形で影響を持ち始めるってことはあるわけです。

　別にライフストーリーに限らずフィールドワークっていうのは，そういう側面を持っていて，あるいは研究としてフィールドワークの研究として出すことによって，実は今まではこうだったのにこうなっちゃったっていう例があるわけです。村のジェンダー的な役割，女性の役割とかもう決まったルールがあるのにも関わらず，われわれが入ることによって，それが変わっちゃうっていうこと，あるいは女性を応援しちゃうみたいな，そういうことで村の状況がちょっと変わるとか，そういうことは否応なしに起こりうるわけで，ライフストーリーはその側面を持っていると思います。だから，調査者というものも同じように，現地や当事者に関わる主体であって，いかにも自分は外から眺めてますよっていうのはちょっとありえないっていうスタンスですから，フィールドワークも調査者自身が否応なしに関わる存在として描く対象になると思うんですね。

三代：その，関わることに対して，例えば，研究者と運動の主体が同じときっ

ていうのは，ライフストーリーでも，ありますか？
桜井：ありますよね。
三代：さっきの話だと，語ったことで新しい視点が生まれて，それはある意味エンパワーメントにつながったというケースですけど，たぶんこの黄色い本（『インタビューの社会学』）でも先生はそういうことはあまり研究の目的にはしてはいけないみたいなことを書いていたと思うんですけど……
桜井：それは最初の目的の中に，研究ということと，運動の，変革のようなことを，同じテーマ，つまり，例えばセラピー的な相手の治療に役立つとか，それは結果としてありうるけれども，目的としてはやっぱりまずいんじゃないかと思っています。なぜかと言うと，それは明らかにその目的に向かう意志がある限り，自分なりのある「構え」を成立させているし，ある語りの特徴的な語りしか取り出さない部分っていうのがありうるからだと思います。ただ結果的にエンパワーになるってことはよくあるわけで，たぶん震災なんかでそういうふうに語ってくれる人の多くは，しゃべったことに対してすごくよかったっていうふうに言ってくれる人もいますので，それはあると思うんですよね。
三代：日本語教育の中で，それは分かれていて（笑），学習者とか教師同士のライフストーリーの場が教育や教師の成長につながったりとか，そういうものをもう少し積極的に見ていこうみたいな立場があって。
桜井：あのね，結果的にそうなる部分って結構あります。うん，やっぱり声に出していくっていうのはそういう力がありますからね。ただね，それは，結果的にはそうなるけども，研究の目的であってはならないと思う。それは自分で研究でなくてやればいいことで，あの，同時並行でやってもいいんですが，何て言うかな，やっぱりね，一番最初にしゃべりましたが，その滋賀の調査を地元の先生方[注21]と一緒にやり始めたときに，トランスクリプトの読み込みをしていく中で，やっぱり教師だからこんな聞き方してるよみたいなところが結構たくさんあるんですね。で，それまずくないって（笑）話になるわけ。教師の視点からだけで聞いていったらもうそういうストーリーができていくよねっていう話でしょ。

そうじゃなくて，やっぱり相手の主体をいかに尊重して，その世界は何

[注21] 紙幅の都合により収録されていないが，桜井が学校の教師たちと共同で聞き取り調査を行った経験のこと。

かっていうことがあるわけだから，僕はあの変な聞き方でもOKだとは言ってますけど，だけど，教師と生徒というその権力関係が変わらないままインタビューが続くっていうのはちょっとありえないなと思うんですね。それは，教師っていうのはおこがましくも，何かしてあげなきゃいけない(笑)というタイプの人間で，それはね，語り手にとっては大いに迷惑な部分があるかもしれない。で，何をほんとに彼／彼女が望むのかとか問うとしたら，やっぱりその権力関係はちょっと邪魔なんじゃないのって思っていますね。

ライフストーリーを聞くことの教育的意味

三代：あともう一点，最後ちょっと時間なくなってきたんですが，あの，教育に，日本語教育活動の中にライフストーリーを入れていこうみたいなものも結構あるんですけど，例えば，先生は，社会学の実習だからそうなのかもしれないですが，ライフストーリーを教師として学生に聞きに行かせるじゃないですか。それの教育的意味を先生はどのようにお考えになっていますか？

桜井：それは大きいですよね。僕は被災地に行ったときには，学生が話を聞きに行くので，そのセッティングをしているだけなんですよ。僕は運転手だけやってるんですよね。教員でも運転できないのがいて，ダメじゃんとか言うんですが(笑)。学生がちゃんと話が聞けるお膳立てをするというか，もちろん本人に行かせるんですけど，だからもうすっごく忙しいんですよ。この学生がここで話を行くときに，今度こっちの学生はこっちに送っていかなくてはいけない。終わったら迎えに行かなくてはいけない，被災地は交通手段があんまりないので。だからすごく忙しい。で，教育っていうのはフィールドが鍛えてくれるからっていうふうに，まぁ非常に単純に思っているわけですね。もとをただせば，学生が自分で気づくことが一番大事なんだって思ってるので。教えることだと思ってないんですよ。で，自分が気づくっていうふうになると，やっぱり自分が動いて自分が話を聞いて，そこで，なるほどと思ったり，いやなんかおもしろくないとか，いろんな気づきってのはそういうところにあるんだと思ってるんですね。

　だから，ライフストーリーは他者の人生経験と正面から向き合う機会だという意味で，気づきのきっかけになる非常に大きなもの，方法というか，そういうふうには思っているんですよ。ライフストーリーを聞くってのは，フィールドワーク自体がそうですけど，人と接して面と向かって話をする，

その重要性というのは大いにあります。そして，必ず，その日あったことを振り返るとか，そういうことも書いてもらったりしながら整理をしていく。で，こっちに帰ってきたらね，それをまとめていくんですけど。現地でそういうふうに直に当事者の人たちと出会っていくことのインパクトってのはやっぱり大きい。被災地に行く場合でも，学生はボランティアに行くのも嫌だしとか最初言っていて，疑問をいろいろ持ってきたんだけど，やっぱり現地の人と話をするとすごくインパクトがあったって言う学生はずいぶん多いですね。だからライフストーリー・インタビューは，そういう意味ではおもしろい。で，1回で終わらないで必ず2回行くことにしているので，やっぱり最初の出会いというのは初対面ですけど，2回目になると旧知の仲になる。

三代：授業期間は短いじゃないですか。そこで2回行かせる？

桜井：これはね，1年間，通年の授業にしちゃってるんですよ。だから最初からそういうスケジュールを組んで。だから，フィールドワークは年に2回あるんですね。そのくらいの余裕でやらないと，短期間でちょちょっというのはあまりよろしくないですよね。

三代：あともう1点，あの紀要[注22]に書かれていた，初めはフィールドワークをやることを躊躇していたという記述があったと思うんですけど，学生の成長のためにフィールドに行かせていいのかみたいな，要するに行く必然性がないと，行くことも倫理的に難しいと思うんですが，そこら辺はどういうふうに考えていらっしゃいますか？　やっぱり行く必然性もちゃんと教師のほうで担保するんでしょうか？

桜井：いや，あの，一番最初に行ったのは2012年ですけど，被災地の場合はね，やっぱり関心がある人だけが行ったわけです。ゼミ学生全員連れて行ったわけではない。何か気になってるとか，行ってみたいとか，そういうような希望で選んで，その後震災のフィールドワークという授業を作っちゃったんですけど，それは，受講生は十分選んで来るわけですけどね。

　あの，例えばね，昔，こんなことがありました。僕の例じゃありませんけど，先生によっては被差別部落へ学生を連れて行く人もいるんですけども，で，昔ですよ，被差別部落では，昔は，汚い，穢れるからみんな触れない，

注22　桜井厚（2014）．「地域コミュニティの生存戦略―東日本大震災における被災地の対応から」『応用社会学研究（桜井厚先生退職記念号）』56, 1-16.

食物やお茶碗などにも手をつけないとか，そういう差別があったっていう話を情報として先生なんか知ってるわけですから，何か出されたものはちゃんと食べるんですよみたいな，あらかじめ教育的配慮から生徒たちに言うわけですよね。生徒たちは，食べたくなくても無理やり食べるわけですよ。だけど，それまずいでしょって話ですよね。先生方の思い込みの中で相手の接し方に対して，あるパターンを教えこんでしまうことが，結果的に，別の意味での差別の助長にもつながりかねないっていうこともあったりするわけです。だから，教育的にそういう場を使っちゃまずいんじゃないのって意見があるのはわかります。

　今回もね，プランを出したときに大学側からもね，特に心理学系の先生がね，こんなトラウマ的な状況でも話を聞いてよいのかみたいな話があって，こちらも1年経って話をしたいという人がいるという現地からの情報を得たから始めたんですが，話を聞くことを目的にやったわけじゃなくて，基本的にボランティアしながら，がれき処理とかそういうのをしながらいろいろな人と出会って，まず話をしてもいいよっていう人がいたら，聞こうじゃないのっていうふうにして入ったわけです。だから2年目もそうで，今はだんだんボランティアっていうのは少なくなりましたが，せいぜい仮設でお茶っこ注23をするぐらいです。だから，サンプリングのようなことをして話を聞きに行きなさいというのではなく，出会いを作って話してもいいよという人に話を聞くということを原則にしてるんですね。出会いがなかったら無理することないんだということですが，学生はいろんな人と接触する中そういう機会を見つけていくし，学生には現地の人が話したがるんですね。だいたいインタビューできちゃう。特に若い人には聞いてほしい，伝えたいっていう人はいるんですよね。3.11当時のことだけではなくて，今，どうしているか，つまりライフストーリーは，震災そのことだけをピンポイントに聞くわけじゃまったくない，語り手が話したいことを聞くので，どっからでもとっかかりはつかめる。で，一種のコミュニケーションですので，そこから学生本人が学んだことがあれば，結果的に教育的な効果があるということで，うまくいかない場合は，ミーティングで反省的に振り返る中で，われわれと話し合うことはあります。学生は何かしら得てきますね。授業の満足度は高いと思います。われわれが教育するわけじゃない，学生がフィールドワークし

注23　お茶やお菓子をいただきながらおしゃべりをすること。宮城・岩手などの方言。

ながら，ライフストーリーを聞いて何かを得てくる，そんな機会です。
三代：ちょっと時間になっちゃったかもしれない（笑）。
桜井：ああ，時間だね。
三代：すいません，ちょっとまだ聞きたいことあったけど（笑），ありがとうございました。

おわりに

　2時間半に及ぶインタビューであったが，聞き手の私にとっては，あっと言う間の時間であった。話は多岐にわたったが，一貫していたのは，調査経験の中で出会った問題意識を解決することの中に研究方法があったということである。質的研究はすべからくそのような特徴を持っていると思われるが，研究方法はフィールド調査の経験から帰納的に生成される。語りを聞いて，感じた疑問と向き合い続ける姿勢の中にライフストーリー研究法はあると言えるのかもしれない。

　今回，用意した質問で聞かなかった質問がある。時間の都合上聞けなかったという側面もあるが，そのあと追加インタビュー等を検討したうえで，聞かないと決めた質問である。それは，単純に言うと「日本語教育への示唆」に関するものである。読者が一番聞きたいと思うところかもしれないが，やはり聞かないほうがいいと考えた。理由は2つある。1つは，私自身はインタビューを通じて，ある程度見えたと感じたからである。それと実際は表裏であるが，もう1つは，日本語教育学については，やはりまずは私たちで考えるべきだと思ったからである。本書序において述べたように，また本インタビュー内でも少し触れているが，ライフストーリーや実践研究の意義として私は「リソース」というものを考えている。「リソース」という考え方には，モデルとして領域を理解することよりも，社会に埋め込まれた事例の意味を深く探求することのほうが，その類似した状況を理解するうえで有益だという考えがある。その意味では，社会学としてライフストーリー研究を探求してきた桜井氏の経験を聞き，それを日本語教育学としてライフストーリー研究を行っている人間が解釈するほうが有益であると思われる。

　桜井氏の話を聞いて印象的であったのは，ライフストーリーの評価として，読み手である研究者や調査フィールドの人びとが，「腑に落ちる」ということの重要性である。読み手が，その研究を読み，その知見に対し，共感，あるいは発見を覚えれば，それが研究の意義となるというのは，実践と密接に結

びついている日本語教育においてよく検討すべきことである。ライフストーリー研究は，書き手である研究者が発表した時点で，書き手と読み手の新しい対話となるということであろう。この対話として「研究」を捉えるという視座は，日本語教育を「日本語教育学」として発展させるために非常に重要な視座となると私はあらためて感じた。 　　　　　　　　　　　　　　　　　　　　　　　　（三代 純平）

第 2 部

ライフストーリー・パランプセスト

「グローバル人材」になるということ ...... 三代 純平
ライフストーリー研究における「翻訳」の役割 ...... 谷口 すみ子
ライフストーリーを語る意義 ...... 中山 亜紀子
複数言語環境で成長する子どものことばの学びとは何か ...... 中野 千野
語り手の「声」と教育実践を媒介する私の応答責任 ...... 佐藤 正則
日本語教育に貢献する教師のライフストーリー研究とは ...... 飯野 令子
日本語教育学としてのライフストーリー研究における自己言及の意味 ...... 田中 里奈

第4章

「グローバル人材」になるということ
――モデル・ストーリーを内面化することのジレンマ

三代 純平

1. はじめに

　　就職活動を通じて，外の社会に触れてほしい。

　これは，ある大学の就職課の職員が私に語ったことばである。彼女は，留学生が日本社会に参加し，さまざまな出会いを経験する社会学習の一環となればよいと就職活動を捉えていた。そんな彼女は，同時に，留学生が日本社会への同化を迫られる今の就職活動に多少の矛盾を感じながら，それでも，留学生の希望を支援できればよいと，留学生の就職を親身になって支えている。

　私は，この4年間，日本で就職した元留学生のライフストーリー調査を行ってきた。私がこの調査に至った動機は，それぞれ密接に関わっているが3つの側面から述べることができる。1つ目は社会的側面であり，2つ目は教育的側面であり，3つ目は研究的側面である。1つ目は，近年のグローバル化の議論の中で，「グローバル人材」としての留学生の就職をいかに促進するかが社会的課題となっていることである。2つ目は，その状況に伴い，留学生の多くが日本国内の就職を希望していることがある。私自身，個別の就職相談を頻繁に受けるようになり，就職支援の講座を担当することにもなった。自らの就職支援の実践を改善するための基礎研究としたいということも研究動機となっている。3つ目の動機が，最も直接的な動機である。私は，2006年より韓国人留学生のライフストーリー研究を続けている。その中で，ことばの学びを，彼ら／彼女らのアイデンティティ交渉の過程として解釈することの重要性を論じてきた。また，あるコミュニティへ参加する経験や参加を通じて獲得した人間関係が，彼ら／彼女らのコミュニケーションを支えることばの学びとなることを主張した。就職は，前述の大学職員が言うように社会参加の大きな契機であり，職業の選択は当然，大きなアイデンティティの交渉・選択になる。その意

味で，留学生の就職を考えることは，留学生のことばの学びを考える際，非常に重要になる。

　以上の動機から，私は日本国内の日本企業に就職した元留学生のライフストーリー調査を行った。調査を通じて明らかになったことは，元留学生が自らを「グローバル人材」と位置づけ，それを文化資本として利用しながら就職していることである。しかし，「グローバル人材」とは一体，何を意味しているのだろうか。その実態は曖昧な部分も多い。社会的要請としての「グローバル人材」は，元留学生にどのように捉えられ，内面化されているのか。元留学生は，いかにして「グローバル人材」になるのか。そしてその意味は何なのか。本章は，この問いに，中国人元留学生Aさんのライフストーリーから接近することを目的としている。Aさんは，自らを「グローバル人材」と位置づけることで，自らに価値を見出した。同時に，中国と日本の文化の壁に悩み，日本社会に馴染めないと感じていた。「グローバル人材」として「日本人の中に入り込む」ことを心がけ，そのことに成功したと語るAさんと，日本社会には「壁がある」「馴染むことがちょっと難しい」と語るAさんがいた。この相反する語りの持つ意味を読み解くことを通じて，「グローバル人材」になることの意味を考察する。

2.「グローバル人材」育成を志向する日本語教育の課題
2.1 「グローバル人材」としての留学生

　「グローバル人材」の育成が急速に求められるようになった背景には，3つの理由があるとされる。1つ目に，日本市場が縮小し，日本企業は海外のマーケットに進出することを余儀なくされていること，2つ目に，インターネットの普及により，ビジネスがボーダレス化していること，3つ目に，従来の日本のビジネスモデルであった国と企業と人という三位一体モデルがバブル崩壊後に成り立たなくなっていることが挙げられる（加藤，2014）。このような背景から，現在，産学官一体となり，「グローバル人材」育成が推進されている（産学連携によるグローバル人材育成推進会議，2011）。では，「グローバル人材」とは，どのような人材のことを指すのであろうか。

　2010年に産学人材育成パートナーシップ・グローバル人材育成委員会によって提出された『報告書―産学官でグローバル人材の育成を』によると，

「グローバル人材」に共通して求められる能力とは，(1)「社会人基礎力」[注1]，(2)「外国語でのコミュニケーション能力」，(3)「異文化理解・活用力」の3つの能力である。ここで述べられる「異文化理解・活用力」とは，異文化の差を認識し，柔軟に対応する力と，文化の異なる人たちのそれぞれの強みを活かし，新しい価値を生み出す力のことである。同報告書によれば，「グローバル人材」とは，上記の能力を有し，グローバルな視野からグローバルなビジネスに活躍できる人材のことである。「グローバル人材」育成は，第一に日本人の人材育成を念頭に置いた企画であるが，同時に日本社会・企業・大学のグローバル化の担い手として，留学生への期待も大きい。同報告書では，「「グローバル人材」の育成には，優秀な外国人留学生を多く呼び込んで，多様な人材の中で協力・協働させることにより，日本人，外国人双方に対して「グローバル人材」に必要な能力を高める手法が効果的である」(p. 40)とあり，留学生を「グローバル人材」として育成・活用する視座が明確である。

留学生を日本へ呼び込み，「グローバル人材」として育成する方向性が明確に打ち出されたのは，グローバル人材育成推進事業に先行する形で2007年度より行われた「アジア人財資金構想事業」(以下「アジア人財」)，および2008年に政府より提出された「留学生30万人計画」である。経済産業省と文部科学省の共同事業として立ち上げられた「アジア人財」は，大学と企業が連携しコンソーシアムを形成し，専門教育，日本語教育，インターンシップ等の就職支援をパッケージで行うことを目的とし，約30のプロジェクトが採用された(経済産業省, 2007b)。

この「アジア人財」に先立って行われ，日本で就職する元留学生に求められる人物像を描き出した調査研究が「構造変化に対応した雇用システムに関する調査研究」(以下「雇用システム調査研究」)(財団法人海外技術者研修協会, 2007)である。同調査では，「グローバル人材」としての元留学生には，大きく以下の2つのことが期待されていると述べている。

(1) 日本(企業)文化を理解し，日本人と協働してビジネスに従事する人材
(2) 母国文化と日本文化の価値観を相対化し，橋渡しをすることで新しい価値を創出する人材

[注1] 「社会人基礎力」は，「前に踏み出す力」「考え抜く力」「チームで働く力」から構成される(経済産業省, 2007a)。

同調査を受けるように，日本(企業)文化を理解するという点と，2つの文化の橋渡しをし，新しい価値を創出するということが，日本語教育における留学生の就職支援において重視されるようになっている。

2.2 日本語教育における「グローバル人材」議論の受容と課題

「アジア人財」以降，ビジネス日本語プログラムの実践報告が急増している(三代, 2013)。それは，「アジア人財」や「雇用システム調査研究」が提案する「グローバル人材」育成へ向けて日本語教育は何ができるのかを考えた結果であると言える。

ただし，三代(2013)において指摘したように，その議論には課題も残されている。日本語教育，とりわけ「ビジネス日本語」をめぐる議論は，経済界，あるいは政界から提起された「グローバル人材」としての留学生像を大きな摩擦や抵抗を伴わず，育成すべき人材像として受け入れている。それは，そこで提起された人材像，あるいはコミュニケーション能力観が，従来の日本語教育のものと親和性が高かったからである。ネウストプニー(1995)は，日本人とコミュニケーションをとるためには，日本文化，日本人の言語行動を理解することが重要であることを主張した。野元(2007)に明記されるように，「ビジネス日本語」のモデルは，一方で経済界からの要望に応える形で，他方でネウストプニーに代表されるコミュニケーション観を踏襲する形でデザインされている。つまり，日本文化，日本人の言語行動の理解は，日本の企業文化となり，日本語はビジネス日本語になったのである。

しかし，この「日本文化」「日本人」を一つのモデルとして捉えることを前提としたコミュニケーション観，あるいは日本語教育観は2000年代に入り，厳しく批判された(三代, 2009a)。なぜなら，そのコミュニケーション観は，「日本文化」「日本人」を本質化・標準化することで，抑圧構造を作り出し，相互理解を阻む可能性を内包しているからである。

「留学生30万人計画」では，日本の留学生政策を転換し，留学生の日本国内における就職を促進することが明記された。留学生の日本国内での就職は，「ビジネス日本語」という観点と同時に，多文化化する日本国内の多文化共生環境をいかに整備するかという観点からも論じられるべき問題である。留学生の就職支援と言語教育の問題は，多文化共生を考えるうえで重要な問題なのである。近年，急速に注目が集まる留学生の就職をめぐる研究においても，多文化共生社会を選択した日本におけることばのあり方を批判的に捉えることが必

要になっている。さらに言うならば、三代(2009a)で指摘したように、日本語教育における文化の本質主義を批判した言説は、年少者日本語教育など一部の領域を除くと、実践へとつながる大きな力になっていない。就職支援という領域で実践を考えることは非常に大きな困難を伴う一方、取り組まなければいけない課題なのである。

そこで本章では、実際の留学生の語りから、「グローバル人材」を元留学生が内面化するプロセスとそこにある葛藤を描き、「グローバル人材」育成の議論を本質主義的な文化観に対抗する批判言説として再定位するための課題を明らかにする。

3. アイデンティティ交渉としての「グローバル人材」

本章は、日本企業に就職した元留学生のライフストーリーから、元留学生がどのように「グローバル人材」を認識し、自分を「グローバル人材」として位置づけるかを考察する。それは、換言すれば、元留学生が日本で就労する際のアイデンティティ交渉を明らかにする試みである。本章におけるアイデンティティは、他者との交渉の中で構成される、多元的、かつ動態的な自己についての認識である。このアイデンティティ概念は、社会構成主義のアイデンティティ概念(上野, 2005)と多くを共有しており、安定的な自己ではなく、アイデンティフィケーションというプロセスとしての自己へ着目した概念である。

このようなアイデンティティ概念を第二言語習得研究に取り入れたのは、Norton(1995)であった。Norton(1995)は、言語学習の動機づけを、自らが獲得を試みるアイデンティティへの投資であるとし、言語習得をアイデンティティ交渉のプロセスとして理解した。このことにより、本質的・客観的な言語能力の獲得ではなく、自己が獲得したいアイデンティティを得るためのことばの獲得や、他者にこう見られたいという期待された自己へ向けた交渉がことばの学びとして位置づけられた。日本の大学で学び、日本社会に就職した元留学生は、社会で流通している「グローバル人材」ということばを内面化していく。「グローバル人材」というアイデンティティ獲得へ向けて、ことばをはじめ、さまざまな学びを構成していく。本章では、元留学生が「グローバル人材」となるということを彼ら／彼女らのアイデンティティ交渉という視座から読み解き、そこにある課題を明らかにすることを目的としている。

4. 研究方法
4.1 ライフストーリー研究法

　ライフストーリー研究法は語り手の経験や見方の意味を探究する研究法である。ライフストーリー研究法の特徴は，調査協力者の語りを，調査者との相互行為の中で構築されるストーリーとして考察する点にある（桜井, 2012）。本章では，調査協力者たちの経験をより深く理解するために，語った内容に加え，いかにしてその語りが構築されたのかを考察する。具体的には，語りがどのようなプロットで構築されているのかという「語りの構造」や，語るときにどのようなレトリックを用いているかという「語りの方法」，どのような立場で語っているかという「語りの様式」，さらには，相互行為として語りの構築に参加している調査者自身の調査対象者や「グローバル人材」に対して抱いていたイメージ，感情，先入観などといった「構え」を考察の対象とする。

　特に本章では，「語りの様式」によって語りが異なっていることの意味を探究した。桜井（2012）によれば，「語りの様式」はマスター・ナラティブ，モデル・ストーリー，パーソナル・ストーリーの3つに分けることができる。マスター・ナラティブは，フィールドや対象者が埋め込まれている大きな社会（国家等）に流通しているストーリーである。モデル・ストーリーは，調査のフィールドに流通しているストーリーである。一方，パーソナル・ストーリーは，個人的な経験に根差したストーリーである。語るとき，人は立場によって，どのストーリーを参照しながら語るかという語りのモードを切り替える。

4.2 調査の概要

　本調査は2011年度より4年間にわたり行われ，日本国内の企業に就職した21名（中国人15名，韓国人6名）にインタビューを行った。インタビューは1名につき1回〜4回行われ，1回のインタビューは1時間〜3時間であった。インタビューは本人の了承のもと，ICレコーダに録音し，トランスクリプトを作成した[注2]。考察の対象にしたデータは，上述のトランスクリプトと，イン

注2　トランスクリプト作成における表記のルール次の通りである。1. 重なり：複数の参加者の発話の重なりは，「//」。2. 密着：発話もしくは発話文が途切れなく密着は，「＝」。3. 聞き取り困難：聞き取り困難な箇所は，「〔　〕」。また，聞き取りが確定できないときは，当該文字列が〔　〕でくくられる。4. あいづち：あいづちは（　）内に示す。5. 沈黙・間合い：音声が途絶えている状態は，その秒数を（　）内に示す。5秒以下は，「・」（・一つで1秒）。6. 引き延ばし：直前の音の引き延ばしは，「::」。7. 途切れ：ことばの不完全なままの途切れは，「-」。8. 笑い声：「hh」。9. 注記：発音の要約やその他の注記は，「〔　〕」。

タビュー時にインタビューの状況に加え，私自身の「構え」を記述したフィールドノーツ，および，トランスクリプト作成・考察の過程における私の「構え」を記述したものを使用した。

本章では，地方国立大学の修士課程を修了し，首都圏の企業（製造業）に就職した中国人男性Aさんのライフストーリーを取りあげ考察する。Aさんは，積極的に周囲に働きかけ，周囲の支援をもとに就職活動を乗り越え，日本企業で働いていた。日本で就職までたどり着いた「成功」のストーリーのモデルのような存在として私は捉えていた。しかし，就職をして3年後に帰国を決めたAさんは，日本社会に「壁」を感じていたことを語る。Aさんは，就職活動やその後の就労経験を通じて「グローバル人材」「外国人」「中国人」というアイデンティティに価値を見出し，自らをアイデンティファイしながら日本社会に参加する一方で，「グローバル人材」としての自分から見た日本に対して「壁」のようなものを感じていたのである。Aさんと私の語りを考察することを通じて，このジレンマの意味，さらにはその先にある「グローバル人材」になるということの課題を考察する。

なお，Aさんには，知人の紹介でインタビューを承諾してもらい，入社半年後に1回，入社1年後に1回，退職，帰国を決断した3年目に1回の計3回インタビューを行った。

5. Aさんの就職活動—「グローバル人材」になるということ
5.1 就職活動を支えた「重要な他者」

Aさんは，中国の地方大学で日本語科を卒業している。中国の大学を卒業するとき，進路について悩んだが，日本語を勉強してきたので，日本で生活してみたいと思い，日本の大学院に留学することに決めた。比較的入学しやすく，コストも安いという理由で地方の国立大学を選択した。日本語とは異なることを勉強したいと思い，国際政治を専攻した。Aさんは，来日の時点で，日本で就職したいという気持ちを持っていた。

> **A**：[前略]やっぱり，日本に来たから，留学するだけ，終わっちゃうと，結局，中国に帰っても，まだ学生じゃないですか。じゃ，全然日本のことも深くいってなくて，日本は結局どんな国か，日本人はどんな人が全然わからないかもしれません。ずっと学校の中にいるから。だから，最初，日本に来る前に，もう，やっぱ日本に行って，勉強してから，3年間でも，5年間で

も，とりあえず就職した方がいいかなと思うんですけど。その時点は，こういう考え方があって日本に来てたんですよ。（1回目のインタビューより）

　上記のような考えから，大学院に入学したAさんは，大学院1年目の後期から就職活動を始めることになる。Aさんの大学院時代は，アルバイトと就職活動と修士論文作成と寝る時間もないほどであった。そんなAさんの就職活動を支えたものは何であったのだろうか。
　それは「就職支援プログラム」注3であったとAさんは語る。Aさんの大学は，「アジア人財」の助成を受け，同プログラムを立ち上げていた。当時，そのプログラムは無料で参加することができ，「ビジネス日本語」や「ビジネス・マナー」などの研修を受けることができた。だが，Aさんにとって，そのプログラムで最も役立ったのは「コンサルティングの先生」による支援であったと言う。プログラムに参加すると，研修とは別に「コンサルティングの先生」が紹介される。Aさんの「コンサルティングの先生」は，地元企業で長年人事を勤め，退職した方であった。「コンサルティングの先生」とは個別に連絡を取り合い，週に1，2回面談をし，エントリーシートのチェックなど就職活動全般において支援を受けた。

　A：一番よかったのは，まず，自分が書いた日本語の文章を全部直してもらいますし，それは本当に助かります。日本語の問題はなくなります。で，あと，やっぱり，その，履歴書が受かったあとは，もう面接が来るじゃないですか。面接は，どういうふうにすれば，こう，あの，相手の人事の方に印象を残せますかっていうポイントを教えてくれます。それは，本当に大事です。それがないと－コンサルティングの先生は社会人だから，社会人の視線で学生はどういうふうに見てるが，それがわからないと，自分はどういう動き，どういうしゃべり方がいいかわからないじゃないですか。だから，その点は本当に助かります。あと，毎回の面接のときから，家に帰って，その面接の中で自分が気づいたことなんですか，全部メモして，悩んだこと，困ったこと，あるいは，こう，本当に，こういうふうにしたらよかったんだなって思いついたこと，全部メモして，で，このコンサルティングの先生と相談しながら，全部解決できるんですよ。全部というか，とりあえず相談できる

注3　仮称。

人がいますので，**安心します**［傍点筆者，以下同］。
　*注4：じゃ，結構，相談できるっていう，いるっていうこと自体が＝
A：＝そうです。そうしたら，本当に，助かります。
(1回目のインタビューより)

　Aさんは，「就職支援プログラム」で知り合った「コンサルティングの先生」のアドバイスに支えられ，就職活動を乗り切った。Aさんの就職活動を通じて，この「コンサルティングの先生」が非常に重要な役割を担っていたと言える。このように「重要な他者」注5と呼べる存在が就職活動を支えたと語る調査協力者が多かった。三代(2009b)は，この「重要な他者」とのつながり，「絆」には，「日本語能力」など個人に還元される能力を向上させる人的リソース以上の意味があることを指摘した。「とりあえず相談できる人がいますので，安心します」と語るAさんにとって，「コンサルティングの先生」は，就職活動を続ける心の支えのような存在であり，そのような支えがあるからAさんは，就職活動を続けることができた。Aさんは，就職活動時代を思い出すように，「その先生がいらっしゃらないと，今の僕はいないかもしれません」と語った。

5.2　「価値」を見出すプロセスとしての就職活動

　Aさんは，「コンサルティングの先生」の支援を受けながら，どのように就職活動を経験したのであろうか。また彼にとって就職活動はどのような意味があったのだろうか。
　「大変は大変だったんですけど，楽しかったです」とAさんは，就職活動を振り返る。就職活動は本当につらかったと語る一方，そのように述べた。Aさんは，42社にエントリーシートを出した。そのうち面接まで進んだ会社は5社，内定は1社だった。最初はいろいろな業界に網羅的に応募しながら，最終的に中国と関係のあるN県(地方国立大学の所在地)の製造業に絞ったと言う。Aさんが勤めた企業Xもまた中国に進出している企業で，「コンサルティングの先生」が新聞で中国に新工場を立ち上げたという記事を見て，Aさんにエントリーを勧めたと言う。インタビュー当時，Aさんは首都圏の支社に配属

注4　＊は筆者を表す。
注5　「重要な他者」とは，進路選択において非常に重要な役割を担う他者のことである(三代，2014)。

されていたが，本社は卒業した大学のある N 県にあった。

　就職活動について語るとき，A さんは自分の「価値」ということばをたびたび口にした。日本で日本企業に就職するときの価値を自身の中に見出す必要があった。それは日本で就職活動をするとき一般的に行われる自己分析であり，「コンサルティングの先生」から勧められたことでもあった。そのように考えるならば，半分は自発的に，半分は社会や他者から求められた形で A さんは自身の価値を見出そうとしていたと言える。

　A さんが自らに見出した価値とは，「中国人」であることと「地元国立大学卒業」である。日本企業という新しいコミュニティに参加するための文化資本として，「中国人」「地元国立大学卒業」を持っていたと言える。そしてその資本を最大限に利用できる就職先を探したのである。中国語がわかり，中国社会について理解があるという意味においての「中国人」という資本を利用できるのは，中国に進出している企業であり，「地元国立大学卒業」という資本を利用できるのは当然ながら「地元」であると A さんは考えた。A さんは，「日本の製造業，メーカーは，中国にどんどん進出してますんで，それは自分につながっているかもしれない」「大学は自分の価値です。大学で価値と言ったら，もう N 県内に行かないと‥価値じゃない」と語る。

　A さんは，就職活動はつらかったが楽しかったと振り返る。それは，自身の価値を見出し，それが就職という形で会社，ひいては日本社会に認められたと感じたからである。それは，2 回目のインタビューで内定をもらったときのことを語る A さんのことばに現れている。

A：［前略］［面接から］帰る途中で，電話かかってきたんですよ，人事の方から。
＊：あ，すぐかかってきたんだ。
A：はい。十日間以内に回答しますって言ってるのにすぐかかってきて，なんだって思って，すいません，あの X 社ですって言って，すいません，あの∴うちは A さんに期待してますんで，あの，すぐ来てもらえますかって。あ，なるほど∴って思って，やっぱり価値があるんだって，僕は。

（2 回目のインタビューより）

　「やっぱり価値があるんだ」と感慨深く語る A さんのことばは，静かな自信に満ちていた。A さんは，この一言にたどり着く道のりとして，就職活動を経

験し，それはつらいが楽しかったのである。そして，Aさんは，その自分の価値の一つに「中国人」であること，中国と日本をつなぐ「グローバル人材」であることを見出していた。就職活動を通じて，換言すれば，日本社会というコミュニティに参加するための交渉／葛藤を通じて，「中国人」「グローバル人材」というアイデンティティを構築していったのである。

6. Aさんの就職後—「グローバル人材」と社会の壁
6.1 「グローバル人材」として働く

　X社は，Aさんの出身校の地域に本社を置く企業で，社員は1100人を超える。自動車等の部品を生産，国内外に広く販売する会社である。中国人社員は全体で3人いたが，首都圏の支社はAさんのみであった。Aさんは，本社で3か月間の研修を受けたあと，海外営業部に配属された。Aさんの課は5人で，課長の他，3人の先輩がいた。うち1人は韓国人社員だった。「海外の部署だから，こう，グローバル的な考えを，ほとんどみんな，持ってます」とAさんは課について好感を覚えていた。わからないことばを先輩たちに質問すると丁寧に教えてくれる。同時に，このようなことばがわからないんだと気づいてくれ，互いに理解が深まるとAさんは語る。

　2回目のインタビューの冒頭で，私は，入社して1年間の経験を本にまとめるとしたら，どんなことを書きたいと思うかを聞いた。そのとき，Aさんは，「一番大きいポイントは人間関係ですね」と語っている。同じ課の上司や先輩が「グローバル的な考え」を持ち，いい雰囲気で仕事ができていると感じているのが，その理由であった。Aさんにとって「グローバル的な考え」とは，文化的な差に配慮し，互いに理解しようという姿勢のことである。特にAさんがこのことを強く語ったのは，Aさんに対する課長の配慮があったからである。上司にあたる課長は，Aさんが配属されて1か月間，毎朝30分ほど早く出社し，業務について一対一でAさんに説明した。

A：［前略］じゃあ，Aさんは外国人だから，まあ多分生活でも大変でしょって，あの:::でも会社として僕として期待してますから，もうどんどん成長させたいのであの:::頑張ってくださいって，とりあえず1か月，くらい？朝早く来て，あの:::勉強させるって，まあ感動しましたね。

＊：ふ:::ん。は:::，それは感動ですね，そうなんだ，へ:::すごいなあ。それはすごいねえ，30分早く来て－

A：そうですね。だから，まあ［インタビューの］最初聞かれたときに何が一番大事に思ったか，もう人間関係ですね。　　　　（2回目のインタビューより）

　Aさんが会社の人間関係を良好だと語る背景には，会社，特に海外営業を担当する課に「グローバル的な考え」があったばかりでなく，Aさん自身の人間関係をよくしようという働きかけがあった。Aさんは，入社してよかったと思うことは何かという質問に次のように答えている。

A：まず最初よかったと思ったのは，えっと，入社する前に不安がいっぱいあったんですけど，入社したら，その不安が段々減ってきたんです。
＊：段々ですか？
A：段々です。いきなりこう全部なくなるっていうのはなかなか（うん），ないんですけど。あの，その不安は，え:::と，まあもちろん外国人は，日本会社に入って，どうなるかなと思って，まだ，その一年前の，僕の日本語と今日本語，まだだいぶ，まあ使ってるんですけど，まあやっぱり今ももうちょっと上達してるんで，そのときは会社に入って同期と人事の担当の方が，どういうふうに話せばいいんだろうって，思いながらもう入社してて，研修受けたりしたんですよ。で，そのときは，え:::っと，まあとりあえず自分も明るくにして，え:::，まあ積極的に（うん），話を振った方が，気持ち:::をまず相手に伝わります。で，みんなも，こう，何ていうんです，距離感を，こう，でないように，その雰囲気を作ることがいつも大事です。自分がもしあの:::，ダメですって，俺は，日本語，うまくないんで話しかけてくれ，話しかけないでくれって，そういう雰囲気作ったらもう同期でも話しかけてくれないんですよ。で，積極的に，話しかけて，段々みんなも，あ，あの:::が，外人なのに全然違和感ないんで，じゃ，一緒に話しましょうか，一緒に遊ぼうかって，その3か月ぐらいの研修の中に段々みんなこう，こう何ていうの，日本人の中に入り込む。　（2回目のインタビューより）

　Aさんは入社するとき，「外国人」である自分，「日本語（が）うまくない」自分が同僚に受け入れられるのか，仕事ができるのか，非常に不安であったと語っていた。そのため，少しでも他の社員と関係が築けるように積極的に自分から接するように心がけていた。「日本人の中に入り込む」という考えがAさんにはあった。営業に配属されたあとも，その姿勢は続いていた。Aさんは，

まだ任される仕事が少なく，先輩たちに先に退社するように言われたときも，少しでも勉強したいと思い，最後まで会社に残った。社宅までの帰路も同僚と一緒に帰るように時間をあわせた。また，社内の人間関係を作るうえで最も大切なことは「質問すること」だとAさんは言う。仕事中は皆忙しいので，タイミングを見計らい，簡潔に自分の意図を伝えられるように腐心した。

Aさんが「グローバル的な考え」と言うとき，それは異なる文化，異なる考え方を持つ「外国人」への配慮であり，理解であった。Aさんは，自らをインタビューの中で，「外国人」「外人」としばしば呼ぶ。それは，同僚が「外国人」である自分を配慮してくれたことへの感謝や，「外国人」である自分にとって「日本人」に意図を伝えることがいかに困難であるか，そして，自分はそれを積極的に乗り越えようとしているといった文脈で使われる。Aさんにとって，「グローバル」とは，「日本人」「中国人」といった異なる国籍の人々が自らの言語，文化，価値観の違いを理解し，そのギャップを埋めていくことである。その意味で，Aさんは，そのギャップを理解し，「日本人の中に入り込む」ことのできる／できた人材として，自身を「グローバル人材」であると捉えている。

この価値観は，仕事への考え方・態度にも現れている。Aさんは，自らを，「中国人」と「日本人」双方の考え方を理解し，両国間のコミュニケーションの橋渡しを担える人材として位置づけている。以下は，日本社会にとって自分はどういう存在だと認識しているのかという問いについての語りである。

> A：［前略］あの⋯お互いの，こう日本と中国の？ お互いの考え方を比べることが，できたんですね。それがもちろんこう，両方の考え方をこうぶつかったりギャップの部分出たりする，まあ，出ると思いますけど，じゃあそれこそ，その，ぶつかったことと，ギャップの部分，どうやって，自分，まず自分自身にどうやって埋めていくか，どうやってこうあの⋯潤滑にこう，両方，バランスよく，もっていけるかが，一番あの，まだできてないですけど，ただこのこと自体出るのはもう一番よかった，それが，それがあって，あの，自分のこう，生活にも仕事にも，取り組んでいく姿勢は段々こう，変わってくるんじゃないですかー
> （2回目のインタビューより）

まだ自身でも完全にギャップを埋めることはできていないが，ギャップ自体に気が付いているので，それを徐々に解決できると思うとAさんは語る。

仕事においても，Aさんが心がけていたのは，中国現地の中国人スタッフの意向を本社側に伝え，本社側の意向を現地スタッフに伝えることであった。

この「グローバル人材」観は，2. で論じた公的文書や調査報告の中で説明されている「グローバル人材」観と等しい。自分の母国の文化と日本文化を相対的に比べ，それぞれの強みがわかることや，両国間の橋渡しをする，いわゆる「ブリッジ人材」としての役割の期待は企業側からも大きい。Aさんは，そのことを自覚しつつ，自分をそのような人材として位置づけて，自分の価値を見出していた。

6.2 帰国の決断と日本社会の壁

Aさんの就職3年目が終わろうという冬に，Aさんからメールが来た。内容は，帰国することになったので帰国する前に一度会わないかというものだった。理由は中国で結婚することになったというものだったので，私は多少の驚きがあったが，喜ばしいことだと思った。

帰国前の慌ただしい合間を縫って，Aさんは送別会ともインタビューともつかない席を設けてくれた。そこでの語りは以前とだいぶ異なるもので，私は若干の戸惑いを隠せずにいた。

前述のように，Aさんは人間関係を重視し，自ら積極的に関係を構築していた。仕事にも満足している様子で，私はどこか「成功した留学生」のモデルのようなストーリーだと感じていた。だが，3回目のインタビューでAさんは，日本社会への壁について語った。直接の帰国の契機は，結婚であった。しかし，帰国は時間の問題であった。私は，Aさんが結婚を理由に「仕方がなく」帰国するのだという「構え」を持ちながら質問した。そして，その「構え」とは異なる答えに戸惑った。

＊：自分はもう少し日本で働きたい？
A：もうちょっと働きたいんですけど。
＊：仕事は結構，楽しかった？
A：仕事は :::，まあ100％じゃないですけど。7割くらいかな。6割7割は，あの :::楽しい方，と，あとつらいとか，困ったりとか－
＊：どんなこと，困ったことはどんなことがある？
A：まあ，やっぱりちょっとコミュニケーション，まだ，〔そろえない〕部分ある。

＊：会社の人と＝

A：＝会社の人と。だからそれは，こっちの，確認不足の部分もあるんですけど，あと:::まあ日本語的な表現を，うまくこなせなくて。まあ自分が言いたいことがちゃんと伝わってないです。上司とか先輩に:::あの:::どういうふうに捉えてるかちょっとわからないですけれど（うん）まあ，反応してくるのが，ちょっとずれてる感じがあって。

＊：うん。部署は前と変わってない？　　　　　　（3回目のインタビューより）

　1，2回目のインタビューでは，自分の部署には「グローバル的」な雰囲気があって人間関係も良好だということを語っていたAさんだったので，一瞬，私は，部署が変わったのかと思い，質問している。しかし，部署は変わっていなかった。辞めることが決まり，Aさんは社内でのコミュニケーションについて悩んできたことを語る。

　また，1，2回目のインタビューでは，「グローバル人材」としての自分を語るストーリーの中に埋め込まれていた文化的ギャップについての語りも，3回目のインタビューではまったく異なる語りとなっている。

＊：来た頃の自分と今の自分と変わったことありますか？　働いて。

A：ああやっぱり，何だろう。まあ一番変化大きいのが，考え方かな。まあまず，海外から，日本から見る中国と，世界的な視線が変わったんで。まあ比較的に見る感じになったかな。比べて，はい。元々，まあ元々そういう考え方もあるよってことは知ってるんですけど，全体的に馴染んできてないというか。で，あと:::まあ，人との話すときの，伝わらない，つらさ。多分一番感じる。まあ留学生みんなそう感じてると思いますけど。で，あと，日本人と中国人の文化的なギャップの部分。同じことに対して，かなり，こう，大きく違う，やり方とか持ってるんで。　　　　（3回目のインタビューより）

　2回目のインタビューでは，文化的ギャップを埋める「グローバル人材」として自己を描いていたが，3回目のインタビューでは，同じ文化的ギャップについて語るとき，そのギャップの間で伝わらないつらさを感じている自己が強調された。実は，文化的ギャップは自分の中で相対化され，埋めることのできるものと捉えられていると同時に，自分が日本社会に「馴染む」ことを難しくしている壁と捉えられていたのである。3回目のインタビューの最後に私が聞

いた質問に対し，Ａさんは以下のように答えている．

＊：ちょっと抽象的な(はいはい)，Ａさんにとって，日本社会はどういう場所でしたか？
Ａ：日本社会どういう？（どういうところだった？）どういうところ−
＊：どういう意味のあるところ．（あ:::)自分の生活とか自分の人生の中で．
Ａ：難しい質問ですね．
＊：最後のだね．
Ａ：そうですね・・・個人的な経験と体験から言うと，(うんうん)2つ目を分けて，ちょっと話します．片方は，僕にとって，よい方と，あまりよくない方．でまず，よくない方だって言うと，まあそんなにこう，何，この社会に馴染むことはちょっと難しいかな:::．(う:::ん)やっぱり文化的とか，あと日本人，との，関係作りには，まだ，わからないんですね．で普通に，例えば今会社の同期とかいるじゃないですか．で僕はちょっと本社と離れてるので，その同期はほとんど本社にいる，それはちょっとしょうがないことじゃないですか．で今寮に入ってるんですよ．で寮は，独身の人がいっぱいいるんですけど，まあ食堂でも，一緒に食事したりとか，することもあるんですけど，あんまり話さない．まあ僕も抵抗があったんじゃないかなと思うんですけど，(うん)まあ向こうは，あの:::隣，2人，3人とかで色んな話をしてて，でもその話僕全然知らないから，声かけられないんですよ．であと，同年代の人だったら，みんな多分，今知ってる:::エンタテイメントの話とか，部活の話とか，後輩の話とか，そういう内容が多分，多いんで，それ僕にとっては全然，記憶にないんですよ．思い出じゃないことなので．で普通に，入っても，入れないし，で段々，みんなこう一緒に会社の仕事終わったら飲んだりするんですけど，僕あまり，会社の人と接しないんですよ．で社会的に会社以外の人と接するチャンスはあるんですけど，ま，たまに一緒に，イベントとか，パーティーとかも参加するんですけど，なんかちょっと，壁がある． 　　　　　　　　　　　　　　　　　　　（3回目のインタビューより）

1回目のインタビューでは，他の社員の退職時間まで会社に残り，自分から積極的に話しかけているというエピソードが語られていた．一方，3回目のインタビューでは，積極的に話さないＡさん，「壁がある」と感じるＡさんが語られる．ここで注目したいのは，Ａさんが改めて「個人的な経験と体験から言

うと」と前置きをしている点である。

　1,2回目のインタビューは,「個人的な経験と体験」に基づいた語りではなかったのだろうか。だから,語りは矛盾しているのだろうか。私は,そうではないと理解している。どちらも,Aさんにとってリアリティのある語りであり,2つの気持ち,あるいは語りのバリエーションは,Aさんの中に共存する。Aさんは,3回目のインタビューでも,決して日本に来たことを後悔した,あるいは,会社の人間関係や仕事が嫌いだったとは語っていない。むしろ,日本での経験は自分の人生の支えになると肯定的に捉えている。この相反する語りの意味について次節で改めて考察したい。

7.「グローバル人材」となった元留学生というストーリーの共構築

　前節において,帰国を決めた前後のインタビューでAさんの語りが変化していることを指摘した。本節では,その意味を考えたい。前節で指摘したように,3回目のインタビューでAさんは,「個人的な経験と体験」と前置きしつつ語った。一方,1,2回目もAさんは,個人的な経験と体験について語っていたが,そのような前置きをしたことは一度もなかった。

　この前置きと語りのバリエーションの異なりは,桜井(2012)の指摘する「語りの様式」の異なりに由来すると考えられる。つまり,1,2回目のインタビューでは,Aさんは「成功した」「グローバル人材」のモデル・ストーリーを参照しながら,「グローバル人材」としての自分を語っていたのである。だからこそ,彼の語りは「グローバル人材」の言説と符合していた。文化の懸け橋というレトリックは,留学生が書く奨学金の申請書などに頻繁に見られる表現で,かなり一般的に流通している。この懸け橋という発想は,Aさんは留学するときにある程度備えていた。実際の日本文化を体験し理解したい,それを中国に持ち帰りたいというのが留学動機にはあった。Aさんは,この延長に,日中の文化的ギャップを埋める「ブリッジ人材」,あるいは異文化を相対的に眺め,理解し,他者に理解を促すことができる「グローバル人材」を見ている。そこには,初めから彼が備えていた考え方に加え,就職活動の経験や働きながら感じた会社からの期待など,さまざまな要因があったと思われる。

　それに対し,3回目のインタビューの語りは,パーソナル・ストーリーであったと捉えることができる。1,2回目のインタビューは,Aさんは就職に成功した「元留学生」の代表としてインタビューに答えるという意識で語りを構成していた。つまり「成功した留学生」というアイデンティティで,そのコ

ミュニティを代表する語りとなっていた。他方，会社を辞める状況になった3回目は，そのアイデンティティとは異なる個人的な経験や感覚が語りの中で強調されるようになったのである。では，なぜ1，2回目のインタビューのAさんの語りは，「グローバル人材」のモデル・ストーリーに基づき，3回目で現れたような語りが聞かれなかったのか。ここには2つの理由が考えられる。

　まず，私がそのような聞き方をしたということが挙げられる。Aさんは，元留学生のライフストーリー調査を開始し，最初にインタビューした調査協力者であった。彼が語る「成功」のストーリーは，非常に魅力的に聞こえ，「成功」の経験，つまり，日本語を身につけ，就職活動に成功し，職場での人間関係にもうまくいったという経験を聞きたいと考えた。そのため，「成功」のストーリー以外の語りよりも「成功」のストーリーを掘り下げる聞き方になっていた。例えば，1回目のインタビューでは，「コンサルティングの先生」のサポートのストーリーを中心に掘り下げて聞いていた。一方，大学内の交友関係について聞いた際，アルバイトと就職活動に追われ，学内で交流する時間はないとAさんは語っていた。その語りを受け，私は「忙しいよね」と納得を表明し，就職活動の話に戻っている。2回目のインタビューで，Aさんが会社の人間関係をよくするために努力していることを語っているとき，本当は飲み会などにも参加したくないが，人間関係を円滑にするために我慢していると語っていた。以下はその後の会話である。

　＊：あ :::飲み会に一緒に行かなきゃいけない。
　A：そう行かない，行かないといけない。まあ，ただそれがすべて悪いとは言えないですけど，いいこともあるんですよ。例えば一緒に飲みに行ったら，まああんまり飲まないんですけど，でも会話できるじゃないですか，会話できたら，僕の立場一番低いんで，先輩か，まあ主任か，さらに課長とか，そういう上の人とこう会話できると，会社全体の，こう，あの環境，段々見えてくるじゃないですか。いっぱいこう情報が回ってきて（うん）なるほど，こう海外と国内営業支店の関係はどういうふうに，そういうふうになるんだ，みんなそういうふうにやってるんだ，あと，あの，それぞれ仕事は多分こう，全部こう，あの，つながってますよね。海外と言っても，国内と言っても，結局商品も，こう国内から海外に回っていくケースも結構多いんで，ただその飲み会の中に，あのまあ，食事自体は，超つまらないですけどhh 僕にとってねhh 超つまらないですけど，でも，それ，は，あの目的じゃなく

て，まあ自分の考えとしてそれは目的にしなくて，その情報取るのが僕の目的として，飲み会に行くようにしてます．［後略］
　＊：考えてんだなあ．　　　　　　　　　　　（2回目のインタビューより）

　Aさんは，「超つまらない」を2回繰り返している．それを聞いたとき，私は，若干ひっかかったのを覚えている．ただ，語りの主旨は，Aさんが積極的に人間関係を作って仕事に活かす努力をしているということであり，私は「考えてんだなあ」と感心を表明している．あるいは，「超つまらない」を取りあげて，次の質問を展開したら，Aさんのパーソナル・ストーリーが語られていたかもしれない．本節の冒頭で述べたように，私自身が，Aさんは「成功」した元留学生であるという「構え」を持ち，そのようなストーリーを共構築することに参加していたと言える．
　同時に，Aさん自身も，インタビューの最初から「成功した留学生」として語っていた．1回目のインタビューで，Aさんは以前にも就職体験記を掲載するためのインタビューに答えたことがあると語っている．インタビューイーとして，インタビュアーに成功体験としての就職体験を語るものだという「構え」を持ってAさん自身もインタビューに臨んでいた．またAさん自身が自分をそのようにアイデンティファイしていた．だからこそ，留学生が「グローバル人材」として就職するまでの語りを，モデル・ストーリーとして語ってくれたのである．
　つまり，Aさんと私は，Aさんの個人的な経験を聞きながらも，モデル・ストーリーとしての留学生が「グローバル人材」となるプロセスを共構築していたと解釈することができる．1回目と2回目のインタビューから「グローバル人材」になるということは，就職活動や職場での経験を通じて「グローバル人材」とアイデンティティを交渉し，自分の「価値」として獲得していくものであり，同時に，周囲からの要求としての「グローバル人材」を自身の「価値」として受け入れていくプロセスであると捉えられた．だが，それに加えて，3回目のインタビューの経験を私自身が自己言及的に省察するならば，このインタビューという相互行為を通じても「「グローバル人材」になった私」というアイデンティティがAさんの中に再構築されていることがわかる．私自身もインタビューを通じて，Aさんにとっての「グローバル人材」とは何かという認識の構成に参加していたのである．

8.「グローバル人材」になることのジレンマとすり抜ける「キャラ」

　前節において，インタビューを通じてAさんと私は「グローバル人材」を共構築していたことを論じた。この「グローバル人材」の共構築は，非常に重要である。なぜなら，まさにこれが「グローバル人材」という曖昧ながらも確実に社会的に影響を持つようになっている概念が構築されているプロセスであるからである。「雇用システム調査研究」をはじめとする調査・研究は，企業側・留学生側双方の聞き取りを通じて，「グローバル人材」のあり方を論じている。しかし，それ自体が「グローバル人材」のイメージを共構築しているプロセスなのである。マスター・ナラティブやモデル・ストーリーとして「グローバル人材」像を語ることを通じて，「グローバル人材」は再生産され，本質化されている。乗り越える壁として壁を構築し続けている逆説がここにはある。

　このことが問題なのは，この「グローバル人材」は語られないパーソナル・ストーリーを内包し続けるからである。Aさんは，会社を辞めることが決まったあと，初めて自分が感じ続けていた壁を語った。この壁は乗り越えるべき壁として，古くから指摘されてきた壁である。つまり，文化のギャップであり，元留学生は，この壁を越えるべく「日本企業文化」を理解することが求められてきた。元留学生は，この壁を乗り越え，「グローバル人材」となることが求められているのである。そのモデル・ストーリーを内面化しながら，「成功した元留学生」として自分のアイデンティフィケーションを行っていたAさんは，その壁の前で日本社会に「馴染むことはちょっと難しい」と感じていた自分を，1，2回目のインタビューでは表に出さなかったのである。

　この壁を感じている自己という語りは，3回目のインタビューで初めて語られた自己であり，「グローバル人材」としての自己という語りからはこぼれ落ちたパーソナル・ストーリーとして理解できる。ただし，注意しなければならないのは，Aさんが伝わらないつらさを語るとき，「留学生みんな感じていると思いますけど」と前置きをしているように，日本人とのコミュニケーションは難しいという留学生のモデル・ストーリーを参照しているという点である。三代(2009b)は，「日本文化」「中国文化」「日本人」「中国人」という固定的な枠組みを本質化してコミュニケーションを捉えている留学生よりも，特定の個人との関係構築を通じ，そのような枠組みを捉え直してコミュニケーションをとっている留学生の方が，自分の留学生活を肯定的に捉えていることを論じた。

Aさんのライフストーリーから見えてくる，元留学生の就職の難しさ，ジレンマは，まさにここにある。Aさんは，「重要な他者」となった「コンサルティングの先生」に支えられて就職活動を乗り切った。アドバイス以上に「コンサルティングの先生」の存在により安心感が大きかったと語る。このような「日本人」「中国人」といった枠組みを超えた「重要な他者」との交流は，本質化された枠組みを捉え直す可能性を持ったものである。また意識として捉え直されなかったとしても，経験として大変重要である。だが，就職活動は，そのような交流を通じて，Aさんの「中国人」というアイデンティティ，あるいは「グローバル人材」というアイデンティティを，日本企業における重要な「価値」として本質化する。このことは，入社後，中国現地と日本企業の懸け橋の役割を担うことで，より一層内面化された。

　このこと自体は，ビジネスの関係上，現実的には仕方がない側面も確かにある。そのうえで，Aさんのような「グローバル人材」のモデルとも言える人材でさえ悩んでいたという事実をどのように考えればよいのかが，今後の「グローバル化」を掲げる日本社会，その中でも「グローバル人材」育成を掲げる大学教育の真の課題ではないだろうか。

　そのヒントとなる語りが，Aさんの語りにある。2回目のインタビューで，Aさんは，先輩から，会社での自分の役割を明確にするために「自分のキャラ」を作った方がよいというアドバイスをもらったと語っていた。「自分のキャラ」というのは，アイデンティティを考えるうえで非常に興味深いと思ったため，3回目のインタビューでそのことについて聞くと，Aさんは以下のように語った。

> A：ま，人間関係は一応，会社の中に，この3年間で，僕は個人的にうまくいったなって思ってるんですけど。それは中国人として，外国人としてのキャラも活かしてやってるんで。
> ＊：外国人としてのキャラってどういうこと？
> A：[中略] あと，逆に :::営業管理課，生産の方を管理してる，やつだと，ちょっと納期の交渉とかも入るので，その時に，向こうからAさんもうちょっとこう，納期を伸ばしてくれとか，お客さんと話してくれって言われた時に，まあちょっとあんまりできない場合だったら，え，何ですか，ちょっと日本語わからないんですけどhh，それをよく使いますね。まあちょっと，半分冗談なんですけど，すいません，なん，なんですか，今日本

語ちょっとわからないんですけど。そういう場面でちょっと使いますね。それでまあ，お互いにこう，笑いながら仕事できるんで。雰囲気はこう固くならないように。一応，できたことは，よかったなと思います。

(3回目のインタビューより)

　会社の一員，社員としてのアイデンティティを持ちつつ，その中で「外国人としてのキャラ」を使用する。この「外国人としてのキャラ」は，実際の外国人という特性を活かして仕事をするときに使用されるキャラであると同時に，それとは関係のない状況で，意味をずらし，冗談として使用される。「キャラ」ということばには，その人の特徴・特性の本質を表すと同時に，関係を作るうえで便利なように，それを演じるというニュアンスがある。だから，先輩から「キャラ」を自分で決めるようにアドバイスを受けたのである。「キャラ」は，他者から見られたい自分であり，自分で交渉し選択できるアイデンティティである。Aさんは，「グローバル人材」として価値のある自分という「キャラ」を作り上げると同時に，それを冗談としてずらしていく余裕があった。さらにそのずらした「キャラ」により，仕事における交渉を上手にすり抜けているのである。このようなアイデンティティ管理ができる余裕，仕事として価値のあるアイデンティティしての「外国人」と冗談としての「外国人」を使い分けるくらいの余裕が，「○○人」としてのアイデンティティには求められている。マリィ(2007)は，ネゴシエーションを発話者の言語ストラテジーとして捉え，接触場面におけるアイデンティティ交渉の意味を論じているが，「グローバル人材」も本質化されたものではなく，すり抜けていくアイデンティティ交渉におけるストラテジーの一つとして捉え直すような視座が今後必要となっている。つまり，アイデンティティを本質化せず，絶えず交渉していけるものとして，自他ともに理解する。「グローバル人材」のあり方を固定的に見て，その画一的な定義を考えるのではなく，多様な自己のあり方，他者のあり方を許し合える関係性の中で，それぞれの場所，場面で，「グローバル人材」とは何かを考えていく。そのような態度が今後のグローバル社会には求められるのではないだろうか。

9. おわりに―多様なストーリーを共有し，多様な場を構築する

　本章では，Aさんという元留学生のライフストーリーを通じて，留学生が就職活動を乗り越え，就労を通じて「グローバル人材」となっていく過程とそ

こにあるジレンマを考察した。Aさんのストーリーは,「留学生30万人計画」以降[注6]の「成功した留学生」の一つのモデル・ストーリーと呼べるものであった。「成功」と自他ともに認識できる生活を日本で送ることができたのは,積極的なAさんの努力と,それを支えた周囲のサポートがあった。同時に,「成功」のモデル・ストーリーは社会に流通しており,それを参照しながら,Aさんと私は「グローバル人材」のライフストーリーを共構築していた。ここには,「グローバル人材」のアイデンティティを内面化する過程で,パーソナル・ストーリーの領域において日本社会に対する壁を作ってしまうというジレンマもあった。

　「グローバル人材」になるということは,「グローバル人材」のモデル・ストーリーを参照しながら,自らを「グローバル人材」として位置づけることであると言える。それは,企業側から求められるものであり,（元）留学生が自分の価値として見出していくものでもあった。しかし,「グローバル人材」というイメージは,背景に文化を本質主義的に捉え,その隙間を「グローバル人材」としての（元）留学生によって埋めなければならないという思考様式を持ち,それは,（元）留学生にとって負担にもなり得る。また,その思考様式を脱構築する契機となることが望ましい「重要な他者」との交流を通じて,むしろ「中国人」のようなアイデンティティをより本質的なものとし,それを自らの価値として生きることが要求される状況を作り出していた。

　この社会的に再生産され,本質化される「グローバル人材」というモデル・ストーリーに対し,日本語教育の研究と実践はいかに関わることができるのだろうか。この問いについて以下の3点から論じ,本章の結論とする。

(1)　「グローバル人材」というモデル・ストーリーの検証

　今後,「グローバル人材」育成は,社会的課題としてより一層議論されていくことになるだろう。日本語教育も,「グローバル人材」に求められる能力を定義し,その育成のための方法論を模索していくことが予想される。企業側のニーズ,留学生側のニーズ双方に支えられながら構築されているモデル・ストーリーを安易に否定することは難しい。三代（2013, 2015）で指摘したよう

注6　以前の「留学生10万人計画」までは留学生は,帰国し,日本との友好関係を築く人材となることが期待されており,日本国内での就職は推進されていなかった（三代, 2009a）。しかし, 2008年に発表された「留学生30万人計画」では,「グローバル人材」としての留学生の可能性が指摘され,日本国内での就職が推進されている。

に，理念として本質主義を批判した日本語教育の言説は，それを具体的な実践にする段階で日本語教育に受容されるに至らなかった。理念のみを主張することが必ずしも正しいとは言えない。ヤン(2012)が地域日本語教育で批判するように，理念が当事者の要望と乖離するような状況で，充実した実践が展開できるとは考えがたい。

　だが，同時に，ニーズに応えるという行為は，モデル・ストーリーの再生産に参加するということでもある。モデル・ストーリーを生きることが，壁の構築を内包する可能性をAさんのストーリーは示唆した。「雇用システム調査研究」等でも，留学生が企業に居つかないという問題が指摘されている。グローバル化社会では人の移動は前提として受け入れるべきものであるという考え方も確かにあるが，この壁が居つかない一つの理由となっていることも看過すべきでない。長く「グローバル人材」として企業で活躍する人とはどのような人材なのか，またそのような人材を持つ企業とはどんな企業なのか。「グローバル人材」のモデル・ストーリーに回収されないものがそこにはあるように私は感じている。「グローバル人材」のモデル・ストーリーを批判的に検証していく作業が，「グローバル人材」育成のための日本語教育を語る行為と並行して常に続けられていかなければならない。その際，パーソナル・ストーリーに耳を傾けるライフストーリー研究は非常に有効な研究方法である。

(2)　**多様なストーリーの共有**

　本書第3章のインタビューにおいて桜井氏が語っているように，社会に流通するモデル・ストーリーに変更を迫るような力を研究自体が持つということはまれである。モデル・ストーリーを問い直し続ける多様なストーリーは，広く共有されていく必要がある。それは，研究という形でストーリー化されたものを日本語教育関係者，企業，学習者など関係者と共有していくことをめざすと同時に，それぞれの持つパーソナル・ストーリーを語り，共有していくこと，その共有が「グローバル人材」のイメージを越えて，相互の関係構築につながることをめざすことでもある。本章の冒頭で，ある就職課の職員の語りを紹介した。彼女は，就職活動を通じて，日本社会に真に触れてほしいと考える一方，「外国人」としてくくられ，「日本文化」の理解や「日本人らしさ」が求められる就職活動に違和感も覚え，就職支援に葛藤を持っていた。私は，その違和感や葛藤を共有できたことが非常にうれしかったし，このような感情を共有していくことが「グローバル人材」という「価値」をキャラとして相対化す

ることにつながると考えている。

(3) 多様な場の構築

　「グローバル人材」育成の議論では，従来のコミュニケーション能力育成の議論が踏襲された。以前，私は，ことばの教育の中心は能力ではなく，経験と絆であり，どのような経験を生む場，どのような関係を生む場として教育環境を整備するかが，日本語教育の課題であると主張した(三代, 2009b, 2011)。このことは，そのまま，また，より一層，ビジネス日本語教育をはじめとする留学生の就職支援の議論に当てはまる。Aさんの就職を支えたのは，「重要な他者」である「コンサルティングの先生」であった。今回，紙幅の都合上，Aさん以外の協力者を取りあげることはできなかった。しかし，非常に狭き門となっている留学生の就職事情の中で，私が4年間，調査してきた，「成功」のストーリーを持つほとんどの元留学生には，就職を支えた「重要な他者」がいた。多様な他者と支え合いながら，就職活動，あるいは日本社会で生きるということと向かい合える支援の場を構築できるかが，大きな課題である。

　能力から場へと教育の議論の論点を移したとき，留学生個人が「グローバル人材」になることを目的とする場から，社会として「グローバル人材」をどう捉えるかということを議論する場へと日本語教育という場の意味がシフトする。「日本人側」あるいは「企業側」を巻き込み，協働で学び合える場所として日本語教育における就職支援の場を捉えるべきである。この考え方に立った最初の試みとして，地方私立大学において，留学生と留学生を採用したいと考える地元中小企業のマッチングの場づくりを試みた(紙矢・三代, 2013)。そこでは，教室を，留学生側が一つ一つの企業とそこで働く人を知り，企業側が留学生の多様な実情を知るということ，共に語り合い，互いに身近な存在としてつながることをめざした。その成果を考えるためには，さらなる実践研究が必要である。また，Aさんがそうであったように，多くの調査協力者は，就職後，職場以外に，日本社会に参加していると感じられる場を持っていない。多様なアイデンティティを使い分けて，より自由に生きていくためには，より多様な場への参加が望ましい。そのために，大学という場は，どのように寄与できるかというのも今後の課題の一つである。

　さらに，「グローバル人材」育成を，多様なストーリーの共有とそのための場の構築として捉え直したとき，それは，多文化共生社会を，このグローバル化時代の日本にどのように実現するのかというより大きな問いとして立ち現わ

れる。現在,「グローバル人材」育成の議論は,主に「ビジネス日本語」の議論として日本語教育では消化されているが,今後は,日本語教育全体の問題として,日本語教育という場をどのように捉え直すかという問題として議論される必要があるだろう。

[付記]　本研究は,JSPS 科研費 23720277 の助成を受けている。

参考文献

上野千鶴子(2005).「脱アイデンティティの理論」上野千鶴子(編)『脱アイデンティティ』(pp. 1-41.) 勁草書房.
加藤澄恵(2014).「日本人大学生による「グローバル人材」に関する意識分析」『千葉商大紀要』51(2), 77-86.
紙矢健治・三代純平(2013).「地方における留学生の就職支援に関するアクションリサーチ―「日本事情Ⅲ」の実践報告」『徳山大学論叢』76, 53-69.
経済産業省(2007a).「「社会人基礎力」育成のススメ―社会人基礎力育成プログラムの普及を目指して」<http://www.meti.go.jp/policy/kisoryoku/2006chosa.pdf>(2015 年 4 月 10 日)
経済産業省(2007b).「経済産業省が取り組む「アジア人財資金構想」について」<http://www.meti.go.jp/policy/asia_jinzai_shikin/index.html>(2015 年 4 月 10 日)
財団法人海外技術者研修協会(2007).「平成 18 年度　構造変化に対応した雇用システムに関する調査研究[日本企業における外国人留学生の就業促進に関する調査研究]報告書」<http://www.hidajapan.or.jp/jp/project/nihongo/asia/r_info/pdf/press070514_2.pdf>(2015 年 4 月 10 日)
桜井厚(2012).『ライフストーリー論』弘文堂.
産学人材育成パートナーシップ・グローバル人材育成委員会(2010).「報告書―産学官でグローバル人材の育成を」<http://www.meti.go.jp/policy/economy/jinzai/san_gaku_ps/2010globalhoukokusho.pdf>(2015 年 4 月 10 日)
産学連携によるグローバル人材育成推進会議(2011).『産学官によるグローバル人材の育成のための戦略』<http://www.mext.go.jp/component/a_menu/education/detail/__icsFiles/afieldfile/2011/06/01/1301460_1.pdf>(2015 年 4 月 10 日)
ネウストプニー,イルジー,V.(1995).『新しい日本語教育のために』大修館書店.
野元千寿子(2007).「日系企業が現地社員に求める「ビジネス日本語」の実態」『ポリグロシア』13, 69-81.
マリィ,クレア(2007).『発話者の言語ストラテジーとしてのネゴシエーション(切りぬける・交渉・談判・掛け合い)行為の研究』ひつじ書房.
三代純平(2009a).「留学生活を支えるための日本語教育とその研究の課題―社会構成主義からの示唆」『言語文化教育研究』8(1), 1-42.
三代純平(2009b).「コミュニティへの参加の実感という日本語の学び―韓国人留学生のライフストーリー調査から」『早稲田日本語教育学』6, 1-14.
三代純平(2011).「日本語能力から「場」の議論へ―留学生のライフストーリー研究から」『早稲田日本語教育学』9, 67-72.
三代純平(2013).「ビジネス日本語教育における「文化」の問題―「アジア人財資金構想」プログラム以降の先行研究分析」『徳山大学総合研究所紀要』35, 173-188.

三代純平(2014).「セカンドキャリア形成へ向けた文化資本としての日本語―スポーツ留学生のライフストーリーから」『言語文化教育研究』12, 221-240.
三代純平(2015).「「ことば」「文化」,そして「教育」を問い直す」神吉宇一(編)『日本語教育 学のデザイン―その地と図を描く』(pp. 77-100.) 凡人社.
ヤン,ジョンヨン(2012).「地域日本語教育は何を「教育」するのか―国の政策と日本語教育と定住外国人の三者の理想から」『地域政策研究』14(2/3), 37-48.
Norton, P. B. (1995). Social identity, investment, and language learning. *TESOL Quarterly, 29*(1), 9-31.

第5章

ライフストーリー研究における「翻訳」の役割
── 言語間を移動するストーリーと語る言葉

谷口 すみ子

1. はじめに

　本章はライフストーリー研究における「翻訳」の役割について考察することを目的としている。筆者が翻訳に関心を持つようになったきっかけは、オーストラリアの大学院でリテラシーに関する博士論文を英語で執筆したことである(Taniguchi, 2009)。この論文では、複数の言語や文化間を移動した経験について調査協力者が書いたり、語ったりしたストーリーや、ストーリーを書く過程についてのインタビューおよび観察記録を主なデータとして使用した。データ収集で使用された言語は日本語であったが、大学に提出する論文は英語で書かなければならないため、日本語で語られたデータを英語に翻訳する必要があった。データの翻訳に際し、一番苦心したのは、調査協力者にとって第二言語である日本語で書かれたライフストーリーの持ち味を失わず、かつ、非母語話者の書いた不完全な言葉というように本質化せずに、英語読者に理解してもらうにはどうすればいいかということであった。ストーリーに書かれた内容を正確に伝えるだけではなく、ストーリーを書いた調査協力者が読者にとってどのような人物として浮かび上がってくるかが重要な問題だと意識するようになった。しかし筆者にとって英語は第二言語であり、自分の英訳したデータが英語読者にどのような印象を与えるかをモニターすることは困難だった。筆者の書いた英語の論文自体はネイティブチェックをしてもらっていたが、それとは別にデータの翻訳について相談できる人を探していた。幸運なことに、カナダで開かれた学会で知り合った研究者が翻訳のチェックに協力してくれることになった。翻訳について2人で議論を進めるうちに気がついたのは、翻訳という過程は、ライフストーリー研究者が調査協力者の語ったストーリーをどのように解釈し提示するかという重大な問題と深く関係しているにもかかわらず、ライフストーリー研究で等閑視されてきたきらいがあるということである

（Kinnear & Taniguchi, 2008）。そこで翻訳の持つ重要性と問題点を，筆者の事例をもとに考察することを本章の目的とするに至った。

　翻訳とは，言語間を移動して意味を作り出す行為であると本章では定義する。ライフストーリー研究における翻訳を，本章では2つの相に分けて考察していく。1つ目は，ライフストーリーの話し手，もしくは書き手に関わる相である。日本語教育学の研究対象として取り上げられるのは，言語・文化間を移動する人たちのライフストーリーであることが多い。この人たちの語るストーリーは，自身の複数言語間・文化間移動の経験について，複数言語リソースを使って言語化されたものである。語られたストーリーの内容が言語・文化間の移動であるのと同様，語る言葉も言語間を移動する。例えば，第一言語で体験した幼少期の世界について，大人になってから獲得した第二言語を使って語ることは，第一言語に深く根ざした思い出を，別の言語で再構築するという広い意味での「翻訳」といえよう。どんな言語を使って自分のストーリーを語るか，語る言語はストーリーを変えるかという問いは，ライフストーリー研究のテーマの一つである（中山，2008）。さらに，このような語りで使われる言葉は，いわゆる「ネイティブスピーカー」の使う「日本語」や「中国語」といった個別言語の枠におさまりきらないハイブリッドな言語でもある。

　2つ目は，ライフストーリーの研究者に関わる相である。研究者は，複数言語リソースを使って言語化された調査協力者のストーリーを，研究者の書く論文等の読者にとって理解可能な言葉に変換する作業をしばしば行う。この作業も，「翻訳」と呼ばれる。例えば，調査協力者が中国語で語ったストーリーを，日本語で書かれた学術誌や本に載せる場合，もとの中国語の言語データとともに，その日本語訳も併記するのが通例である。このように話者によって語られたストーリーは，研究者の翻訳という作業によって，再び言語間を移動する。ライフストーリーの語られたもとの言語を知らない読者にとって，ライフストーリーの語り手の人となりや，言語運用能力を推測する手がかりは，翻訳された言葉しか与えられていない。研究者によって翻訳された言葉によって，ストーリーの語り手がどんな人物であるかという表象が形作られる可能性が大きいのである。

　以上述べた翻訳の2つの相を反映するために，本章は次のように構成されている。本節に続く2節では，翻訳について考えるための理論的枠組として，社会文化理論に基づくランゲージング（Swain, 2006），リランゲージング（Kinnear, 2011）という概念を導入する。3節では，ライフストーリーの書き手

に関わる相を扱い，中国語で体験した幼少期の世界について，日本語を使ってストーリーを書いた女性の事例を紹介する。この女性がストーリーを第二言語で書くことや翻訳についてどのように捉えていたかを分析する。4節はライフストーリーの研究者の行う翻訳を取り上げる。3節で紹介した女性の書いたストーリーを，筆者が日本語から英語に翻訳するときにどのような問題が生じたか，またそれにどのように対処したかを述べる。そして翻訳と研究倫理との関係について言及する。最後の5節では，本章のまとめを行う。

2. 翻訳について考えるための理論的枠組

　本節では，本章のテーマである翻訳について考えるための理論的枠組について述べる。翻訳に関しては，多くの翻訳理論が提唱されているが(例えばVenuti, 2000)，本章の目的は翻訳とは何かについて詳述することではなく，言語・文化間を移動する人，言葉，そしてストーリーを分析するための枠組を提示することにある。

　本章では，翻訳とは，言語間を移動して意味を作り出す行為であると定義する。この定義の基礎になっているのは，ランゲージング languaging(Swain, 2006)，およびリランゲージング re-languaging(Kinnear, 2011)という概念である。ランゲージングとリランゲージングは，共にヴィゴツキーの社会文化理論に由来する概念である。ヴィゴツキー(2001)は，思考と言語の関係を「思想から言葉へ，言葉から思想への運動」の「過程」(p. 366)であると捉える。言語とは単なる社会的意思疎通の手段ではなく，精神活動の道具なのである。つまり「思想は言葉で表現されるのではなく，言葉のなかで遂行される」(p. 366)。換言すれば，言語は人間の思考や認識を媒介するのである。

　スウェインの提唱するランゲージングとは，上述のヴィゴツキーの理論に基づき，認知的に複雑な思考活動を媒介するために言語を使用することを意味する。これは「言語を通して意味を作り出し，知識と経験を形作るプロセス」(Swain, 2006, p. 98)であるとスウェインは述べている。私たちは頭の中にあることを口に出して言っていると思いがちだが，実は話すことによって(場合によっては書くことによって)自分が何を知っているのか，または考えているのかをより明確に認識できるようになる。例えば，人と話しているうちに，半ば忘れていた記憶を思い出したり，新しいアイデアを思いついたりすることは日常生活でさほど珍しいことではない。これらは，ランゲージングにより，言語が思考を媒介する例である。ランゲージングは一人で行われることも，他者と

の対話を通して行われることもある。また，話したり，書いたりして外化された言葉は，聞いたり読んだりできる対象となり，さらなるランゲージングを促すことができる。例えば，ふと思いついたアイデアを書きとめたメモは，何度も読み返すことのできる対象（人工物）として存在するようになり，アイデアをさらに深化させたり，他の人に見せて話し合ったりすることを可能にする。スウェインは主に第二言語習得における学習者の行うランゲージングの役割について考察しているが，ランゲージングは外国語学習に限定されるものではなく，人間の精神活動に広く適用される概念である。

　次にリランゲージングについて説明する。リランゲージングとは，ランゲージングの一形態であり，複数言語間で行われるランゲージングを意味する。リランゲージングを提唱した Kinnear(2011) は，カナダの大学で行われたライティングの授業で，言語・文化間の移動を経験した学生が，複数の言語間を行き来しながら自分のライフストーリーを書く過程を例にあげている。学生は自分の第一言語で体験したできごとを，第二言語である英語を用いて，英語読者に向けて書くという課題に取り組んだ。これは，第一言語を通して行われたランゲージングを，再度第二言語で行うというリランゲージングである。しかしこれは，第一言語で書かれたストーリーを，そのまま第二言語に置き換えるという単純な作業ではない。むしろ，自分の体験の意味を別の言語で再解釈したり，文化的に異なる読者に向けて自分の体験した世界を説明したりするという認知的，言語的，感情的に複雑な過程である。いわば体験の再言語化，再構築とでもいうべきものである。学生は第二言語でライフストーリーを書くことによりリランゲージングを行い，さらに書き記したストーリーについて教師や仲間と話し合いを行い（＝ランゲージング），推敲を重ねた。この一連の過程を経て，学生のライティングや翻訳に関する知識や技能は，より自覚的，体系的になっていった。これはヴィゴツキー(2001)の言う「生活的概念」から「科学的概念」[注1]への移行にあたると Kinnear は述べている。

　以上ランゲージング，およびリランゲージングについて簡単に説明した

[注1] 子どもの生活的概念と科学的概念の発達の相互関係はヴィゴツキーの研究における中心的テーマの一つである。生活的概念とは，子どもが生活の中で実際の事物との直接的な出会いから自然に獲得していく概念であり，自然発生的概念とも呼ばれる。これに対し，科学的概念とは，学校教育の過程で組織的に形成されていく体系的，自覚的な概念であり，対象に対する間接的な関係から始まる。これら2つの概念は対照的に見えるが，実は互いに深く結びついており，子どもが科学的概念を習得できるようになるためには，生活的概念の発達が一定の水準に達していなくてはならないといわれている（柴田編, 2007）。

が，本章では，自分の経験を言語化する行為をランゲージングという概念で捉え，ライフストーリー研究において経験を物語ること，特に経験を書くことによる媒介作用を考察するための拠り所として使用する。特に，言語・文化間の移動という経験を，複数言語を通して言語化する場合を，リランゲージングと呼ぶ。そして翻訳とは，リランゲージングであり，言語間を移動して意味を作り出す行為であると定義する。

翻訳はしばしばある言語から別の言語にメッセージを移しかえることだと思われがちである(Roberts, 2002)。しかし翻訳は単なるメッセージの移しかえではなく，別の言語の読み手に対して意味を再構築することである。よって翻訳とはもとのテクストの複製ではなく，もとのテクストを書き直したもの，または新しく作り出されたものと捉えるべきである(Hyland, 2002; Richardson, 1999)。

また，翻訳(translation)という用語はライフストーリー研究やナラティブに関する文献において，ある言語を別の言語に翻訳するという意味だけではなく，言語・文化間を移動する主体のアイデンティティ変容という意味でも，比喩的にしばしば使われている。例えば *Lost in translation*(Hoffman, 1989)，*Translating self and difference through literacy narratives*(Soliday, 1994)，*Translating one's self*(Besemeres, 2002)などの題に示すように，translate されるのは言語だけではなく，自己もまた変容するのである。Pavlenko(1998, p. 4)は，「translation とは移動を経験した人が新しい文化の中で意味を見出すために，自己を再解釈することも含む」と述べている。本章においても，翻訳という概念を言語に限らず，言語の使用者の変容を含むものとして使用する。

3. ライフストーリーの語り手と翻訳
3.1 ストーリーを語る言葉

本節ではライフストーリーの語り手に焦点を当て，言語・文化間を移動する人たちが語るライフストーリーと翻訳の関係について述べる。言語・文化間を移動する人たちにとって，ライフストーリーをどんな言語で語るのかという選択は，重大なテーマである。特に，ある言語で体験したできごとを，もとの言語で語るのか，それとも別の言語で語るのかという言語選択には，さまざまな要素が関係し，複雑な様相を示す。

複数の言語的リソースを持つ作家は，文章を何語で書くかという言語選択について自伝の中でしばしば言及している。例えばホフマンは，13歳でポー

ランドからカナダに移住し，第二言語として英語を習得し，成人したあと，自伝 Lost in translation: A life in a new language(1989)（日本語訳『アメリカに生きる私』1992）を出版し，作家生活に入った。自伝の中でホフマンは日記を何語で書くべきかという15歳のときの悩みを記している。

　　私の誕生日にペニーが日記帳を贈ってくれた。小さな鍵がついていて，内容が他の人の目にふれないようにできるものだった。この小さな鍵―日記が意図するプライバシーを形に変えたシンボルである―の存在が，ジレンマを引き起こす。完全に自分のためにものを書くとすれば，何語を使えばいいのだろう。何度も私は日記帳を開いては閉じる。決められない。今ポーランド語で書くとすれば，ラテン語か古代ギリシャ語を使うようなものだ―日記にはふさわしくない。自分の最も直接的な体験や本音を書きとめるべき日記を，最も伝えにくい言葉で書くことになる。ポーランド語は死語に，翻訳不可能な過去の言語になり始めている。しかし誰にも見られないものを英語で書くなんて。まるで学校の宿題みたいだ。自分の目の前で演技して見せる，屈折したのぞき行為に似ている。
　　とにかく決めねばならないので，最終的に英語を選んだ。現在のことを書くなら，自分の言葉ではなくても現在の言葉で書くべきだ。結果として日記は若い娘の書くものとしては最高に非個人的なものになった。（中略）
　　日記は私がポーランド語で育てると想像していた自己の，ある部分を作り上げる真剣な試みでもあった。この最も私的で孤独な行為の中で，私は自分の一方の片割れを現実化するために公式な言語を使った。日記に書かれた私は，私とは全く違う存在だった。しかしある部分では，それによって最初の飛躍が可能になった。私は書くことを通して英語を学び，また書くことによって書かれたものが実体化した。英語の二重の距離によって屈折し，書くこと―英語による私の自己―は奇妙な客観性を帯びた。それは認識そのものだった。
　　　　　　　　　　　　　　　　　　　　（ホフマン, 1992, pp. 149-150.）

　上記のホフマンの記述には，日記という極めてプライベートな文章を書くための言語選択という興味深い問題が取り上げられている。日記の言語は，社会的コミュニケーションのための道具というよりも，むしろ自己の思考を媒介する働きをするものである。そのような言語として，第一言語のポーランド語は既に過去の言語になりつつあり，第二言語の英語もまだ自分の言葉とは思え

ないという言語的基盤の弱体化が見られる。しかし、ホフマンは現在のことは現在の言葉である英語で書くという選択をし、さらに英語で書くことを通して新しい自己を作り出していく。ここに「書く」という行為、特にナラティブを書くことの重要な媒介機能が指摘されている。

3.2 ストーリーを書く言語と翻訳—サト子の事例

　ストーリーを語る言語の選択に悩むのはプロの作家だけではない。本項では一人の女性の事例を追いながら、言語・文化間を移動する人がライフストーリーを書く行為と翻訳との関係について分析する。調査協力者のサト子（仮名）は、中国東北部の農村に生まれ、9歳のときに中国残留婦人である祖母の呼び寄せで、家族と共に中国から日本に移動した中国帰国者三世の女性である。中国では中国語モノリンガルとして成長し、来日後も家族や親族とは中国語で話している。読み書きに関しては、小学校1年生の段階で来日したため、中国語の読み書き能力の発達が中断され、母語保持の教育を受ける機会もなかった。日本語については、編入した小学校で系統だった初期指導はなく、日常生活での基礎的なコミュニケーションができるようになっても、学習言語の読み書きに関しては苦手意識を持っていた。「日本語も中国語もできない自分」から「日本語も中国語もできる自分」になりたいというのがサト子の願いだった。

　サト子は大学在学中、進路の選択に悩んでいた時期に、筆者と共に、中国での子ども時代から現在に至るライフストーリーを日本語で書き表した。ライフストーリーは、次の順序で、2つの異なる方法で書かれた。一番目は黒柳徹子の『窓ぎわのトットちゃん』(1981)の読書感想文という形式を用いて、日本への移住以降の自分の経験を、小学校を退学になり新しい学校に転校したトットちゃんと重ね合わせて表現した。二番目は移住以前の中国での子ども時代の経験を、学校生活や日常生活を題材に作文に著した。つまりライフストーリーは現在を含む近い過去から、遠い過去へと記憶をさかのぼって書かれたことになる。本項では、二番目の中国での子ども時代のストーリーに焦点を当て、複数言語間の往来を通してストーリーが書かれていく過程において、翻訳がどのような役割を果たしたかを見ていく。

　中国の思い出を書くことはサト子にとって長い間の願いだった。思い出を書きたいと思った動機は、大切な記憶が失われないように、書き言葉にして残しておきたいというものだった。「書くことは形にして残すこと。そうすると消えることはない。思い出は薄れるけど。」（サト子　2001年6月）

子ども時代の思い出を書くにあたりまず問題になったのは，言語の選択だった。サト子にとって，第一言語である中国語で経験した幼少期の思い出を書くのに，一番ふさわしいと思われるのは中国語である。しかし，サト子は読み書きに関しては，中国語よりも日本語のほうが優位であるため，中国語で書くのを断念せざるを得なかった。「もっと中国語ができれば中国語で書くのに。」とサト子が言うように第一言語で経験した世界を同じ言語で書けないというのは大きな制約だと感じられた。「話はできる。でも中国語で書くとなると，漢字でつっかかる。漢字に注意がいって，文章は書けない。」という理由から，消去法として，中国語ではなく第二言語である日本語で，幼少期の思い出を書くことになった。

サト子の作文のトピック，書いている時と場所，言語の関係を整理すると次のようになる。

トピック：1980 年代の中国での生活について→中国語の世界
書く時と場所：2001 年の日本→日本語の環境
使用言語：日本語

このように第一言語で体験した幼少期の世界を第二言語で書き表すというのは，言語的，認知的，感情的に非常に複雑なプロセスであるといわれている（Friedlander, 1990; Lieblich, 1993; Kinnear, 2011）。幼い頃の記憶や経験はそれを体験したもとの言語に埋め込まれていて，そのコンテクストから引き離して他に移すことに人々は抵抗を感じると Lieblich (1993, p. 126)は述べている。

この複雑なライフストーリーの執筆に挑戦するうちに，サト子は「翻訳」について意識するようになっていった。サト子の作文をめぐる筆者との話し合いでは，翻訳が話題にのぼることが多くなった。あるとき，サト子は，「思い出をつづろうと思います」という文を指して，これは中国語の直訳のような気がするが，これでいいかと質問してきた。作文を書いているとき，中国語で考えて，日本語に直訳していると感じたという。中国語から日本語への翻訳は認知的に難しく，「話す」のではなく「書く」ことによりその困難はさらに増すとサト子は指摘していた。「会話の部分は，実際には，中国語での会話だから，それを日本語に翻訳していることになる。訳すのに注意力が全部使われ，口では説明できても，文章にすると混乱する。話せると書けるは別のこと。」
（サト子　2001 年 6 月）

サト子の翻訳は，単語を中国語から日本語に置き換える逐語訳から始まった。幼少期に身近にあった事物，例えば植物の名前を日本語では何というかという単語レベルの置き換えが主たる関心事だった。「中国のことを書くには，中国語をそのまま日本語に直せばいいと思ってた。」とサト子は述べている。

　しかし，単語は日中両言語で必ずしも一対一対応をするわけではない。そこでサト子は，単語の置き換えだけでは不十分で，ストーリーの舞台である1980年代の中国東北部について日本語で書くためには，説明を付け加える必要があると気付くようになった。例えば冬に備えて食べ物を貯蔵しておく台所の穴を日本語で何というかという問題をめぐって，サト子と筆者は長い時間をかけて話し合った。「貯蔵庫」，「穴倉」という訳語の候補が浮かんだが，筆者の抱くイメージとサト子の記憶の中のそれとは大きく異なるようであった。そこで筆者は，穴の深さ，場所，何を入れるかなどを質問し，サト子は具体的な情報を提供してくれた。このような話し合いを通して，サト子は，日本語に直訳できないものがあること，説明を付け加える必要があることに気がついた。また，貯蔵庫の例で言うと，家の構造，台所が土でできていること，冬が寒いので冷蔵庫はいらないことなどの前提を知らないと，単語レベルの置き換えだけでは解決できないことも理解した。

　このようにサト子の翻訳は，単語レベルの置き換えから，日本語読者に向けた説明へと変化していったが，これに付随して他にも2つの重要な変化が起きた。一つは思い出を書く目的，もう一つは読者の想定である。先に述べたように，サト子のライフストーリーを書く当初の目的は，薄れていく自分の記憶を書き言葉として保存することにあった。つまり想定している読者は，自分自身であった。もしサト子が中国語でストーリーを書いていたなら，前述の台所の食料貯蔵庫について説明する必要はなく，中国語の単語を使えば済んだはずである。また，ある単語の使われるコンテクストをわざわざ自分に説明する必要もない。しかし，中国語で体験した思い出について日本語で書くという言語選択をしたことにより，サト子は徐々に中国の思い出を自分のために記録するだけではなく，日本人読者にもわかるように説明文を書きたいという新たな目標を設定するようになった。

　説明文を書くためには，読者を明確に意識することが必要だが，サト子はどのような読者を想定したのだろうか。まず直接やりとりをする第一番目の読み手は筆者である。しかしサト子はもっと広く想像上の日本人読者も視野に入れていた。「今まで会ったことがなくて，中国についてあまり知らない人に，

こんな生活があったんだって知ってもらいたい。」というのが思い出を書く第二番目の動機となった。思い出を第一言語で書けないという制約は，逆にいうと，第二言語の読者に向けて第二言語で書くという新たな可能性を開いたことになる。読者を意識することによって，サト子の書く文章は描写説明がより具体的になっていった。例えば，前述の台所の貯蔵庫については「幅約2メートル，深さ1メートルから2メートルくらいの穴をほり，食べ物が凍って変質しないために上から土をかぶせます。」と書かれた。

　日本語読者に向けて日本語で説明をしながら，自分の思い出を書くことの難しさについて，サト子は「自分でわかっているから説明できない。どこまで説明すればいいのかわからない。どこか説明が不十分だと思う。これを書き始めると，あれもこれも説明しなくてはいけないことになる。ポイントがしぼれなくなる。」と述べている。あるエピソードを書きたいのに，それが起こった場所の説明をしなくてはならず，書きたいことにたどりつかないというジレンマである。そこで，例えば学校生活について書く前に，ストーリーの舞台である小学校について，まず説明文を書いてみてはどうかと筆者は提案した。それを受けてサト子の書いたのが次の作文である。

　　おさなき笑顔
　　私は黒龍江省方正県のある小さな町で育ちました。今から15年前，8歳で私はE小学(仮名)という小学校に入学しました。私の小学校は畑と山に囲まれていました。校舎は木と土と草で作られていました。床は土で出来ていました。教室の前には黒板があります。机と椅子は二人一組になっていて，これも木で作られていました。校庭も土で出来ていて，バスケットネットが右と左に一つずつおかれていました。それと学校の周りはいちょうの木に囲まれ，緑がいっぱいにあふれていました。私はE小学に入学してから元気いっぱい学校生活を楽しんでいました。あの時のおさなき笑顔を私はいつまでも忘れずにいました。
　　　　　　　　　　　　　　　　　　　　　　　　　　(2001年10月)

　この作文をめぐってサト子と筆者は次のような話し合いをした。この話し合いは，スウェインの言うランゲージングの好例であると思われる。サト子は書いてきた作文を筆者に見せながら，「私の作文読んで，学校の絵描いてもらえませんか」と突然言った。筆者は，(まるで授業中にやる理解の確認のタスクみたい)と思ったが，えんぴつをとって絵を描き始めた。遠景に山と畑，そ

してバスケットボールネットの2つある校庭と小さな平屋の校舎を外から見た絵。教室の中は別の絵にして，黒板と2人掛けの机といすを描いた。筆者の描いた絵をもとに，サト子は説明をしながら他の情報を付け加えていった。

サト子：バスケットボールのあれが2個あって，あと周りに木がいっぱいあるだけなんだよね。あとなんかあったかな，これはだいたいトウモロコシ畑，あとは，これ山でしょ。で，ここに門があって，ここにxx（学校名）って書いてあって，こんな感じかな。
（中略）
サト子：で，教室は，これは後ろから見た絵。黒板があって，あたしがいたときは，たしかこういう配置になってて，こっちが4年生で，で，ストーブがこのまん中くらいに，
筆　者：言ってたね，お弁当あっためる大事な，
サト子：ストーブなんてかけないよ。えんとつがあって，どっちにつながってたかわかんないけど，この周りに全部生徒なのね。10人しかいなかったんだけど，こんな感じかな，2人1組になって。
（中略）
筆　者：じゃ，わりとこのイメージでよかったのね。安心した。
サト子：全然違ったらどうしようかなと思った。

　上述の対話を見ると，ストーリーを話す・書くに加えて，絵という視覚的イメージが存在するおかげで，それについて話し合ううちに，別の記憶がよみがえってくる様子がよくわかる。サト子が筆者に作文を読んで絵を描くように頼んだ理由は，サト子の記憶の中にある小学校の情景を言語化した作文を読んで，筆者も同じような情景を思い浮かべることができるかどうかを，確かめたかったためと思われる。これは一種のバックトランスレーションかもしれない。バックトランスレーションは，通常，言語AからBに翻訳したものを，再度Aに翻訳して，もとのテクストとの齟齬をチェックするものである。しかし，この場合は視覚的イメージを言葉にしたものを，再度視覚的イメージに戻すという（イメージ→言葉→イメージ）複数のモダリティーにわたる翻訳であった。サト子は自分の描いていたイメージが正確に言葉で表現できたことがわかり安心している。
　次にサト子と筆者は，書かれたテクスト自体について話し合いをした。ま

ず漢字や文法の訂正をしたあと，サト子がこの作文の構成についてどのように意識していたかについて話し合った。

サト子：何か足りないものとか，こういうの付け加えたほうがいいというののありますか？

筆　者：ここらへん様子を表すので，「〜ていました」っていうのが多いよね。ここらへん正しく使われていて，なるべくいろいろな形を使おうとしようとしたのかなと思ったのね。

サト子：はい，というか，いっこいっこの説明をくぎってたんですよ，あたしは。机だったら机のこと，いすだったらいす，机といすのこと一緒に話したのかなこれは。で，2人1組になって，それは木でできてるんだよっていうのをこういう，

筆　者：もし，映画みたいなんだったら，はじめに山とってって，学校にだーっとよってって，で教室ん中入っててさ，で，なに，机とってっていうような，そういうふうな，それを文章で書いてるわけでしょ。だからうんいいよ，これで，（中略）

筆　者：うん，いいよ，学校の外からの様子っていうのがよくわかるし，遠くの景色から学校のほうによってるんだよね，これ，えーと，遠くが畑と山でしょ，

サト子：はい。

筆　者：で，校舎が，これ学校の建物のこといってた？　それとも教室のこと？

サト子：校舎。

筆　者：校舎か，建物自体が，コンクリートとかいうんじゃなくて木でできてて。

サト子：周りからよってってるよね。

筆　者：そうそう，そう意識してそうやった？　それとも気がついたら自然にそうなってた？

サト子：気付いたら自然にそうなってた。

筆　者：これがさ，いったりきたりすると，机が木でできてて，周りが畑でとかいわれると，ちょっとちょっとって感じになるけど，大きいところからだんだん中によってってるから，なんていうんだろ，ほんと，映画かなんか見てるみたいに自然にこう周りのところから中によってって，教室の中

に入ってくよね，そうすると，今，よってって教室の中にとまってる感じね。そうすると，これからなんか物語が始まるっていう感じが(笑)違う？

　上記の話し合いは，記憶の中にある小学校の情景を言葉にするとき，さまざまな情報をどのように提示するかという課題についてである。サト子は，「いっこいっこ説明をくぎった」と言うように，机といすというような関連の深いものをまとめて，他と区別して提示するようにしたと述べた。これはグループ化といえよう。次に筆者は，映画のカメラワークを例にとり，遠景から対象によっていく技法(ロングショット→ミドルショット→クローズアップ)を紹介して，サト子の作文はこのカメラワークと同じように構成されていると指摘した。この構成は意識して書いたかどうかたずねたところ，「気付いたら自然にそうなってた」とサト子は述べている。文章の構成方法について，今までは意識することなく行っていたことに意識を向けるきっかけが作られたことは，ランゲージングの効用だと思われる。

　ここで本節の内容をまとめておきたい。本節はライフストーリーの語り手・書き手にとっての翻訳についてサト子の事例をあげながら考察を行った。サト子のライフストーリーは，ある言語で体験したできごとを，別の言語で書くという言語選択によって生み出された。サト子が行ったのは，第一言語に深く根ざした思い出を別の言語で再構築するというリランゲージングであり，広い意味での翻訳であった。リランゲージングの結果，サト子のストーリーは，書き手である大人のサト子が，子ども時代のサト子という登場人物の経験を，日本人読者を想定して他者に伝えようという姿勢で書かれるようになった。サト子という書き手のポジショニングはナレーターであり，中国語の世界を日本語に再構築する翻訳者，または仲介者としての声が表れるようになったと思われる。

　さらに，第二言語でライフストーリーを書いたことをきっかけにサト子の複数言語能力にも変化が生じたのではないだろうか。それは翻訳を通して言語間移動が頻繁に，かつ円滑に起こるようになったおかげで，複数の言語が別個に発達するというよりも，むしろ複数言語総体を操作，コントロールする力が発達したことである。複数言語使用に対するメタ認知の発達と言い換えることができよう。また，複数言語の話し言葉と書き言葉の間の移動も活発に行われるようになった。このような変化をもたらした要因として，書くことをめぐる話し合い，つまりランゲージングの効果もみのがせないと考える。

4. 研究者によるストーリーの翻訳

本節ではライフストーリーの研究者の行う翻訳に焦点を当て，調査協力者の語ったストーリーを，研究者がどのように編集，加工して読者に提示するかという事例を見ていく。そしてその事例をふまえた上で，翻訳と研究倫理の関係について述べる。

4.1 研究者によるストーリーの翻訳の事例

前節で述べたサト子のストーリーは，中国で過ごした子ども時代の思い出を，日本語で書き表したものである。つまりサト子の子ども時代のストーリーは，もともとは中国語で体験されたものだが，別の言語である日本語でリランゲージされている。このサト子によって日本語で書かれたストーリーはさらに，筆者によって英語に翻訳された。これは2度目のリランゲージングにあたる。本節では，サト子の書いた一編のストーリーが，日本語から英語に翻訳される過程をたどりながら，翻訳に関する問題点，および研究者のストーリーに対する理解や解釈がどのように変化していったかを分析する。

1節で述べたように，サト子の書いたストーリーの翻訳に際し，筆者が一番苦心したのは，サト子にとって第二言語である日本語で書かれたストーリーの持ち味を失わず，かつ，非母語話者の書いた不完全な言葉というように本質化せずに，英語読者に理解してもらうにはどうすればいいかということである。筆者にとって英語は第二言語であり，自分の翻訳したデータが英語読者にどのような印象を与えるかをモニターすることは困難であった。この難しさは，サト子が日本語読者を考慮に入れて第二言語でストーリーを書き始めたとき，読者が誤解しないか，自分の抱くイメージが読者にも共有されているかを心配して，筆者に絵を描くように頼んだこととよく似ている。サト子が日本語読者（筆者および潜在的日本語読者）を意識して書いたストーリーを，今度は筆者が英語読者を考慮して翻訳することになったわけである。

サト子のストーリーの英語への翻訳に際し，筆者はカナダ在住の研究者，ペニーとの協同作業を行った。ペニーは日本に長く住んだことがあり，東京のインターナショナルスクールで英語を教えた経験を持ち，英語と日本語が堪能な女性である。彼女自身，当時博士論文を執筆中で，日本でバイリンガル生徒の書いた作文のデータ収集を行っていた。研究テーマや方法が似ていることから，お互いにデータの翻訳に協力しあうことになった。

ストーリーの翻訳は，まず筆者がサト子の書いた作文を日本語から英語に

翻訳し，それについてペニーがコメントや修正を加えるという具合に進んだ。この翻訳チェックは電子メールで行われることもあったが，たいていの場合は，来日したペニーと筆者が対面し，ディスカッションを中心に進められた。ディスカッションの様子は録音して記録された。ペニーはサト子に会ったことはないが，サト子と同じような年代の言語・文化間を移動する書き手にライティングを教えた経験が豊富で，リランゲージングを伴うライティングの難しさについて熟知していた。翻訳のチェックにあたっては，サト子の書いた作文だけではなく，作文を書いた頃のサト子の様子，筆者とサト子との作文をめぐる話し合いの様子についても，ペニーと情報を共有するようにした。

　次に示すのは3節で引用したサト子の「おさなき笑顔」というテクストの3つのバージョンである。1番目はサト子の書いた日本語，2番目は筆者による英訳，3番目はペニーによる修正版である。これらを比べることにより，翻訳をめぐってどのような点が問題となり，それにどのように対処したかが明らかになる。

⑴　サト子の作文
　おさなき笑顔
　　私は黒龍江省方正県のある小さな町で育ちました。今から15年前，8歳で私はE小学(仮名)という小学校に入学しました。私の小学校は畑と山に囲まれていました。校舎は木と土と草で作られていました。床は土で出来ていました。教室の前には黒板があります。机と椅子は二人一組になっていて，これも木で作られていました。校庭も土で出来ていて，バスケットネットが右と左に一つずつおかれていました。それと学校の周りはいちょうの木に囲まれ，緑がいっぱいにあふれていました。私はE小学に入学してから元気いっぱい学校生活を楽しんでいました。あの時のおさなき笑顔を私はいつまでも忘れずにいました。

⑵　筆者による英訳
　A smiling face of a little girl
　　I grew up in a small village in Heilong zian province. I entered E primary school when I was eight years old, already 15 years ago. My school was surrounded by fields and mountains. School building was made of wood, clay and grass. The floor was clay. In the classroom there was a blackboard in front of the room. Desks and chairs are for

the use of two persons, and made of wood. In the playground, basketball nets were situated one on the right and the other one on the left. The school was surrounded by green leaves of ginkgo trees. I was enjoying my primary school. I never forget my smiling face as a little girl.

(3) ペニーによる修正版

A smiling face of a little girl

　　I grew up in a small village in Heilong zian province. I entered E primary school when I was eight years old, already 15 years ago. My school was surrounded by fields and mountains. The school building was made of wood, clay and grass. The floor was clay. A blackboard <u>is (was)</u> at the front of the classroom. The desks and chairs, for pairs of students, were also made from wood. One basketball net on the left and one on the right were placed on the dirt playground. Ginkgo trees encircled the school. <u>Green (green leaves, green grass, green plants) filled the space</u> around the school. After I started E primary school full of enthusiasm I enjoyed life at school. I will never forget <u>the smiling face of that little girl.</u>

　　　　　　　　　　　　　　（注：下線部は以下の議論の焦点となった箇所を示す）

　翻訳に伴う問題点をめぐり，ペニーと筆者の間でどのようなディスカッションが行われたかをトランスクリプションを引きながら説明したい。筆者による英訳に対するペニーの修正点は，語の選択や構文などの英語表現に関するものが多い（例えば dirt, placed）。その中でも興味深いのはクリシェ（cliché）的な表現の使用である。クリシェとはありきたりな決まり文句，常套句という意味だが，サト子の日本語の文章の中には常套句的表現があり，英訳するときはやはり常套句として訳したほうがいいとペニーは指摘した。

ペニー：これはなんとなく「緑がいっぱいにあふれていました」，これすごく
　　　　あの cliché 的？
筆　者：うんうん，そうだね。
ペニー：「緑があふれる」とかそういうものはすごく cliché でしょ，日本語に
　　　　対して，だから同じく cliché 的にやっぱりやるべきだと思う。ginkgo trees
　　　　circled the school, Green というけど，そのときは，意味は green leaves, green
　　　　grass, green plants spilled around, filled the space, なんとなく一番 cliché 的な

ものは filled the space と思ってたんですね。spills もけっこう cliché 的。
ペニー：After I started E primary school full of enthusiasm I enjoyed life at school. 元気いっぱい full of enthusiasm は入れておいたほうがいいと思う。これもちょっと cliché みたいだけど。

　常套句は，書き手が情景を詳しく描写するための語彙をまだ持っていなかったり，書き方を十分にコントロールできていなかったりする場合に使われることがある（Kinnear & Taniguchi, 2008）。とりあえず決まり文句を使って意味が通じるようにするという方法で，一種のライティングストラテジーとして捉えることができるかもしれない。原文にある常套句を，英語でも常套句として訳すことにより，書かれた内容を伝えるだけではなく，どのような書き方がされているかをより正確に読み手に伝えることが可能になるというのが，ペニーの指摘の主旨である。これは筆者が全く見落としていた点であった。
　次は，サト子の書いた作文の最後の文「あの時のおさなき笑顔を私はいつまでも忘れずにいました。」についてである。筆者はこの文を I never forget my smiling face as a little girl. と訳したが，ペニーは I will never forget the smiling face of that little girl. と修正している。この理由は，ストーリーを書いたサト子のポジショニングと関連している。前節で述べたように，サト子のストーリーは，大人になったサト子が，子ども時代のサト子という登場人物の経験を，日本人読者に伝えようという姿勢で書かれている。書き手としてのサト子のポジショニングは，中国語の世界を日本語に再構築する翻訳者，または仲介者である。つまりサト子は当事者であると同時に，自分の経験からある距離を置くことによって，経験を言語化しようとしている。そのサト子の声をより明確に表現するためには，大人の自分が子どもの自分を見ているという二重構造を the smiling face of that little girl と表現したほうがより適切だと思われる。実はこの作文が書かれる 2 か月前に，サト子は中国に一時帰国し，小学校を訪れていた。夏休みで誰もいない校庭に立ったとき，サト子はまるで子ども時代の自分がそこで遊んでいる姿が見えたような気がしたと話していた。このような作文が生み出された文脈も翻訳に際して考慮に入れるべきだと考える。さらに原文では「おさなき笑顔」という書き言葉的表現が使用されている点にも注目すべきだろう。サト子の作文は総じて，話し言葉的な表現が多い中で，耳から覚えたのではない「おさなき」という書き言葉が選択されている。サト子は，どこかで読んだ他者の言葉を，思い出を書く（話すのではなく）という自分の目的に

あわせて利用している。この試みは，他者の言葉が自分の言葉になるのは，言葉を自己の意味と表現の志向性に吸収したときであるというバフチン(1979)の主張と通じるものがある。以下に，この文の翻訳をめぐるペニーと筆者のやりとりを示す。

ペニー：これけっこうおもしろいと思った。
筆　者：内容的としては，なんていうの，ようするにdescriptionていえばdescriptionじゃない，でも，そこで，なんていうんだろう，二重構造っていうの，書いてる自分と，それから当時子どもだった自分っていうのが2人いるっていうのがよーくわかるよね。で，もう一つ，実はレベルがあって，これ書く前に，実際に中国にもう一回帰って，校庭に立って，そうするとなんかそこで遊んでる自分が見える，そこに自分がいるような気がしたって言ってたから，つまりなんか，今の私と，その当時の私っていうのが，それが分けることができた，分かれた，で，それを書くと，それがうまくここにも現れてるような，
ペニー：そうそうそう，それも一つのdistancingだね。今までは彼女は，そういうはっきりできなかったけど，門の前に立って，
筆　者：周りに誰もいないんだけど，
ペニー：自分の頭の中でそれを思い出して，だけど同時にそういう場所にもう住んでないし，いろんな自分の経験があったし，全然違う経験だったし。
筆　者：学校自体，建物新しくなったり，変わってるから，周りもそのときのままじゃないし，自分ももちろん大きくなって，だから今の自分と，そのときの自分は別の自分だっていうのが，納得したって。（中略）
筆　者：これはおもしろいケースだ，どうもありがとう。
ペニー：いえいえ。
筆　者：やっぱりこれこうじゃなくちゃいけないんだ。(I will never forget the smiling face of that little girl. を指して)
ペニー：の気がした。
筆　者：すごく大事な意味がある。

翻訳に際し，より複雑な意味の解釈が必要になった箇所がいくつかあった。その一つはテンスについてである。サト子の日本語の作文では，小学校の描写は「～でした」「～ました」という過去を表すタ形が使われているが，一

か所だけ「教室の前には黒板があります。」という文ではタ形ではなく，非過去を表すル形が使われている。この違いについてどう解釈して，翻訳するかという問題である。筆者の英訳では過去形に統一してしまったが，ペニーは過去形と現在形を併記している。

ペニー：blackboard, tense のことだったらね，どうしましょうか？
筆　者：私もそれ，
ペニー：「あります」，彼女このときはもう，ました・ますと混ぜているでしょ。
筆　者：それを忠実にやらなくちゃいけないのか，でもその analysis 自分ではやらないから，そうすると意味で考えて，どっちかに統一しても，
ペニー：特にあなたがこっちに書いたのは，これが始まったらものすごくそれ全部思い出した，もう一度そういうときに行った感じしたと書いたでしょ。だから私もそういうときはね，昔のことじゃなくて，今という，
筆　者：今，
ペニー：だからそういうテンスのこと変わったんじゃないかと思う。
筆　者：そうですね。
ペニー：だから最初はむかしむかし，あるところで学校があったんだけど，それ自分の思い出がどんどんどんどん出てきたら，今の経験になったんじゃないか，だから「ました」じゃなくて「ます」，そうなった。
筆　者：ここ一か所だけだよね，あと全部，「ました」「ました」「ました」
ペニー：（サト子の作文を読みながら）「ました」，そうだったね。
筆　者：ここ一か所だけだから，もしかしたら間違いかもしれないし。
ペニー：間違いの可能性が，これ何回目？　書いたのは？
筆　者：これはね，ええとね，2 回目のはず。
ペニー：じゃ，一つのミスぐらいだったのかも。あと全部「ました」「ました」「ました」になってるから，じゃ，それはなしにして，
筆　者：でもその可能性は，これにはあまり出てこないんだけども，はじめ past tense で思い出すっていうので始まって，だんだん自分がその中に入っていっちゃうと，
ペニー：そうしたら present tense になるでしょ。
筆　者：よく，それで混じりだすのが多いよね。
ペニー：じゃ，だけど，もしね，これ間違いだったら，それも一つの決まりが必要だね。このまんまで出すか，自分で直すんだったら，was, the blackboard

was at the front of the classroom, 直さないんだったら，the blackboard is …

　上のトランスクリプションに現れているように，ここでは2つの解釈が議論された。1つ目は，サト子が間違えたという可能性である。タ形が正しく使用されている中で，ル形の使用は一か所しかないので，ミステイクではないかという解釈である。2つ目は，テンスのシフトの可能性である。ナラティブでは，自分の経験を過去形で語るうちに，ストーリーの中に入り込んでまざまざと当時の情景を思い浮かべているときに，テンスが切り替わって非過去形を使うことがよくある。意図的かどうかはわからないが，サト子も眼前のことを語るようにル形を使ったのではないか。
　2つの解釈のうちどちらが正しいのかは判断できない。それではどのように翻訳すればよいか。原文に忠実に is にするのか，それともテンスを統一して was にするのか。私たちの出した結論はルールを決めることだった。まず原文に忠実に英訳し，その後に意味的，文脈的に適切と思われる形をのせることにした。
　ここで行っているのは，サト子の意図の推測（意識的かどうかは別として），意味の解釈，可能な解釈に基づくテクストの再構築である。英訳されたサト子のストーリーは，書かれた内容を英語に置き換えたのではなく，新たに研究者によって作り出されたのである。以上述べたような意味の解釈は，サト子の書いた文章を翻訳せずに載せていたら起こらなかったかもしれない。しかし英語の言語形式を選択しなくてはいけないという必要性は，翻訳者（＝研究者）をより深い読みへと導いていったのではないだろうか。またペニーと筆者の議論は，まさにランゲージング，およびリランゲージングであり，解釈の深化を促進したと思われる。
　研究者による翻訳を読んで，英語読者はサト子をどのような書き手としてイメージするだろうか。日本語の原文に直接アクセスできない読者にとって，書き手の人となりや，言語運用能力を推測する手がかりは，翻訳された言葉に頼るしかない。筆者とペニーが心掛けたのは，第二言語で書かれたライフストーリーの持ち味を失わず，かつ，非母語話者の書いた不完全な言葉というように本質化せずに，英語読者に理解してもらうことであった。このために次のような点に注意した。第一にサト子の表現意図を，書かれたテクストからだけではなく，テクストの書かれた文脈や，テクストをめぐる対話，当時のサト子の様子など多角的な見地から解釈しようとした。第二に，何が書かれているか

という内容面だけでなく，どのように書かれているかという言語形式の選択も尊重しようとした。このため，ぎこちないと思われる表現を整えることはせず，できるかぎり，英語でも同種の表現を使おうとした。この例として，前述の常套句の使用があげられる。第三に話し言葉的な表現が多用されているサト子のテクストのリズムを失わないような英語表現を選び，文体の統一性を維持しようとした。最後に，ミステイクの可能性のある表現は，逐語訳とともに，意図したのではないかと推測される言語形式も併記した。これらの試みにより，第二言語を使って自分のできる表現の可能性を模索する書き手として，サト子を英語読者に提示しようと努めたのである。

4.2 翻訳と研究倫理

　研究者によるストーリーの翻訳は，興味深いのと同時に，多くの課題をはらむ行為である。それは研究者によって翻訳された言葉によって，ストーリーの語り手がどんな人物であるかという表象が形作られる可能性が大きいからである。そもそも，翻訳をするかしないかに関わらず，調査協力者の語ったストーリーを，研究者が書くという行為は困難と問題に満ちている (Ezzy, 2002; Kinnear & Taniguchi, 2008)。なぜならライフストーリー研究者は，他者の語ったストーリーをどのように解釈し，提示するかという問題を避けて通れないからである。他者のストーリーを書く研究者は，書かれる側よりも往々にして強い立場に立つ (Rhodes, 2001)。特に書かれる側が，社会的マイノリティである場合，研究者の書いたストーリーを読んだり，研究者の解釈に対して異議を唱えたりしにくい。

　この不均等を是正するために，ライフストーリー研究では，研究倫理が重視される。ライフストーリー研究に関わる研究倫理としてまずあげられるのは，データ収集におけるインタビュー時の調査協力者との関係，守秘義務，協力者の意向を尊重することなどである。しかしデータ収集後のストーリーを書く段階でも，ライフストーリーの話者が語った言葉を，研究者がいかに加工，編集し，最終的にどのような言葉として読者に提示するかは，研究者の倫理に関わる大きな問題だといえよう。インタビューの文字化（トランスクリプション）にしても，何をどう文字変換するかという決定は，解釈と提示の問題から自由ではない。もともと音声であったものを文字化するのは，「すでに異文化の言語を翻訳することと類似の解釈や変更が含まれていると考えるのが妥当だろう」と桜井 (2012, p. 15) は述べている。よって文字化の結果できあがったト

ランスクリプトは「実際に起こった出来事そのものとは異なった物語となる」（フリック，2002, p. 217）。また，トランスクリプションは選択的であり，解釈のプロセスであり，できあがったものは研究者の特定の目的のための表象であるという指摘がなされている(Duranti, 2006; Roberts, 1997; Green, Franquiz, & Dixon, 1997)。

　上記のようにトランスクリプションについての問題提起は既に行われているが，データの翻訳については，ライフストーリー研究で等閑視されてきたきらいがある(Kinnear & Taniguchi, 2008)。しかしながら翻訳は，単なるテクニカルな問題ではなく，ライフストーリー研究（広くいえば質的研究）の評価や研究倫理とも関わる重要な問題ではないだろうか。質的研究においては「研究をする」ことと「研究を書くこと」は分かちがたく結びついており(Richardson, 2000)，研究の妥当化(validation)の問題は研究に関する執筆の問題として捉えられるようになってきている。

　質的研究を評価する基準として，「信用性」(trustworthiness)が，近年重視されるようになってきた(Lincoln & Guba, 1985; Mishler, 1990)。信用性とは，研究の成果が注目に値し，説明に値するものであることをいかに読者に信用してもらうか，つまり説得力を持たせることができるかという基準である(Lincoln & Guba, 1985)。

　データと分析の信用性を高めるために，翻訳に関して，研究者はどうすればよいのだろうか。万能の解決策はおそらくないかもしれない。しかし，少なくとも論文の研究方法の部分で，どのような過程を経て翻訳が行われたのかを示すことにより，研究プロセス全体の透明度を増すことができるのではないだろうか。また，筆者がペニーと行ったような翻訳をめぐる対話の機会を持つことも有益だと思われる。これは「ピア・ディブリーフィング」と呼ばれ，「その研究に直接関わっていない人と定期的にミーティングを開いて自分の研究上の盲点を明るみに出したり，作業仮説やその都度の結果を検証したりするために役立てる」(フリック，2002, p. 285)ことである。ピア・ディブリーフィングは，翻訳の厳密さを増すとともに，ストーリーに対する研究者の解釈の深化を促す可能性も期待できよう。

5. 終わりに

　本章では，ライフストーリー研究においてあまり扱われることのない「翻訳」というテーマについて考察を行った。翻訳は透明なガラスのように，存在

に気付かれないのがよいという通説があるが,あえて逆の立場をとり,翻訳の過程で何が起こっているのかを明らかにしようと努めた。このために,ある女性の幼少期の思い出をめぐる一編のストーリーがどのようなプロセスを経て書かれ,そのストーリーが研究者によってどのように別の言語に翻訳されたかという事例を追った。さらに研究者による翻訳の過程を明らかにするのは研究倫理に関わる問題だと指摘した。

また翻訳は何かを失うことだという(lost in translation)否定的な見方が多いのに対して,逆に翻訳によって見出されるものもある(found in translation)という見方を強調した。複数言語リソースを持つライフストーリーの語り手も,その人によって語られたライフストーリーを預かる研究者も,翻訳という絶え間ない言語間の往来により,意味を作り出している。翻訳によって新たな読者に向けて,別の言語でストーリーを語り直し,書き直すことは,より深い解釈が生まれる契機になる。容易なプロセスではないが,翻訳によってみつかるものもまた多いのである。

参考文献

ヴィゴツキー,レフ,セミョノヴィチ(2001).『新訳版・思考と言語』(柴田義松(訳)) 新読書社.
黒柳徹子(1981).『窓ぎわのトットちゃん』講談社.
桜井厚(2012).『ライフストーリー論』弘文堂.
柴田義松(編)(2007).『ヴィゴツキー心理学辞典』新読書社.
谷口すみ子(2013).「「移動する子ども」が大人になる時―ライフストーリーの語り直しによるアイデンティティの再構築」川上郁雄(編)『「移動する子ども」という記憶と力―ことばとアイデンティティ』(pp. 44-68.) くろしお出版.
中山亜紀子(2008).『「日本語を話す私」と自分らしさ―韓国人留学生のライフストーリー』大阪大学大学院文学研究科博士論文.
バフチン,ミハイル(1996).『小説の言葉』(伊東一郎(訳)) 平凡社.
フリック,ウヴェ(2002).『質的研究入門―〈人間の科学〉のための方法論』(小田博志・山本則子・春日常・宮地尚子(訳)) 春秋社.
ホフマン,エヴァ(1992).『アメリカに生きる私―二つの言語,二つの文化の間で』(木村博江(訳)) 新宿書房.[Hoffman, E. (1989). *Lost in translation: A life in a new language.* New York, NY: Penguin Books.]
Besemeres, M.(2002). *Translating one's self: Language and selfhood in cross-cultural autobiography.* Oxford, United Kingdom: Peter Lang.
Duranti, A.(2006). Transcripts, like shadows on a wall. *Mind, Culture and Activity, 13*(4), 301-310.
Ezzy, D.(2002). *Qualitative analysis: Practice and innovation.* Crows Nest, Australia: Allen & Unwin.
Friedlander, A.(1990). Composing in English: Effects of a first language on writing in English as a second language. In B. Kroll(Ed.), *Second language writing: Research insights for the classroom* (pp. 109-125). Cambridge University Press.

Green, J., Franquiz, M., & Dixon, C. (1997). The myth of the objective transcript: Transcribing as a situated act. *TESOL Quarterly, 31*(1), 172-176.

Hyland, K. (2002). *Teaching and researching writing.* Harlow, United Kingdom: Pearson Education.

Kinnear, P. (2011). Thaya: Writing across languages. In M. Swain, P. Kinnear & L. Steinman (Eds.), *Sociocultural theory in second language education: An introduction through narratives* (pp. 51-73). Bristol, United Kingdom: Multilingual Matters.

Kinnear, P., & Taniguchi, S. (9 May 2008). *Telling someone else's story.* Paper presented at the narrative matters conference: An interdisciplinary conference on narrative research, perspectives, practices and issues. Toronto.

Lieblich, A. (1993). Looking at change: Natasha, 21: New immigrant from Russia to Israel. In R. Josselson & A. Lieblich (Eds.), *The narrative study of lives* (pp. 92-129). Newbury Park, CA: Sage.

Lincoln, Y. S., & Guba, E. G. (1985). *Naturalistic inquiry.* Beverly Hills, CA: Sage.

Mishler, E. G. (1990). Validation in inquiry-guided research: The role of exemplars in narrative studies. *Harvard Educational Review, 60*(4), 415-442.

Pavlenko, A. (1998). Second language learning by adults: Testimonies of bilingual writers. *Issues in Applied Linguistics, 9*(1), 3-19.

Richardson, L. (2000). Writing: A method of inquiry. In N. K. Denzin & Y. S. Lincoln (Eds.), *The handbook of qualitative research* (pp. 923-948). Thousand Oaks, CA: Sage.

Richardson, M. (1999). Translation as a means of cultural transmission. In S. Inaga & K. L. Richard (Eds.), *Crossing cultural borders: Toward an ethics of intercultural communication: Beyond reciprocal anthropology* (pp. 267-286). Kyoto, Japan: International Research Center for Japanese Studies.

Roberts, C. (1997). Transcribing talk: Issues of representation. *TESOL Quarterly, 31*(1), 167-172.

Roberts, R. P. (2002). Translation. In R. B. Kaplan (Ed.), *The Oxford handbook of applied linguistics* (pp. 429-442). Oxford University Press.

Rhodes, C. (2001). *Writing organization: (Re)presentation and control in narratives at work.* Amsterdam/Philadelphia: John Benjamins.

Soliday, M. (1994). Translating self and difference through literacy narratives. *College English, 56*(5), 511-526.

Swain, M. (2006). Languaging, agency and collaboration in advanced second language proficiency. In H. Byrnes (Ed.), *Advanced language learning: The contribution of Halliday and Vygotsky* (pp. 95-108). London, United Kingdom: Continuum.

Taniguchi, S. (2009). *Becoming bilingual: Exploring language and literacy learning through the lens of narrative.* (Unpublished doctoral dissertation) University of Technology Sydney, Sydney.

Venuti, L. (2000). *The translation studies reader.* London, United Kingdom: Routledge.

往復書簡1　谷口すみ子×三代純平

三代

　谷口さんの研究は，ライフストーリー研究として始められたというより，「サト子」に寄り添う形で結果的にライフストーリー研究に近づいたというような印象を持っています。だからこそ，逆説的に，日本語教育学のライフストーリー研究として非常に説得力があると思います。そのような谷口さんから見て，日本語教育の実践において，ライフストーリーを学習者が記述する意味と限界，あるいは課題，また日本語教育学としてライフストーリー研究を行う意味と限界，あるいは課題は何か，お聞かせください。

谷口

　ご質問の内容は大きなテーマなので，2つの部分に分けて私見を述べたいと思います。

1. 日本語教育学としてライフストーリー研究を行う意味と限界，あるいは課題

　ライフストーリー研究への関心は，近年学際的な幅広い分野において急速な拡大を見せており，日本語教育学もまた例外ではありません。これは，言語学習・教育をナラティヴというレンズを通して見直すという認識の仕方の変化に由来するところが大きいと思います。ナラティヴとは，語り，物語りと訳されることが多いのですが，人間が自分の経験を言語化し，経験の意味を理解するための媒体だと私は理解しています（谷口，2013）注1。このナラティヴという準拠枠を用いて，当事者の視点から経験の意味を解釈することを重視する質的研究をナラティヴアプローチと呼び，ライフストーリー研究はこの一分野にあたります。「言語学習・教育をナラティヴというレンズを通して見直す」とはどういうことかについて，以下に説明します。

　学習とはなんらかの「変化」を当事者に引き起こすことを前提としています。日本語教育に限らず，言語学習・教育において，その変化とは何を指すのでしょうか。それぞれの研究分野には優先的に学習として取り上げられる変化

と，あまり考慮されない変化とがあります(山下，2005)[注2]。従来の第二言語習得研究では，学習者の目標言語における言語知識や技能がどのように変化したかということが最大の関心事でした(Ellis，1994)[注3]。さらに多くの場合，学習者言語が，ネイティブスピーカーの規範に近づくことを目標としていました。たしかに学習者言語の変容は重要な局面ではありますが，果たしてこれが変化のすべてなのでしょうか。

　ここで，言語学習をナラティヴというレンズを通してみると，別の局面が浮かび上がってきます。それは言語を学習・使用する経験に伴う当事者の変化という局面です。例えば，日本語がよく聞き取れるようになると，周りの日本人が言っている陰口がわかるようになり，かえって日本や日本人が嫌いになったという経験を語る学習者がいたとします。この人に起きている変化とは，言語的，社会的，情動的局面が複雑にからみあった変化であり，日本語の聞き取り能力の向上だけが単独に起こっているわけではありません。つまり学習者言語の変化から，学習者自身の変化へと焦点を移すことをナラティヴアプローチは可能にするのです。

　こうした知識・技能獲得から自己変容へという学習観の転換は，日本語教育学において，研究目的，研究対象，研究方法の再考を促します。もし，日本語教育学が学習者に起きる全人的変化を研究対象とするならば，ライフストーリー研究は，学習者が経験する言語的，社会的，情動的局面の変化を理解するために有効な方法だと言えるでしょう。また，今まで聞かれなかった学習者の声を聴くことも可能にすると思われます。

　一方，現在のライフストーリー研究には課題もあると思います。それは，ナラティヴの要素である「語られた内容」と「語る行為」のうち，「語られた内容」が偏重されているのではないかということです。「語られた内容」とは，当事者のストーリーの中に出てくるさまざまな経験，事象のことで，つまり何が語られたかを指します。この語られた内容が，研究者によってデータとして生かされるわけです。他方，「語る行為」というのは，語りの当事者である語り手と聞き手が一緒になってどのようにストーリーを構築しているか，また，ストーリーを語るという行為が当事者にどのような影響を与えるかということです。「語る行為」を考えるときに重要となるのは，聞き手である研究者の存在です。研究者自身がどのようなライフストーリーを持ってインタビューの場

に臨んでいるのか，研究者のライフストーリーは，語り手のストーリーの理解や解釈にどのような影響を与えるかという再帰的問いが必要とされます。ライフストーリーは，「語られた内容」と「語る行為」の両方に注目することにより，有効に活用できると思うのですが，現状では「語られた内容」を中心に記述された研究が多いのではないかと思います。

「語る行為」の説明で言及したストーリーを語るという行為が果たす役割は，日本語教育の実践におけるライフストーリーの活用と密接に関連するので，次の項に話を進めたいと思います。

2. 日本語教育の実践において，ライフストーリーを学習者が記述する意味と限界，あるいは課題

三代さんのご指摘のように，本章で提示したサト子の事例は，通常のライフストーリー研究方法とは少し異なっています。それはサト子のライフストーリーを書くという活動に，私も一緒に参加しながら，ストーリーが生まれる現場に立ち会った記録が主なデータになっていることで，ライフストーリーインタビューによって得られたデータはむしろ従だからです。これは意図してそうしたわけではなく，結果的にそうなったので，リサーチがどう進行していくのかは予測できませんでした。調査協力者の人生（ライフ）は，ライフストーリー研究を待ってくれない，またライフストーリー研究が終わっても続いていくというのが本当のところだろうと思います。

このような調査過程から考えたのは，ライフストーリーを話す・書くという行為自体も，当事者になんらかの変化を引き起こすのではないか，つまりストーリーを語る・書くという行為が果たす媒介機能についてです。サト子の事例では，ライフストーリーを第二言語で書くことにより，複数言語使用能力だけではなく，複数言語使用者としてのアイデンティティ，感情のコントロール，社会的インターアクションの面でも変化が見られました。ライフストーリーを書くことは，決して過去を振り返ってばかりいるわけではなく，過去を再解釈して経験の意味づけが変わることで，ストーリーが再構成され，それに応じて未来を想像できるようになるという点が重要だと思います（谷口，2013）。

過去，現在，未来をつなぐストーリーの重要性について，ブルーナー

(2004)注4は次のように述べています。「ナラティヴ構成とナラティヴ理解のスキルが，我々の自身の生活と，将来出会うこととなる可能世界における自分自身の『居場所』の構築にとって欠くことのできぬ力を持つ」(p. 53)。しかし，「世界に対して親しみを感じ，自分自身を自分が述べるストーリーの中にどう位置付けるかを知ることは，近代世界における人々の移動性の増大のもとでは決して容易ではない」(p. 54)ことも事実です。「ナラティヴが，もし意味作成のための心の道具とされるものならば，明らかに，それには我々の側の作業が必要となる—それを読み取り，作り，分析し，その技術を理解し，用法を感じ取り，それについて討論したりする作業である」(p. 55)。そしてこのような作業は過去の世代よりも，今日より多く求められているのです。

ブルーナーは，さらに教育の在り方に言及し次のように述べています。「教育システムとは，文化の中で成長する子どもたちが，その文化の中にアイデンティティを見出すのを助けるものでなければならない。それなくしては彼らは意味を求めての努力の過程でつまずくこととなる。人がアイデンティティを構築し，おのれの文化の中に居場所を見出すことは，ナラティヴの様式においてのみ可能なのである。学校はアイデンティティを培い育てなければならないのであって，アイデンティティが当然あるべきものとする考えを捨てねばならない」(pp. 55-56)。日本語教育の実践において，ライフストーリーを学習者が記述する意味は，まさにここにあるのではないかと思います。つまり，書くことを通してナラティヴによるアイデンティティを構築すること，またそれを可能にするためにナラティヴをめぐる「作業」を協働で行うことです。

言語教育の一環として，ライフストーリー，特に言語学習についてのライフストーリーを学習者が書くという実践が増えてきています。ライフストーリーを書くことにより，自分の言語学習に自覚的になり，学習者オートノミーの発達を促すという報告もあります(Murphy, Chen, & Chen, 2005)注5。また，学生の書いたストーリーは，言語学習の感情的次元に関して魅力的な洞察をもたらしてくれるという指摘もあります(カールソン・キイシク, 2011)注6。

私は教室での授業で，ライフストーリーを書く実践を行ったことはありませんが，サト子の事例から考慮すべき点をあげておきたいと思います。第一に，ストーリーを語る・書くには，ふさわしいときがあり，強要すべきではないということです。過去の経験について語ることが難しい場合もあるし，表面的な

記述しかできない場合もあると思います。ストーリーを語るときには，語らない自由もあることを許容すべきでしょう。第二に，ライフストーリーをめぐる対話が成立するには，安全な場が必要とされることです。学習者と教師の関係はどうか，学習者の書いたストーリーを教師がどう利用するかについて了解は得ているかなどに注意すべきだと思います。以上は，ライフストーリーインタビューを行うときに，調査者が協力者に配慮することと重なりますが，教室で授業の一環として行う場合も，同様の倫理的誠実さが必要とされると思います。

注

1　谷口すみ子(2013).「『移動する子ども』が大人になる時―ライフストーリーの語り直しによるアイデンティティの再構築」川上郁雄(編)『「移動する子ども」という記憶と力―ことばとアイデンティティ』(pp. 44-68.)　くろしお出版.

2　山下隆史(2005).「授業の中の相互行為を理解する」西口光一(編)『文化と歴史の中の学習と学習者―日本語教育における社会文化的パースペクティブ』(pp. 123-143.)　凡人社.

3　Ellis, R. (1994). *The study of second language acquisition*. Oxford University Press.

4　ブルーナー，ジェローム，シーモア(2004).『教育という文化』(岡本夏木・池上貴美子・岡村佳子(訳))　岩波書店.

5　Murphy, T., Chen, J., & Chen, L. (2005). Learners' constructions of identities and imagined communities. In P. Benson & D. Nunan (Eds.), *Learners' stories: Difference and diversity in language learning* (pp. 83-101). Cambridge University Press.

6　カールソン，レーナ・キイシク，フェリシティー(2011).「そもそも誰の物語なのか？言語学習上の出会いにおける自／伝記」青木直子・中田賀之(編)『学習者オートノミー―日本語教育と外国語教育の未来のために』(pp. 171-192.)　ひつじ書房.

第6章

ライフストーリーを語る意義

中山 亜紀子

中山：薫さんの経験って，もうちょっと詳しく言うと…。
薫　：あのーなんというかな。日本に来て留学，楽しいことばかりじゃなくて，悲しいこともある，苦しいこともある，（母国にいる人は）いろいろなこと知らない。

1. はじめに

　かつて，ある日本語教師養成の本に，「学ぶとはどのような体験であるのかを知るために，何かを学ぶことをお勧めする」と書いてあったことを記憶しているが，この本の著者は，誰が何を学ぶのであれ，その体験／感覚は似たようなものであると考えていたのではないだろうか。しかし言語学習，あるいは，言葉を学びながら生きるという体験は，一方で万人に共通する部分を持ちながらも，他方で誰が，いつ，どこで，どのように言葉を学び，使うのかといった社会的・文化的政治学から無関係ではありえない（Norton, 2000; Pavlenko & Blackledge, 2004）。言語学習とは非常に個別の，しかも冒頭の中国人留学生，薫さんの言葉にあるように，さまざまな感情を伴う体験であると言える。
　ここで確認しておきたいことは，言語学習をどのようなものととらえるにしても，言語教師がその体験を知ることは，目の前の学習者への理解の幅を広げ，教育実践を豊かにするということだ。その意味で，日本語教師養成の本に書かれていたアドバイスは正しい。
　学習者一人ひとりで異なる「言語学習」にアプローチしようと，日本語教育でも学習者の「多様性」や「個別性」をキーワードとした研究が行われてきた（津田塾大学言語文化研究所言語学習の個別性研究グループ編, 2006 他）。しかし，学習者のストーリーとその分析を行ったBenson (2005) は，第二言語学習の多様性を構成する，動機づけ，感情，年齢，ストラテジー，学習環境などといった変数では，なぜ人によって言語学習の過程や成果が異なっているのか，その理由は説明できないとしている。言語学習とは，一般的に時間のかか

る長期の経験であり，その成果である言語能力や，その言葉を使った体験において「その時その場」で構築されたアイデンティティが密接に関係しているからだ。

　言語学習が，ある学習者にとってどのような体験なのかを知ろうと思えば，学習方法や学習時間だけではなく，その人の過去，その人が置かれた社会的な状況，その人が期待する未来等の意味を，その人の視点から時間的な変遷も含めて聴き取り，理解することが必要なのではないか(Ushioda, 2009)。

　その方法の一つとして，Benson(2005)はライフストーリーを挙げている。学習者のライフストーリーを聞けば，「学習者の多様性」「個別性」という言葉では収まりきらない，学習者の目から見た言語学習という体験が，複雑なまま見えるのではないか。日本語教育の中で，ライフストーリーを使った研究が増えている背景には，このような期待があるのだろう。本書や雑誌『リテラシーズ』でライフストーリー特集が組まれるまでになっているのは，その証左だ。

　しかし，問題がないわけではない。ライフストーリーを使った研究の今後の課題として，三代(2014)は，現在のところ研究者によって，異なった使い方がされている用語法や目的を共有する必要性，さらに，研究者の「構え」を明示する必要性を挙げている。特に後者は，研究の妥当性や信頼性に関わる重要な指摘だ。ここで問題となるのは，社会学，教育学，心理学，言語教育学と非常に幅広い分野で「ライフストーリー」は使われており，研究者によっても，ライフストーリーを用いる目的だけではなく，その方法論や認識論もさまざまである点だ。

　現在，必要なことは，それぞれの研究者が自分の研究の目的，方法論，認識論等を，具体的に説明し，お互いの立場を理解することではないか。そうすることで，この新しい研究方法が，妥当性や信頼性を含めて，日本語教育学の中で一定の地位を得ることができると考える。

　本章では，議論を具体的にするために，筆者が行った調査の中から，後に述べる事情により中断せざるを得なかったOさんという中国人女性との調査を取り上げ，筆者の調査方法とその背景にある考え方を述べることで，三代の指摘に答えたい。

2. ライフストーリーを作成する
2.1 筆者の問題意識
　ここで，本章を進めるためのいくつかの前提を述べておきたい。筆者は，

学習者の言語学習体験，あるいは，日本語を第二言語として使って生きるという体験を，学習者の視点から「理解」することを研究の目的としている。このような目的を持った研究は，「ライフストーリー」だけではなく，回想録を分析の材料として使ったり（Pavlenko & Lantolf, 2000），エスノグラフィー（Norton, 2000；八木, 2013）を用いたりしている。しかし，筆者は，第二言語として日本語を学び，日本語を使って生活している留学生などにインタビューをお願いし，彼ら研究協力者（以下，協力者）の現在や過去についての話を聞くという方法を用いている。言語学習という非常に長期にわたる経験を，彼らの人生の中に位置づけて理解できると考えたからである。

このインタビューという方法は，なかなかやっかいなものだ。インタビューという場で協力者が語ったことには，インタビュアーである研究者の姿が色濃く反映されている。しかも，インタビューで語られたことがすべて理解できることは稀である。そこで研究者はインタビューの逐語録化，データの熟読，2回目，3回目のインタビュー（そして逐語録化，熟読）を繰り返すのである。そうしてやっと，語られたことの意味がストーリーとして理解される。筆者にとっては，この「お話」がライフストーリーである。インタビューやその後の解釈という面で「研究者が理解した」という限定を幾重にもつけなければならないが，この方法でこそ，その人の過去の出来事や体験に対する意味づけがわかると考えている。筆者にとって，協力者の過去についての語りを聞きライフストーリーを作成するとは，研究目的に到達するための研究手法の一つだ[注1]。

繰り返しになるが，本章では，協力者がインタビューで語ってくれたことをもとに，協力者の現在の姿を終点として作った「物語」をライフストーリーとし，インタビューで語られたことは「過去についての語り」として表す。以下では，Oさんとのインタビューを例に，具体的に上述の過程について述べていきたい。

2.2 インタビューから仮のストーリー作成まで
2.2.1 インタビュー

筆者は日本の大学に通う学部留学生を対象として，大学卒業後の進路の決定要因をライフストーリーから探ろうとした調査を行ったが，Oさんはその協

[注1] つまり筆者は，「ライフストーリーの語り方」などには研究の焦点をあてていない。当然ここには，過去を語るとはどういうことなのかについての考察が必要だが，別稿を用意したい。

力者の一人だった。調査時，Oさんは，大学の文化系学部2年生であり，20代前半だった。Oさんは，筆者のクラスの元受講者で，授業中は勉強熱心ではなかったが，書くものには突き抜けたような面白みがあった。Oさんなら，いろんなことを話してくれるかもしれないとインタビューを依頼した。しかし，Oさんの進路決定要因を分析した研究を公表することはなかった。1回目と2回目のインタビューで彼女の話やインタビュー時の態度が大きく違ってしまったこと，研究者としてあるまじきことかもしれないが，Oさんの話を共感をもって聞けなかったことがその原因だ[注2]。

インタビュー当日，Oさんは時間通りに約束場所に現れてくれた。お茶を飲みながらの一通りの雑談が終わってから，筆者は次のようにインタビューを始めた（以下，「中」は筆者の意）。

中：なんで日本に来たの？
O：うふふ，私も知らない。

その後の彼女の話は，衝撃的だった。筆者がそれまでに出会った中国人留学生は，学費や生活費のために必要にかられてアルバイトをしており，その多くは勉学や夢，自分の楽しみとアルバイトの狭間で苦しんでいた。しかし，彼女はアルバイトの必要のない，いわゆる「お金持ち」の出身だった。筆者は彼女の高校時代や家族の話を聞きながら，「こんな人もいるんだ」と驚いていた。以下は，第1回目のインタビュー後のフィールドノートの抜粋だ。

> 外国人がオーナーをしているレストランで働いているのは楽しいらしいが，これはなぜだろう。「早く！」と言われないからだろうか，Favoriteと言われているからだろうか，仕事がないときは座っていてもいいからだろうか。
> 大学院に行って何をするのだろう？
> 私にとっては大学院は勉強するところだが，Oさんにとっては違うようだ。いい大学の大学院に入らなくてはいけないらしい。なぜ大学に行くのか，なぜ大学院に行くのか。
> どうしてお父さんのことを「すごい」とか「面白い」とか言うのだろう。お父さんのどこがすごくて，面白いのかな？

[注2] 今から考えると，進路選択をしていない学部2年生に，進路をどう決めたのか聞くという試み自体がそもそもの間違いだったのだが。

インタビューを思い出しながら，筆者の頭の中にはクエスチョンマークが駆け巡っていた。彼女が「面白い」という日本語学校でのエピソードを聞いても，その面白さがわからなかったし，彼女が親の意向を優先し，自分自身で何がしたいのか考えたり，選んだりしてこなかったことばかりが目についた。彼女は自分の将来について夢を持っていないだけではなく，結婚が自分の人生の終着点であり，「人生はそれで終わり」だと断言した。

ともかく，わからない点については，後日，再度インタビューで聞きなおすことにしてOさんが語ったことを時系列に並べ替えて，仮のストーリー注3を作る作業に着手した。

2.2.2 逐語記録からプロットを見出す

インタビューの後，筆者は，まず録音を何度か聞き直しながら逐語記録を作った。そしてMishler(1995)に倣って，語られたことから，出来事を抽出し，それを時系列順に並べ替えた。インタビューの中盤で語られた具体的な例が資料1(p. 182参照)である。これは，インタビュー冒頭での日本に来て後悔しているというOさんの発言を受けて，その理由の明確化を求めた部分である。

やまだ(2000)は，「物語」を「二つ以上の出来事(events)をむすびつけて筋立てる行為(emplotting)と定義」(p. 3)した上で，過去の出来事の「編集作業」を「物語化」の始まりと述べている。この編集作業とは，出来事同士を結びつけるプロット(筋)を見つけ出すことだ。それによって，一つ一つの出来事は，ストーリーの中に位置づけられ，意味を持ち始める。逆に言うと，インタビューで語られた出来事は，それ一つだけでは，年表や何かのリスト同様，意味を持ちえないと言える。

> これらの構成要素(事象，精神状態，事件等)は，いわばそれ自身としては生命や意味を持ってはいない。これら構成要素の意味は，全体としての時系列のもつ総体的形態，つまりそのプロットや寓話のなかでそれらが置かれる場所によって与えられる。　　　　　　　　　　（ブルーナー，1999, p. 62）

注3　なぜこのストーリーが「仮」かというと，後述するように，筆者が理解できないことが解消されないまま残されているからだ。仮のストーリーは，中山(2014)に収録されている。

逐語記録を読み返し，出来事を抽出し，それを読み込んでいく作業とは，プロットを見出して，それぞれの出来事の意味を現在のOさんの視点からとらえる作業に他ならない。この解釈行為によってできたものが，仮のストーリーである。

2.2.3 プロット化に必要なもの

プロット化するために必要なものとは何だろうか。Polkinghorne（1998）は，プロット化する際に必要なのは，ある文化の中で育った人なら誰でもなじみのある文化的伝統や物語であると述べている。時系列に並べられた出来事の中に，すでに私たちが知っている物語を見出すことができなければ，出来事の連なりの中にプロットを見出すことはできない。このことをブルーナー（1998）は次のように表現している。

> 読者が読むとき，つまり，彼らが自分独自の仮想テクストを構築しはじめるとき，それはまるで地図をもたないで旅にでるようなもので——にもかかわらず，彼らはヒントをあたえるかもしれない地図の蓄えをもっており，おまけに地図と地図作成とについて多くのことを知っている。新しい土地に関する第一印象は，もちろんすでに行った昔の旅行に基づいている。　　（p. 61）

この場合の地図と地図作成とは，私たちの文化の中にある昔話や物語であり，それらを作る方法のことである。過去についての語りからストーリーを作成するのは，それほど容易いことではない。何度もインタビューの逐語記録を読み返したり，自分のことを思い出したり，関連する本を読んでみたりといった作業を通して，過去から現在をつなげる首尾一貫（coherent）したプロットが見えてくる。

大切なことは，プロットが上り下りの多い曲がりくねったものであったとしても，首尾一貫していることである。過去の話の中に，首尾一貫したプロットが見出せれば，協力者の語りが理解できたということになり，そうでなければ，理解が足りないということになる。

ここで，疑問が生じる。語られたことを理解するということは，自分がすでに持っているストーリーの型に，インタビューで聞いたことを当てはめる作業なのだろうか。

2.2.4 ストーリーの一部である研究者

　語られた出来事をつなげていくと、既知のプロットには当てはまらない「ある種の曖昧さ、不確実性があり、話につじつまのあわぬ箇所や矛盾が見られる」(エプストン・ホワイト, 1997, p. 146)。プロットを作るとは、この曖昧さ、不確実性という穴を埋めながら進む作業である。

> 出来事をストーリーのなかに入れ込むことで、自分なりの意義をそれから引き出すことができる。ストーリーは、初めから私たちに与えられているといってもいいが、ストーリーの不確定性、つまり曖昧さや変わりやすさのために、私たちにできるのは、積極的に自分の新たな知識を動員して、今までのストーリーを調整するだけである。
>
> (エプストン・ホワイト, 1997, pp. 147-148)

　自分がすでに持っている地図を調整したり、新たな事物を書き加えたりすることが、プロットを作るという作業なのだ。それによって、地図の蓄えが増えたり、「予測のネットワーク」(ガーゲン, 2004)が更新されたりしていく。ブルーナーは先ほどの地図の比喩の引用に「やがてその新しい旅行は、いくらその最初の姿が過去から借り受けたものであったとしても、独自性を持つようになる」という言葉を続けている。

　協力者の体験をプロット化し、ストーリー化しようとする行為を通して、筆者の「自明な世界」(ブルーナー, 1998, p. 38)は破れ、更新される。そして、それが成功し、首尾一貫したストーリーが浮かんできたときに、協力者の体験への理解が達成され、ライフストーリーを著せるようになるのである。ライフストーリーとは、調査によって研究者が「理解したこと」であり、調査の結果であると言える。

　インタビューへの調査者の関与はつとに知られているが、協力者が語ったことを理解することそのものが、その研究者の経験や文化的道具立てを用いた解釈であり、研究者の理解のバージョンに他ならない。

　しかし、研究者によって作られるライフストーリーが異なるのだとしたら、それを書く理由はどこにあるのだろうか。それは、筆者の研究の目的が協力者の体験の「理解」を目指したものだからだ。研究者のバージョンのストーリーが書けるということは、ストーリーの主人公である協力者の「主観的風景」が研究者の目を通してであるが、組み立てられるということである。ここ

に，物語としてのライフストーリーの大きな特徴があると考える。

　ライフストーリーにおける研究者の関与とは，インタビュー時から，ストーリー作成に至るまで，分かち難く深い。質的研究において，研究者は「意味の一部」(グリーン，2006, p. 373)と言われるゆえんだ。研究者の関与を，「過去についての語り」の理解から切り離すことができないがゆえに，それをどのように記述することができるのかは，通り一遍のマニュアルとはなりにくい。それについては後述しよう。

2.3　調査の結果としてライフストーリーを提示する理由

　インタビューによって得られた協力者の過去についての語りを理解しようとすることによって，筆者の自明な世界は破れ，更新されるが，同じことは，ストーリーを「読む」際にも起こる。リクール(1990)は，それをストーリーの世界と「読者の現実の世界とのあいだの対決」(p. 290)と呼んだ。つまり，読者がストーリーの「題材」を，彼／彼女がすでに持っている物語の地図と調和させることによって実在のテクストの影響の下に彼／彼女自身のテクストを構築するということが読むという行為であり，それによって，ストーリーの中の主人公である協力者の経験が理解可能なものとなる。「結局，実在のテクストをどうするのか，自分のしたいように自分で書かなければならないのは，読者」(ブルーナー，1998, p. 38)であり，読者のバージョンの「ライフストーリー」ができる。

　日本語教育学において，多くの読者が日本語教師であることを考慮に入れると，調査によって理解されたことをライフ「ストーリー」として提示する意味が，ここにあるのではないかと考える。日々，学習者に接している日本語教師にとって，学習者の世界に触れ，自分の世界を新たにすることは，一般的な「言語学習」や「学習者」に対する見方を広くすることにつながる。

　このように，インタビュー場面を再現することなく，ストーリーを提示する方法は，リースマン(2014)によって，(どこかにある物語が)「入れ物から出てきたようだ」と批判されている。日本語教育でも，三代(2014)によってインタビューの文脈がわからないと批判を受けている。しかし，このストーリーによってこそ，「時間を超越した真実を眺める全知の眼によるのではなく，ストーリーの主人公の意識というフィルターを通した現実の描写」(ブルーナー，1998, p. 41)に近づくことが可能になるのだ。

　ストーリーを読むことによって，教師たちが学習者や学習という体験への

新たな認識を開くことができる。冒頭で述べたように，学習という体験を理解することが，日本語教師にとって重要だと考えると，協力者が語ったことに対する筆者の理解を，ライフストーリーという形で表す意義があると考えられはしないだろうか。

しかしこのことは，解釈の恣意性を示すものではない。首尾一貫性を吟味し，妥当性を検討するためにも必要なのだ。

3. 理解の崩壊
3.1 2回目のインタビュー

Oさんとの2回目のインタビューは，1回目のインタビューから2ヵ月ほどたったころに行った。今回のインタビューでは，仮のストーリーを見せ，筆者の思い違いがないか確認することと，特になぜ「結婚したら人生が終わり」と感じるのか質問したいと思っていた。その答えによって，ストーリーを書き換えるつもりでいた。

しかしインタビューが始まると，彼女の態度が前回とは違っているように感じられた。用心深く，何を話すべきなのか考えているようだった。また，お母さんの仕事の役に立つのではないかと，厳しいことで有名な先生のゼミを選択していた。そして何よりも，将来像が大きく変わっていた。自分の仕事を持ちたいという希望だけではなく，世界や中国の各地で貧しい人のために奉仕活動に従事したいという話もしていた。何が起こったのだろう。

中：Oさん，なんか，この2ヵ月ぐらいでなんかあった？
O：何か変わりました？
中：うん。
O：どれが変わりました？
中：えっ，だってOさんは，大学院卒業したら中国に帰るって言ってて，その後結婚するって言ってたんだけど。それで仕事の話は全然しなかったから。
O：そうですか。今はなんか女の人は自分の仕事を持てばかっこいいと思っています。
中：どんな仕事がいい？
O：自分の能力を引き出す？　全部できる仕事なんか，なんだろう。（沈黙）なんか会社員は，朝9時ぐらいに会社に行って，夜5時ぐらい会社を出ますよ

ね。あの生活は，ロボットロボットみたい。ちょっとつまらないと思います。

「結婚したら人生は終わったと思う」と言った彼女の真意を問うことがインタビューの目的の一つだったのに，大きく空振りしたような感覚になった。そして，彼女が取り繕ったストーリーを語っているのではないかと感じられた。また，1回目のインタビューでわからなかったことが解消されることなく，Oさんの両親が学歴になぜこだわるのかという疑問もますます大きくなった。

筆者は彼女とのインタビューを続けることを諦めた。彼女の態度の変化から，彼女がインタビューを嫌がっているのではないかと思われたことも一因だ。Oさんの仮のストーリーは，お蔵入りすることになった。

3.2 ストーリーの首尾一貫性

インタビューでは，同一の語り手であっても，状況が異なれば，以前とは異なる話が語られることがある（桜井，2002；桜井・小林，2005）と言うが，Oさんとの調査の場合，2回目のインタビューでの語りの変更によって，仮のストーリーの妥当性が崩れたと筆者は考える。

現在，データを読み返すと，筆者には二人のOさんがいるように感じられる。一人は，両親が決めた高学歴で容姿端麗になるという路線を，少ない努力で，何らかの手段を使って楽に進もうとする，あるいはそれをよしとするOさんである。もう一人は，反逆者のように先生などの権威をからかって「面白いこと」を繰り返したり，必要もないのにアルバイトをしたりして両親が決めた路線にあらがおうというOさんである。それらの二人のOさんの間で，彼女自身が揺れているという構図が繰り返し表れている。両親の望む一つ目の路線の帰結として，結婚や出産に「人生は終わり」という感想をOさんが持つことは，筆者には十分に理解できる。仮のストーリーは，1回目のインタビューに関する限りつじつまが合っていると言える。

しかし，2回目のインタビューで彼女が語った「仕事をする女性」という姿は，1回目のストーリーのどこにも結びつかないものだ。そして，なぜOさんがこのようにストーリーを変えてきたのか，Oさんによっても説明されることはなかった。

リースマン（2014）は，協力者によって語られたストーリーの妥当性と研究者によって語られたストーリーの妥当性を分けて，調査や解釈の妥当性を検

証しようとしている。Oさん自身は「語り手の過去の人生，現在の状況，想像される将来に対して，その人の理解を系統立てている，主観的な感覚」(リンド, 1993, p. 220, リースマンから再引 p. 356)としての一貫性を説明してくれなかった。また，筆者は，2回目のインタビュー時点で語られたOさんを終点とした，首尾一貫(coherent)したストーリーのプロットを見つけることができなかった。Oさんとの2回目のインタビューによって，仮のストーリーは瓦解してしまったのだ。

3.3 構えをめぐって

桜井(2002)以来，インタビューとは，聞き手と語り手の構築物であるという考え方が広く一般化している。それゆえに，一方で語り手の世界に迫るには，研究者の聞き方等「構え」の吟味が必要だという考え方がある(三代, 2014)。前節で見たように，体験の理解を目的とする限り，研究者の関与はインタビューのみならず，理解という行為そのものに関わるものである。研究者の関与を「構え」と考えると，構えを吟味することとは，研究者自身を吟味することとほぼ同義である。

ところで，研究者はいつ自分の「構え」に気づくのであろうか。

現在，Oさんとのインタビューを思い返すと，筆者の中には確かに，お金持ちの娘が少しの苦労を嘆くこと，両親に支配されることに唯々諾々としていることへの嫌悪感に似た感情があったことを思い出す。

彼女のストーリーは，両親に対する密やかな抵抗のストーリーとしても読めるのに(彼女自身は自覚していないとしても)，当時は，そのことに思いが至らなかった。人生の選択は自分がするべきだという筆者自身の「構え」がOさんの話してくれたことを理解することを阻んでいたのではないか，インタビューを方向づけていたのではないかと，今となって思う。

桜井(2002)は，インタビュアーが「インタビューにあたって，一定の構え(志向性)を保持している」(p. 171)ことを認めた上で，その構えがどのようなものであるか，自覚的でなければならないとしている。しかし，実際，調査に入る前に，自分自身の構えに自覚的であることは非常に難しい。筆者が自分の構えに自覚的になれたのは，Oさんのことが理解できないという壁に当たってからであった。「構え」の自覚とは，研究中に協力者との対話の中から生まれてくると言ってもいいだろう(涌井, 2006)。筆者の場合のように，何年か経ってから起こることもある。

調査の中で研究者が自らの「構え」に気づき，そのことによって協力者への理解が進むことは，ライフストーリーを用いた研究だけではなく，解釈学的手法を用いる質的研究すべての問題だろう。解釈学的方法では，意味は状況に埋め込まれていると考えられ，「文脈に根ざした意味の理解」(グリーン，2006, p. 372)が目指される。その中で，「(研究者の世界観は，)どんな特定の文脈においても意味の構成や表現の一部となるのである。調査者のバイアスや経験，専門的知識，洞察は，すべて構成され刻み込まれた意味の一部」(グリーン，2006, p. 373)を成すとされる。ストーリー作成の際，研究者の経験が大きくものを言うことと同様だ。

語られたことの意味をより深く理解する方法として，石川(2009)のように，協力者を理解するに際して，「(その人が現在のようになる)過程でどのような他者との関わりがあったのか，いかなる時代的・社会的状況が背後にあるのかを一つひとつ解きほぐ」(p. 29)し，調査者自身の感情を反省することによって，暗黙裡の想定や常識を相対化するという方法もあるだろう。宮内(2009)は，インタビューを使った調査の第3のタイプとして，「調査者と被調査者の背後の文脈にまで手を広げ，深めていく方法」を挙げている注4。インタビューを繰り返し，語られたことからのみ，解釈をするのではなく，「どのような地域社会において，どのような社会構造の中に組み込まれていて，どのような他者とどのような関係を築いているのかについて実際に調べてみること」が必要だとしている。

研究者が自らの「構え」にどのように気が付いたのかというのは，研究者自身の語りとして，非常に興味深いものだ。しかし，それは，研究者を主人公としたストーリーである。筆者が目指すものは，あくまでも協力者を主人公としたライフストーリーによって，筆者の理解，そして読者である日本語教師たちの理解の地平を広げることにある。

結局，必要なことは，「データに偽りがなく，自分の分析や解釈が信頼でき，合理的で，説得力を持つものだと思ってもらえるように，ナラティヴ・データを提示する」(リースマン，2014, p. 359)ことである。語られた出来事を恣意的に外すことなく，首尾一貫したストーリーを作ることや，ストーリーに埋め込まれているマスターナラティブを含めてストーリーの内容を検討しようと

注4　第1のタイプは「調査票にきわめて忠実な一回限りの対面的な社会調査」(p. 59)，第2のタイプは「被調査者の語りを調査者と被調査者の相互作用の産物としてとらえ」(p. 60)，理解／分析しようとする調査である。

することも，その一つの方法だろう。リースマンは，データ収集と解釈のプロセスを記録しておくこと，桜井・小林(2005)は調査の透明性を図ることを勧めているが，その方法は唯一ではない。

筆者は，調査の問題設定から，インタビュー，ストーリーとして理解するまで，「私」という研究者の存在なしでは研究を行うことは不可能で，研究者が変われば，調査結果，理解できるストーリーも変わってしまうことを認める。そして，研究者の関与を研究から切り離すことは無理だと判断する。そのため中山(2009)の場合，(1)ストーリーの中に，インタビューからの引用を多く入れる，(2)ストーリーの首尾一貫性ができるまで，インタビューを行ったり，ストーリーを練り直したりする，(3)研究者のストーリーを書く，(4)出来上がったストーリーを協力者に見てもらって，間主観性を確保するなどの方法をとった。

今後，ライフストーリーを使った研究の妥当性を担保する方法と研究者自身の提示の仕方に関する議論がさらに求められるだろう。

4. 語ることの限界

最後に，インタビューに応じて自分自身の過去を語るという行為について，述べておきたい。1回目のインタビューの冒頭で，筆者の日本留学の理由を問う質問に対して，Oさんは，「私も知らない」と答えている。この答えから，自分の博士論文執筆時の体験を思い起こす。

博士論文執筆に際して，調査開始前に，外国語習得体験に関する筆者自身のライフストーリー(以下，「私の物語」)を書こうとした。それが質的調査を行う際に，問いを深め，研究者倫理にかなうことだと考えたからだ(Hatch, 2002)。しかし書けなかった。あまりにも多くのことが思い出されたからだ。頭の中で整理されずにあった数多くの記憶が一度に襲ってくるような感覚だった。

それが，博士論文のための調査が終了し，調査協力者のストーリーを書き，分析が終わるころ，いつの間にか，自分のストーリーが書けるようになっていた。すべての記憶をストーリーに盛り込むのではなく，決まった分析視覚に合わせるように，記憶を並べていくと，子ども時代や家族の歴史，さまざまな体験がつながっていった。

ストーリーが書けたことによって，筆者は自分の外国語習得体験に対する漠然とした気持ちからは解放された。悲しかったことや嬉しかったこと，悔しかったことやドキドキしたこと。そんな感情の入り混じった「過去のカオス」

がすっきり片付いたというのが書いた後の正直な感想だ。

その反面,「私の物語」以外の可能性は閉ざされてしまったという感覚がある。「私の物語」のみが,筆者の外国語学習のストーリーだとは思わない。他のストーリーを語る可能性もあったのに,それが消えてしまった。言うなれば,誰も通ったことがない原野に道が開通したおかげで,通りやすくはなったが,行き先は決まってしまったし,道から離れたところに何があるのか,興味を持たなくなってしまったことと同じだった。

浅野(2001)は,人が自分自身について語る物語である自己物語には「語り得ないもの」がはらまれていると主張しているが,筆者の「私の物語」に登場しなかった過去は,ストーリーという道から離れたところにあって,誰にも見つけられることなく,ひっそりとしている。もし,それらをストーリーに組み入れようとしたら,道順そのものを変えなければいけなくなるだろう。ひょっとしたら,行き先も変わってしまうかもしれない。「語り得なさ」とは,「まさに自己物語が達成しようとする一貫性や完結性を内側からつき崩してしまうようなもの」(浅野,2001, p. 15)なのだ。

もし,Oさんが,「私の物語」を書く前の筆者のような状態だったらどうだろう。「私も知らない」という答えは,なぜ日本に来たのか,その理由を過去と現在をつなげる形で語れないという意味だったのかもしれない。それを語ろうとしたら,整理されていない過去と向き合うというつらいインタビューになるかもしれない。筆者が質問を続けることは,原野に埋もれている記憶を掘り起こすような作業を要求していることと同じことになる可能性もある。両親との望まぬ対決に向かっていたのかもしれない。あるいは,記憶の片隅にあった過去を思い出してしまったために,Oさんの物語自体が変わってしまうかもしれない。その作業を新しい発見があってよかったと思うのか,つらい作業だったと思うのかは,その協力者次第だ[注5]。しかし,調査だからとそのような作業を強いる権利が調査者にはあるのだろうか。インタビューする際,筆者は自分のこの体験を思い出す。

また,Oさんはさまざまなことを「面白い」「すごい」という言葉で表現し

[注5] 調査依頼の際,筆者は,プライバシーの保護と調査協力の自由を主に話してきたが,インタビュー自体がつらい体験になる可能性も述べておく必要があるのではないかと思いいたった。自戒を込めて記す。桜井・小林(2005)には,同意書には「ライフストーリー・インタビューによって気持ちが整理されたり癒されるだけでなく,気持ちが沈む場合もありうること」を記載すること(p. 23)が述べられている。

ていた。もちろん O さんが日本語の第二言語話者であることに留意する必要
があるだろう。

5. おわりに

　以上，O さんとの調査を材料として，筆者の調査方法とその背景を具体的
に提示してみた。結局，研究者の「構え」を描くべきだという三代（2014）も筆
者も，研究者の抜き差しならぬ関与は認めつつも，目的が異なるために，研究
の提示の仕方が異なっていると言える。「ライフストーリー」を使った研究を
今後，どのように進めていくべきか，議論を深めていかねばならないだろう。

　本章で示したように，協力者の過去についての語りを理解するという作業
は，研究者が自分自身の理解の枠組みを変更しなければならないという点で，
研究者にとって，負荷がかかる作業である。同様に，協力者にとっても，過去
を語るという作業は，時に，自分の過去を否応なしに整理させられる作業とな
ることもある。

　本章で提示した議論は，膨大な解釈学的な質的研究の系譜の一部に過ぎな
い。ライフストーリーに限らず，日本語教育の中で，もっと質的研究が認めら
れ，多くの研究が生まれることを願っている。

［謝辞］　仮のストーリーの公開を認めてくれた O さんに感謝します。本研究は
JSPS 科研費 25370594 の助成を受けたものです。

［資料 1］

〈逐語記録〉
O：でもここに来たら，ちょっとはあー，ちょっとみんな時間がないから
　　ちょっとなんか，ちょっと変わっている人が
中：変わっている人が？
O：ちょっとちょっとなんか世界は違う，みんな，世界が違うから
中：ああ，みんなそれぞれ自分の世界があってっていう意味？　世界が違うって
O：ああそうですね
中：私といっしょに遊べないってこと
O：いいえいいえ，なんか，日本語学校のときはみんな，なんか国からなんか仕

送りをしてもらってる，もらっていた，みんななんか，アルバイトはなんか生活のためじゃなくて，なんかなんか，買い物とか，本当になんか楽しいのため，アルバイトをしたりとか，で，なんかみんな，父とか母とか，お金をもらったりしていた　みんなは，時間がいっぱいあって，いっしょに，なんか，いっしょに遊んだりとかもよくしました //うーん// でも，この大学に入ったら，みんなはなんか生活のため，アルバイトをしてる　//んー//　なんかちょっと，ん，みんなちょっと変わっている

〈出来事とその時系列順〉

　日本語学校のときは，同級生たちは，父母から仕送りをしてもらっていた。
　日本語学校のときは，同級生たちは，アルバイトで自分の楽しみのためのお金を稼いでいた。
　日本語学校のときは，同級生たちは，時間がたくさんあった。
　日本語学校のときは，Oさんはみんなといっしょによく遊んだ。
　A大学の同級生は，生活のためにアルバイトしている。
　A大学の同級生は時間がない。
　A大学の同級生はOさんと世界が違う。

参考文献

浅野智彦(2001)．『自己への物語論的接近——家族療法から社会学へ』勁草書房．
石川良子(2009)．「「分からないことが分かる」ということ——調査協力者への共感をめぐって」『質的心理学フォーラム』1, 23-31.
エプストン，デービッド・ホワイト，マイケル(1997)．「書き換え療法」シーラ，マクナミー・ケネス，J. ガーゲン(編著)『ナラティヴ・セラピー——社会構成主義の実践』(野口裕二・野村直樹(訳))(pp. 139-182.)　金剛出版．[McNamee, S., & Gergen, K. J. (1992). *Therapy as Social Construction*. Thousand Oaks, CA: Sage.]
ガーゲン，ケネス(2004)．『社会構成主義の理論と実践——関係性が現実をつくる』(永田素彦・深尾誠(訳))　ナカニシヤ出版．[Gergen, K. J. (1994). *Realities and relationships: Soundings in social construction*. Cambridge, MA: Harvard University Press.]
グリーン，ジェニファー，C (2006)．「評価による社会的プログラムの理解」デンジン，ノーマン，N. K.・リンカン，イヴォンナ，S. (編)『質的研究ハンドブック3巻——質的研究資料の収集と解釈』(平山満義(監訳))(pp. 367-384.)　北大路書房．[Denzin, N. K., & Lincoln, Y. S. (2000). *Handbook of qualitative research. (2nd ed.)*. Thousand Oaks, CA: Sage.]
桜井厚(2002)『インタビューの社会学——ライフストーリーの聞き方』せりか書房．
桜井厚・小林多寿子(編著)(2005)．『ライフストーリー・インタビュー——質的研究入門』せりか書房．

シーラ, マクナミー・ケネス, J. ガーゲン(1997).「序章」シーラ, マクナミー・ケネス, J. ガーゲン(編著)『ナラティヴ・セラピー――社会構成主義の実践』(野口裕二・野村直樹(訳))(pp. 139-182.) 金剛出版.［McNamee, S., & Gergen, K. J. (1992). *Therapy as Social Construction.* Thousand Oaks, CA: Sage.］

津田塾大学言語文化研究所言語学習の個別性研究グループ編(2006).『第二言語学習と個別性――ことばを学ぶ一人ひとりを理解する』春秋社.

中山亜紀子(2009).『「日本語を話す私」と自分らしさ――韓国人留学生のライフストーリー』大阪大学博士学位論文.

中山亜紀子(2014).「わからない原因を考える――ライフストーリーのより深い理解に向けて」『リテラシーズ』14, 45-54.

ブルーナー, ジェローム(1998).『可能世界の心理』(田中一彦(訳)) みすず書房.［Bruner, J. (1986). *Actual minds, possible worlds.* Cambridge, MA: Harvard University Press.］

ブルーナー, ジェローム(1999).『意味の復権――フォークサイコロジーに向けて』(岡本夏木・仲渡一美・吉村啓子(訳)) ミネルヴァ書房.［Bruner, J. (1990). *Acts of meaning: Four lectures on mind and culture.* Cambridge, MA: Harvard University Press.］

宮内洋(2009).「インタビューにおける語りの扱いの相違――ある女性の〈非科学的〉な語りをもとに」『質的心理学フォーラム』1, 58-65.

三代純平(2014).「日本語教育におけるライフストーリー研究の現在――その課題と可能性について」『リテラシーズ』14, 1-10.

八木真奈美(2013).『人によりそい, 社会と対峙する日本語教育――日本社会における移住者のエスノグラフィーから見えるもの』早稲田大学出版部.

やまだようこ(2000).「人生を物語ることの意味――ライフストーリーの心理学」やまだようこ(編著)『人生を物語る――生成のライフストーリー』(pp. 1-38.) ミネルヴァ書房.

リースマン, キャサリン, コーラー(2014).『人間科学のためのナラティヴ研究法』(大久保功子・宮坂道夫(監訳)) クオリティケア.［Riessman, C. K. (2008) *Narrative methods for the human science.* Thousand Oaks, CA: Sage.］

リクール, ポール(1990).『時間と物語Ⅲ――物語られる時間』(久米博(訳)) 新曜社.［Ricœur, P. (1985). *Temps et récit. Tome 3, Le tmeps raconté.* Paris, Seuil.］

涌井幸子(2006).「「望む性」を生きる自己の語られ方――ある性同一性障害者の場合」『質的心理学研究』5, 27-47.

Benson, P. (2005). (Auto) biography and learner diversity. In P. Benson & D. Nunan (Eds.), *Learners' stories: Difference and diversity in language learning.* (pp. 4-21.) Cambridge, United Kingdom: Cambridge University Press.

Hatch A. J. (2002). *Doing qualitative research in education settings.* Albany, NY: State University of New York Press.

Mishler, E. G. (1995). Models of narrative analysis: A typology. *Journal of Narrative & Life History, 5*(2), 87-123.

Norton, B. (2000). *Identity and language learning: Gender, ethnicity and educational change.* Harlow, United Kingdom: Longman/Pearson.

Pavlenko, A., & Blackledge, A. (2004). New theoretical approaches to the study of negotiation of identities in multilingual contexts. In A. Pavlenko & A. Blackledge (Eds.), *Negotiation of identities in multilingual contexts* (pp. 1-33). Clevedon, United Kingdom: Multilingual Matters.

Pavlenko, A., & Lantolf, J. P. (2000). Second language learning as participation and the (re)construction of selves. In J. P. Lantolf (Ed.) *Sociocultural theory and second language learning* (pp. 155-177). New York,

NY: Oxford University Press.
Polkinghorne, D. E. (1988). *Narrative knowing and the human sciences.* Albany, NY: State University of New York Press.
Ushioda, E. (2009). A person-in-context relational view of emergent motivertion, self and identity. In Z. Dörnyei & E. Ushioda (Eds.), *Motivation, language identity and the L2 self* (pp. 215-228). Bristol, United Kingdom: Multilingual Matters.

往復書簡2　中山亜紀子×三代純平

三代

　たしか，2013年に日本語教育学会でパネルをごいっしょしたとき，中山さんは，自身では，ライフストーリー研究法をやっているという意識はない，ライフストーリーを用いて研究しているというお話をされていたと思います。そのとき，私や石川良子さんは，あまりそこを分けて考えてはいないと言いました。一方で，日本語教育で，方法論としてライフストーリーに非常にシビアに向かい合っているのは，実は中山さんじゃないないかという印象も私にはあります。だからこそのあのときの発言だったのでは，と。そこらへん，もう少しお聞かせ願えますか。

　また，中山さんは，ライフストーリーを聞きながらも，どこか，聞くことに批判的な目を持っている気がします。それが，すごく私は好きですが—そういう中山さんから見て，ライフストーリーを日本語教育の実践に取り入れることの課題は何でしょうか。

中山

　三代さんは，サドですね。本当に難しい質問です。まず，2つ目の質問から。

　自分の過去を語るっていうことは，今の自分を形作ってしまうと私は思っています。私も結構おしゃべりなほうで，昔の嫌だったことから，今の職場の愚痴まで，いろんな人に話しますが，それはそれであって，そんなに長く，自分の過去を語ったりしないんですよね。系統立ってないし，首尾一貫なんて全然していない。Bamberg[注1]という人が，青少年のアイデンティティを研究していて，そこで，友だち同士の「small talk」を題材にしています。小学生の高学年から中学生ぐらいの男の子たちが，自分が，エッチな場面に遭遇したとき，どうしたかとかの話をしているんです。そして「まじめな自分」とか「ちょっと悪い自分」とかお互いにデモンストレーションし合ってるんですね。Bambergは，そういうデモンストレーションを認め合うことが，青少年のアイデンティティを作っていると言っているんですけど。なぜBamberg

が「small talk」を題材にしたかというと，若者は，自分の過去の話を長々とはしないからなんです。これは，若者だけじゃなくて，私ぐらいのおばさんでも，よっぽど人生の壁にぶち当たって，疲れてしまったときじゃないと，そんなに深く自分のことを振り返って，他の人に体系立てて話しませんよね。

　なぜ自分の過去を振り返らないかというと，本当に真剣に向き合ってしまうと，今の自分にとって都合のいいこと，悪いことがいっぱい出てきてしまう。そんなことをしたら今の自分を作っている「自分のイメージ」が，自分の中から壊れてしまう。それこそ，失踪したり，懺悔しなくちゃいけなくなっちゃうからだと思うんです。

　カウンセリングも流行っていますけど，簡単に言ってしまうと，自分の過去を，カウンセラーに話して，今までは思い出しもしなかった事柄を思い出したり，異なった見方ができるようになると，今の生きにくさが解消されるらしいですね[注2]。そんなのも他の人に自分の過去を話してくださいって言うことに対する怖さにつながっていると思います。

　それなのに，論文のためって言って他の人の過去を根堀り葉掘り聞くんだもん。博士論文のときは，自分の私生活にも関わるすごく切実な問題をテーマとして設定して，それに協力してもらったので，自分の中で，協力者の人に「ごめん」と思いながらも，その真剣さゆえに許される部分があると思ったのですが，あまり切実な問題がなくて，なんとなく，インタビューするときなんて，「あーいいのかなー」ってすごく後悔しながら，聞いています。もし，私が「聞くこと」に対して批判的な目を持っていると感じられたとしたら，そこじゃないですか。

　だから，日本語教育の実践のなかで，「過去を語ってみましょう！」なんてことは，口が裂けても言えないし，したくないですね。でも，自分の過去って，何もライフストーリーで語るだけじゃないんだと思うんです。ポートフォリオにしたって，自分の過去を語っていることになるし，他人のライフストーリーを読んで，「私にもこんな経験あった」っていうのも，自分の過去を振り返ったりすることだと思うんですね。それでいいんじゃないかというのが，私のスタンスです。これが，教育的にどんな意味があるのかっていうのは，すごく難しいですけど。これから明らかにしていきたいですね。

　1つ目の問題については，私は逆に三代さんに質問したいです。今回書きま

したが，私にとっては，「ライフストーリー」っていうのは，「言語習得」とか「第二言語生活」という体験に接近する手段の１つです。他の方法もあるんだけど，いろんな制約があってできないから，ライフストーリーで聞いていると思っています。だから，どんな風に語っているのかとかはあまり興味がない。「ライフストーリー研究」っていうと，イメージ的にライフストーリーがどう語られているのかとか，マスター・ナラティブとの関係とかを研究しているって思ってしまいますけど，そういうことですか？

　私も関係なくはないけど，私がしたいこととはちょっと違うなと思います。私がライフストーリーを聞く目的の１つは，私が聞いたストーリーを，読者である教師たちに還元することです。その人を理解しようと思いながら聞いていると，いろんなことがわかってしまう。でもそれは，私の「わかり方」であって，その人が思っている自分に対する理解とは違うんですよね。プロットを作るというのは，出来事と出来事の間の意味を考えることで，それが首尾一貫したときに理解できたと考えるという方法をとっているんですが，私がストーリーを書くときは，私が理解した，出来事同士の意味を直接的にストーリーのなかに書きはしません。それは協力者が語ってくれた限られた情報から，協力者について私が勝手に作った像であって，それをもとに，協力者を分析したくない。分析するよりも，読者にも自分なりの協力者像を作ってもらって，教育現場を豊かにすることが，私がライフストーリーを聞く目的です。それが，協力者の過去を詮索させてもらった間接的なお礼になるのではないかと思っています。

三代

　サドですか（笑）。私がライフストーリーを「いかに語られたか」を重視しながら考察すること，また，マスター・ナラティブなどの語りの様式や聞き手の「構え」などにこだわりたいと思うのは，序に少し書かせてもらいましたが，自分の調査経験に根ざしています。特に私は，もともと「日本事情」の実践研究から日本語教育研究に入っています。そこでは，「ステレオタイプ」が日本語教育という場で再構築されているように感じていました。そのことに私

自身が非常に居心地が悪かった。ですので，マスター・ナラティブ，モデル・ストーリーということに敏感だったのかもしれません。また，私も中山さん同様，現場に，自分が聞いたものを還元したいと考えています。そのとき，マスター・ナラティブなどを視野に入れると，そういった社会的文脈に埋め込まれた語りと自分がどう向き合ったかということが，非常に参考になるのではないか，と考えています。

注

1 Bamberg, M., & Georgakopoulou, A. (2008). Small stories as a new perspective in narrative and identity analysis. *Text & Talk: An Interdisciplinary Journal of Language, Discourse Communication Studies, 28*(3). 377-396.

2 ホワイト, マイケル・エプストン, デビット(1992).『物語としての家族』(小森康永(訳))金剛出版. [White, M., & Epston, D. (1990). *Narrative means to therapeutic ends.* London: W. W. Norton & Company.]

第 7 章

複数言語環境で成長する子どものことばの学びとは何か
——ライフストーリーに立ち現れた「まなざし」に注目して

中野 千野

1. はじめに — なぜ,「まなざし」に注目するのか

　グローバル化の進む今日では,幼少期より国を越えて移動し,複数の言語や文化に触れながら成長するといった子どもも少なくない。本章では,そのような複数言語環境で成長する子どものことばの学びについて考えたい。「ことばの学び」とするのは,単に「○○語」の知識やコミュニケーション能力の獲得として限定的に捉えるのではなく,子ども自身の「考える力」や「生きる力」(川上,2007, p. 86)につながる過程として捉えているからである。日本語教育においては,ことばの教育に携わる者を「実践者」とするならば,「実践者」は教師であり研究者でもあるという二つの役割を兼任していることが多い。その意味で,「実践者」は授業実践→調査・研究→授業実践という過程において存在し,その対象となる人たちの存在とともにある。

　筆者が「まなざし」に注目するようになったのは,海外に定住するある子どもへの授業実践の省察において,実践者[注1]が「自らの「まなざし」に自覚的になる」重要性を明らかにしたことによる(中野,2013, p. 41)。「まなざし」の定義については次節で詳述するが,授業実践において省察が必要であれば,調査・研究においても必要なはずである。ところが,調査・研究においては,私たち「実践者」は,子どもたちをまなざす「主体」とは捉えても,子どもたちからもまなざされる「客体」でもあるということには,十分に自覚的であっただろうかという疑問が湧くのである。

　その疑問から気になりだしたのが,本調査協力者(以下,さゆりさんとする)であった。さゆりさんにとって筆者の研究に協力することは,彼女のことばの学びに,ひいては人生にどのような意味があったのだろうかと考えた。そ

注1　ここではその授業にかかわった親,教師,研究者を指す。

こから，さゆりさんのような背景を持つ複数言語環境で成長する子どもの生活世界や人生といった「生」の中に，かれらが持つ複数言語がどのように捉えられ，位置づけられているのかという主観的な思いを知る必要があるのではないかと考えた。その主観的な思いを知るには，かれら自身に語ってもらうしかない。かれらは何を語り，何を語らないのか，そういった中にかれらのことばの学びを巡るさまざまな思いや世界観が，時に視線や態度として，あるいは具体的な発話となって現れる。それこそが語りに埋め込まれた認識的枠組み，すなわち「まなざし」だと考えたのである。筆者は，調査者と調査協力者双方の「まなざし」の可視化のためにライフストーリー（以下，LSとする）研究法を採用した。その理由は，LSそのものが極めて個人的な「生」の中に根ざしていること，そして語りを対話的に構築していく中で，調査者と調査協力者の双方が，その語られたLSを深くまなざすことにある。つまりLSにおいてなぜそのように語ったのかを見ることは，非言語・言語の両面を含め見ていくことになり，その語りの内容や語り方に深く関係する「まなざし」を可視化することになると考えたのである。

2. 先行研究からの示唆
2.1 「まなざし」の定義

　日本語教育においては「まなざし」と謳った研究は管見の限り見当たらないが，幼児教育学，教育社会学などの領域では多く見られる（たとえば菊池, 2005; 布川, 2009; 中村, 2012ほか）。

　保育場面では，菊池（2005）が保育者の遊びを捉える「まなざし」に注目し，遊びを通して構築される文化理解がなぜ困難なのかを分析した。菊池は，従来の教育研究が子どもが集団になることを自明視し，その集団をどうコントロールするかといった教育者側からの視点で議論されていたこと，子どもたちが集団としてつながり，そこに文化を形成しているという子どもの視点から見ることがなかったことを指摘した。そしてその背景に，保育者側に集団と子どもの関係性への固定化した見方があることを論じた。

　教師の「まなざし」に注目した論考も多く見られる（たとえば中村, 2012）。中村は，欠損言説や個体能力観の只中で，教師の「まなざし」がどのような文化的・政治的実践の媒介としての意味を持つのかを考察した。そして教師たちの「まなざし」は，子どもへの共感やケアといった側面だけではなく，時に文化的序列や社会的排除を生み出す媒介となることを指摘した。その一方で，教

師自身や子どもたち，保護者の葛藤や矛盾を捉えようとすることで，教室や社会の中での価値や関係のあり方を問い直す脱構築実践の意味を持つことも明らかにした。

社会の「まなざし」に注目した論考もある。布川(2009)は，ドイツにおける移民の子どもの「学力」を媒介に，受け入れ社会の移民に対する「まなざし」と移民の受け入れ社会に対する「まなざし」とがどのような形で交錯しているのかを論じた。そして，受け入れ社会の「まなざし」には，移民の子どもが低学力であっても高学力であっても敵視するという否定的な「まなざし」があること，それが移民の子どもの「まなざし」を期待から失望，ひいては自らをも排除へ向かわせているということを明らかにし，「まなざし」は相互関係性の中で交錯することを指摘した。

これらの領域での「まなざし」は，その多くが支援であったり，授業であったり，その社会における政策であったりと，何らかの実践を伴って議論されている。そして，「まなざし」に注目することで，その「まなざし」が意味することを明らかにし，それぞれの「場」において，たとえば保育者と子ども，教師と生徒，移民とホスト社会の人々といった関係性がどう編みなおされ，実践が変わっていくのかを議論していた。つまり，「まなざし」は，見方や考え方などその人が持つ「認識的な枠組み」として捉えられ，実践と深く関係すると考えられているのである。それゆえに「まなざし」は，文字通りの視線や目つき，表情や態度といった非言語行動から実際の発話や政策に至るまで，何らかの非言語や言語行動となって表出されている。よって本章での「まなざし」は，「視線や態度，ことばなど具体的な非言語・言語行動に現れる認識的枠組み」とし，分析作業上の定義とする。

2.2 「まなざし」に注目する意義

社会学の立場から LS 研究を行う桜井(2002)は，語りを「共同の産物」として捉えるだけでなく，調査者も「調査の重要な対象」(p. 9)として位置づける。桜井は「インタビューの場こそが LS を構築する文化的営為の場」[注2](p. 31)であると考えており，その「文化的営為の場」では，語り手と調査者(聞き手)の双方が「主体」であるにもかかわらず，これまで調査者は，語り手を「必要

[注2] 桜井は「文化的営為」そのものは明確に示していないが，ここでの「文化的営為」とは，「インタビューの場」において〈いま－ここ〉を語り手とインタビュアーの双方の「主体」が生き」，語りを相互構築することを指すと解釈できる(桜井, 2002, pp. 30-31)。

な情報を持つ客体」(桜井, 2002, p. 89)としては見ても「カテゴリー化する主体」としては見てこなかったことを指摘している。桜井(2012)はこのカテゴリー化の際に，調査者側が「調査の場」に持ち込む認識的枠組みを「構え」(p. 119)と呼び，語り手の語りに影響すると説明している。それは「調査者を語り手がどのように見ているかで，語られるべきものが枠づけられている」(pp. 91-92)と考えているからである。

しかし，日本語教育の立場から「構え」を捉えると，「調査の場」だけに限定することはできない。なぜなら日本語教育においては多くの場合，調査は，授業実践→調査・研究→授業実践という流れの中に位置づけられるからである。その流れの中で「構え」を捉えるなら，「構え」は，調査の「場」だけではなく授業実践の「場」においても存在し，調査者側だけが持ち込むものではないことがわかる。加えて調査の「場」において「構え」が語り手の語りにも影響するならば，授業実践の「場」においても授業実践に影響すると考えられる。つまり「構え」は，認識的枠組みだけに留まらず実践に影響を及ぼすことになる。それゆえに日本語教育の立場においては，「構え」を能動的，相互的なものと広く捉えなおす必要がある。よって，筆者が考える日本語教育における「構え」の概念は，むしろ先行研究における「まなざし」の捉え方に合致する。そして LS においてなぜそのように語ったのかを見ることは，その語りの内容や語り方に深く関係する「まなざし」も可視化することになり，その可視化にこそ日本語教育が注目すべき意義があると考えられるのである。

2.3 複数言語環境で成長する子どものことばの学びを巡る課題

この数年は，複数言語環境で成長した経験を持つ人々の LS 研究も行われている(たとえば中川, 2011; 谷口, 2013; 小間井, 2013 など)。

中川(2011)は，大学進学後にベトナム語を学ぶようになったベトナム難民2世への LS インタビューから，バイリンガル育成に必要な社会のあり方について考察した。そして，親とのやり取りがコミュニケーション力を高めていること，その調査協力者にとってはインタビュー自体もルーツについての理解を促進する機会となっていたことを指摘した。そしてバイリンガル育成には，「本人や親，コミュニティのみならず，文化理解の機会提供や母語継承システムの支援を必然とするための，受け入れ社会側への働きかけが重要である」(p. 85)ことを明らかにした。谷口(2013)は，幼少時に言語・文化間移動を経験したサト子という女性が記述した LS を用いて，複数言語意識が自己形成や生き方

にどのように関係するのかを長期的に研究した。この論考は，サト子にとってLSを語る・書くという行為が「移動」によって生じた「時間的・空間的断絶を修復し，連続性を回復する」意味となっていたことを明らかにした。そして複数言語環境で成長する子どもの言語教育には，生涯発達という観点，母語発達や多言語・多文化教育の観点が重要であることを示した。小間井（2013）も，複数言語に注目し，東京で幼少期を過ごし，帰国後も日本語の勉強を続けた2名のフランス人のLSをもとにことばの支援のあり方を論じている。この2名がフランスへの移動によって自分の中の複数言語と複数文化に向き合い，そのことを生き方に反映させていたことから外国語の学習・習得の支援には，親の複数言語や複数文化に対する姿勢の重要性を主張した。この研究結果は，子ども自身がどのように複数言語と向き合い，言語を習得してきたのかということへの理解に大いに寄与する。

　これらのLS研究の知見は，これまで見落とされてきた問題や新たな課題を明らかにし，次々と日本語教育の俎上に載せるという貢献をしてきた。その一方で，その語り手が調査者や調査者の属する世界との関係において，なぜそのように語ったのかは不透明である。その意味で「まなざし」に注目しながら概観すると，次の3点の調査者の「まなざし」が見えてきた。

　1点目は，複数言語環境で成長する子ども（成長した人）たちをカテゴリー化して捉える「まなざし」である。たとえば中川（2011）の論考であれば，調査協力者は「新しい在日ベトナム人像」として描かれ，小間井（2013）の論考では，「外国語としての日本語」学習者として，谷口（2013）の論考では，「中国帰国者三世」として表現されていた。このことから，これらの論考における調査者には，個人の語りに注目はしても，その個人については枠組みから捉えようとする「まなざし」があることは否定できない。

　2点目は，二言語を中心としてことばの学びを捉えようとする「まなざし」である。中川の論考では，ベトナム語と日本語を中心とした「バイリンガル育成」(p.85)であり，谷口の論考では「第一言語」と「第二言語」，小間井の論考では，「第一言語（母語）」と「外国語である日本語」というように二言語を中心にして捉えようとする「まなざし」である。

　3点目は，その子ども（だった人）たちに対する「母語」継承への自明視である。中川は「母語継承へのシステムを必然」(p.85)とし，谷口は「第二言語の習得のみを目標とするのではなく」，「子どもの母語保持，母語の継続的発達」(p.67)の重要性を説く。小間井は「外国語としての日本語」の習得は，「母語

（第一言語）」の「影響を受ける」(p. 111)という見解から，調査協力者二人の「第一言語（母語）」の習得を危惧している。

　調査者がこのような「まなざし」を持つことは次の3点で問題を孕む。

　1点目は，調査協力者をカテゴリーから捉えるということは，それに付随する問題も内包することになる（川上, 2013）。たとえば，その人にとって「母語」が何かや何が「第一言語」で「第二言語」か，あるいは「中国帰国者三世」であるとか「新しいベトナム人像」であるとか，そういったさまざまなことばやアイデンティティとの関係性は本人の主観にかかわることで，かれらが一生かけて意味づけていくことであろう。そのように捉え描こうとする調査者をかれらはどのようにまなざしていたのだろうか。そういったことに対する調査者の自己言及的な省察が十分なされないということは，これからもまたそのように描いていく可能性を包含するのである。

　2点目は，二項対立的な実践につながる傾向を孕む。そもそも言語習得研究，心理学アプローチ，言語教育の領域においては「二言語間，二文化間接触の形態に関して」，二元化とするモデルが優位にあった（コスト・ムーア・ザラト, 2011）。二元化は「均衡か不均衡か，共同か別々か，対話か対立か」といったイメージから「二言語話者，二言語使用という言葉」にも「二項関係の隠喩を持ち込」み，「偏ったイメージ」(p. 251)をもたらすことが指摘されている。加えて，従来の「外国語教育／学習」は「母語話者を理想のコミュニケーション主体」(p. 250)であるとし，コミュニケーション能力の育成を図ってきたのである。その流れから言語習得研究も「母語話者」と「非母語話者」のインターアクションに注目し，研究を展開してきた。たとえば筆者（中野, 2007）は，海外の日系の美容室において，日本語を学んだ経験を持つ店員がどのように日本人客とのインターアクションを調整，管理していくのかということを分析したが，その際の分析には「母語話者」の言語規範を中心に据えていた。

　3点目は，「母語」継承への自明視であるが，先述した潮流の中で，移民の子どもたちを対象とする言語教育では「母語」教育が重視されるようになっていった。それは，Cummins(1981)が提唱する「相互依存仮説」に影響を受けていると考えられる。小間井も論考の中で引用しているように，Cumminsは一見異なる言語能力として存在するように見える二つの言語能力は，実は水面下で共有され，互いに影響しあうとし，それゆえに「母語」力の育成も重要であることを主張した。その考え方が言語教育や言語研究の流れの中で重視され，ことばの学びにかかわる親だけではなく，教師や研究者までもが親の「母語」

継承を自明視するようになったのではないかと考えられる。このような言語教育観や人生観をもとに繰り広げられる日本語教育の実践展開では，親の「母語」を継承しない子どもの生き方や，海外の補習授業校あるいは国内の「母語」教室，その果てにはそのような教育場面から消えていくような子どもは，人生や学校教育的成功において「不成功者」として見なされ，その原因はその子ども個人の問題として捉えられる傾向がある（中野，2013）。

これらの論考においては，調査協力者がなぜそのように語ったのかということについては十分に明らかにされていない。調査者は，複数言語や「マジョリティー側に属する人々から向けられる視線」（中川，2011, p. 85），「多言語・多文化教育」（谷口，2013, p. 67）に注目はしても，自らが向ける「まなざし」には十分に自覚的であったと言えるだろうか。語りを構築した調査協力者もまた調査者をまなざす「主体」なのである。「まなざし」と実践が双方に深く関係するならば，調査者がどのような「まなざし」を向け，授業のみならず，ことばの教育の調査・研究にかかわっているのかは常に問われるべき課題であり，その「まなざし」自体を省察的に捉えていくことは極めて重要なことである。しかし日本語教育の調査・研究においては，先行研究でも示唆されたように，調査者自身の「まなざし」自体は，十分に問われてきたとは言い難いのである。

したがって，本章で明らかにすることは次の4点である。1点目は，調査者のみが，調査協力者をまなざす「主体」として捉えるのではなく，調査協力者も調査者や調査自体をまなざす「主体」として捉え，LSインタビューに立ち現れる「まなざし」とは何かを考察する。2点目は，その結果を踏まえ，複数言語環境で成長する子どものことばの学びについて検討する。3点目は，導き出された答えとともに，日本語教育におけるLS研究の意義について考察し，最後に，複数言語環境で成長する子どものことばの学びとは何かを議論する。

3. 研究方法
3.1 調査協力者—さゆりさんのプロフィール

さゆりさんは，9歳でブラジルから母親，妹とともに来日した。1990年の法改正[注3]に伴い，先に来日していた父親と暮らすためである。2013年の調査時は25歳であった。来日後，さゆりさんは日本語がわからないまま公立小学校の4年生に転入した。日本語学級にも在籍したが，当時の授業内容や担当教

注3　1990年の「出入国管理及び難民認定法」改正を指す。

師の言動に不信感を抱き，中学進学後は，日本語学級への通級をやめている。小学校でいじめを受けた経験から不信感が募り，中学校時代は犯罪の世界と裏表の生活を送る。当時の仲間は，男子は刑務所か少年院送致となり，女子は妊娠して中学校中退という道を辿る中，さゆりさんだけが工場勤務をきっかけに立ち直っていった。その後高校に進学，担任や教科教師の支援もあり，関東圏内の有名大学に合格した。大学卒業後は，移民研究のためにカナダの大学院へ留学し，修士号を取得，2013年春に帰国した。現在マスコミ関連の仕事に従事している。

3.2 インタビュー

　筆者は，インタビュアーである調査者自身も分析されるべき「調査の重要な対象」と見なす立場をとる。LSインタビュー（以下，インタビューとする）は対話的方法で進め，許可を得てICレコーダーに録音した。インタビューは，2008年2月はさゆりさんの居住地近くの喫茶店で3時間，2013年5月はさゆりさんの住むアパートで1時間半行った。2013年のインタビューは，さゆりさんが引っ越して間もない頃で，部屋にはダンボールの箱が山積み，床に布団が一枚敷いてあるだけだった。インタビューはその布団の横に座って行った。

3.3 「まなざし」の分析

　録音したものは逐語文字起こしを行い，「語り手がよく使う言葉」（桜井，2002, p. 183）や「シンボリックなフレーズ」（桜井・小林，2005, p. 158）に留意しながら，ストーリーごとに小見出しをつけ分節化した。その分節化した二つのデータ（2008年のインタビューで得た語りと2013年に得た語り）を比較しながら，語りの内容とその語り方に大きな変化が見られた語りを抽出した。その抽出した語りに立ち現れた「まなざし」とは何か，それらの「まなざし」はどのように形成され，ことばの学びに関係しているのかを分析した。

4. さゆりさんのライフストーリー

　さゆりさんと筆者の出会いは2008年2月である。当時さゆりさんは大学2年生で，これまでの経験を活かし，来日間もない子どもたちのために進路相談のボランティアをしたりポルトガル語を教えたりしていた。また，さまざまな調査・研究にも協力していた。

　他方，筆者は修士課程の大学院生で，ある少年院と連携し，特殊目的のた

めの日本語教育プログラムを構築しようと試みていた。ところが一年余りに及んだその少年院との関係は，少年院側の意向で突然終止符を打たれた。筆者は修士論文執筆という大学院生としての立場に加え，民間機関からの研究助成が決定しており，途方に暮れていた。そのような時期に共通する友人の紹介で出会ったのがさゆりさんであった。さゆりさんは追い込まれた筆者の状況を察し，研究協力を承諾してくれたのである。窮地に立たされた筆者にとって，さゆりさんは日本語教育との関係の中で，自らの負の経験を交え，さまざまな困難を乗り越えた当事者として語ってくれる貴重な存在であった。

　その一方で，さゆりさんは刑務所や少年院送致になった昔の仲間から，当時の話をすれば「殺す」と脅迫されていた。そのため，さゆりさんが筆者の研究に協力しLSを語ることは危険を伴う。さゆりさんの安全を考えると，研究に踏み切ってもよいものかと相当悩み，さゆりさんに何度も確認した。しかし最終的には，さゆりさんの素性が明らかとなるような記述は一切伏せるという条件で研究に至ったのである。その背景には，さゆりさんが繰り返し述べていた「自分のような経験をこれからの子どもたちに味わってほしくない，自分の経験が役に立つならば協力したい」という強い気持ちと，窮地に立たされていた筆者を「助けてあげたい」という善意がある。本研究がこのような経緯の上に成り立ったことは，特筆すべき事項である。

　本章でとりあげる例は，語りの内容とその語り方に大きな変化が見られた語りである。2008年に得られた語りを5年前の語りとして，2013年に得られた語りを現在の語りとして提示した。語りの中の＊は「調査者」[注4]（＝筆者）で，Sはさゆりさん[注5]である。

4.1　枠組みを前提とした語りから「個」を重視した語りへ

　5年前の語り1・2は，ブラジルから来日した子どもたちが，いかに地域社会の人たちから問題視され，「非行少年・少女」として形作られていくかを語ったものである。「調査者」は，さゆりさんがインタビュー前半で，来日後

[注4]　「調査者」と記載する場合は，本章の筆者が「調査者」である場合を指す。調査者と記載する場合は，調査者全般を指す。

[注5]　スクリプトの表記は，桜井（2002, pp. 177-180）を応用したものである。同時発話：[[　重複発話：//（文中に挟んで挿入）　沈黙：・・点ひとつは一秒　聞き取り不明箇所：X　句読点：。は文の切れ目を表す。，は息継ぎ箇所を示す　疑問符：上昇音調を示す　笑い：（笑）　状況説明：(( ))インタビュー場面の状況や語り手の表情などを示す　前出語の説明：〔〔　〕〕特殊な語彙の解説　補足説明：（　）　語尾の延ばし：ー

いじめられた経験から，友達は「日本人じゃない」「絶対外国人」だった，「ブラジル人の友達はいた」と語っていたことを思い出し，次の質問をした。

5年前の語り1
＊：その時(中学校に入った頃)，あの一ブラジル人のお友達とかいっぱいいたって，周りにいたって，言ってたけど，そのお友達は？
S：もうその時から，結構，不良と呼ばれてる人と一緒にいたりしてたんですけど，妊娠して学校やめた人とかもいますね，中学校の時に。あとは，そん時から結構悪いことしてたりしてた人とかいたかな。

そして語りは，さゆりさんが在籍学級はおろか，日本語学級，地域社会のどこにも居場所が見つけられず，一時的な満足感から行動を共にした当時の仲間が犯罪や非行に奔る思いに移っていった。その語りの背景には，当時「調査者」が，来日後の子どもたちが非行や犯罪にかかわることとことばの問題がどう関係しているのかを中心に据えて研究をしていたために，この語りを引き出したと考えられる。そして質問は次のように続いている。

5年前の語り2
［犯罪にかかわり警察に捕まっていく当時の仲間についての語りから］
＊：どうしてかれらは，そういうことしちゃうのかな？
S：日本に来て，日本人にずっと，「ああ外人，泥棒だー」みたいな感じで言われて，「ああやっぱり，おれは，この国に受け入れてくれない」みたいな，なんか自分の存在をちょっと証明したいんじゃないかなーって，ちょっととありますね。私はここにいるんだーみたいな・感じのこともあるしー。あとは，なんか，その人たちによると「私たちは，日本人と一緒じゃない，私たちは心があるんだ」ってみたいな・ことで，私たちが日本人がそうやって言ってるんだったら，だから，自分が泥棒だって日本人が言ってるんだったら，ずっと訊かれんじゃないですか，「ああ，やっぱうちら泥棒かな」って。自分で思っちゃうんですね，ずっとなんか洗脳されるって感じかな。洗脳されて，で「あ，おれが泥棒だったらしょうがない」みたいな感じでやっぱ盗みとかいっちゃったりとか，

この語りに繰り返し登場するキーワードは，「日本人」，「外人」，「泥棒」で

ある。その語られ方に注目すると，個人が登場することはなく，一括りにして捉える枠組みを前提とした語られ方が見られる。ここでいう枠組みとは，一方的にカテゴリー化し一括りにして捉えることである。そこには当時のさゆりさんと「日本人」，つまり彼女を取り巻く地域社会の人たちとの関係性を表すかのような語られ方がある。加えて当時の仲間たちの思いは，さゆりさんによる代弁という形で語られるのだが，実はさゆりさん自身の思いを語っていると解釈できる。それは次の5年前の語り3に見られる学校での疎外感と重ねて捉えることができるからである。

5年前の語り3
S：今があたしのこと，今の時間だけでもあたしのこと認めてくれるんだったら，この人といたいなっていうのがあって。だから一緒にいて楽しいし，日本の学校にいるとたぶん生意気扱いされてー，それでいいのかなーと思って，ずっと学校に行くのはdutyみたいな感じーで。もうーなんか中学校は，やめて工場で働きたかったっていうのがあって，なんかまあ，もうどうでもよかった。

来日した子どもたちの思いに自分の思いを重ねて語るこの語られ方は，5年前の語り全般を通してたびたび見られた語られ方である。その語られ方は，先述したキーワードである「日本人」，「外人」，「泥棒」というように枠組みを前提とした語られ方で，聞き手(筆者)が「調査者」であるがゆえに生まれた語りだと言える。さゆりさんは，本調査・研究への協力ということでインタビューに臨んでいる。それゆえに「日本人」である「調査者」に自分たちが置かれている内実を伝えたいという強い思いがあった。そのため，さゆりさん自身が仲間の思いの中に自分(さゆりさん自身)の姿を見てしまい，「日本人」である「調査者」に向け，さゆりさん自身のことを語っていたと解釈できる。

では，この5年前の語り1・2に立ち現れている「まなざし」に注目してみよう。そこには，来日した人々や子どもたちに対して，地域の人たちが自分たちの規範からかれらをカテゴリー化して一括りにし，「外人」，「泥棒」と位置づける「まなざし」が存在する。その人たちの「まなざし」を受けて，さゆりさんや子どもたちもまた，自分たちを取り巻く人たちを一括りにし「日本人」，日本の社会全般の「まなざし」として捉えるのである。そして，その「まなざし」は，さゆりさんをはじめ子どもたちも，自らを「外人」，「泥棒」

と位置づける。これら枠組みを前提とした「まなざし」の形成には，このインタビューの「場」において，さゆりさんが「調査者」の中に「日本人」性やその地域の社会性を見ているからだと言える。その「日本人」性や社会性は，そもそも「調査者」が，さゆりさんに本調査・研究を依頼したこと自体，さゆりさんは「日系ブラジル人」であり，自分とは違う経験を持つ者として捉える「まなざし」から生じていると解釈できる。それを裏付けるかのように5年前の語り1では，「調査者」自身も「ブラジル人のお友達」というように，子どもの国籍や出自で捉えた質問の仕方をしている。したがってここには，既に双方が「調査者」と「調査協力者」，「日本人」と「日系ブラジル人」として相手をカテゴリー化して捉える関係性が存在し，その上に成り立った語りと語られ方がある。そこに枠組みを前提とした「まなざし」が形成されているのである。ところが次の現在の語り1では，枠組みにとらわれない「私」という「個人」が登場し，「私はいつも私だから」と「個性」として捉えるという「個」を重視した語りへと変化している。語りの内容は，カナダでアルバイトとして子どもに日本語を教えるという話から，カナダでもさゆりさん自身がさまざまに表象されることを語っている。しかも，その話を自ら話題を切り替えて行った。

現在の語り1
［留学先のカナダで「日系」と表象されることに対して］
*：なんか，カナダで日本語の先生もやってたって言ってたじゃないですか？その時は，どんな気持ちでやってたんですか？
S：は，全く日本語がわからない。
*：ん，カナダの人？
S：カナダ人の子だったんですけど。(中略)でも，なんていうか，あっちにいると面白いんですね。「あんた日系でしょ」って，ずーっと言われるんですよ。こっちいると，逆に「外人，外人」って言われて，で，ブラジルにいても同じなんですよね。
*：えっ，カナダでも日系って言われるんですか？
S：はい。「Are you half Japanese?」って言われたり，「Are you Asian?」とか，そんな感じで。(中略)ほんとにブラジル行くと，あのう，「Japanese, Japanese」って，ずーっと言われますし。(中略)
*：あの，さゆりさん自身は，そういう風に言われると，どんな感じ？

S：私は，何も。最初は気にしてたんですけど，もう，も，好きなように呼んでーって言ってます。//(笑)//((明るく))もうなんでもいいよーって。もう，自分のことわかってるんで。前は，結構，揺らいでたんですよね。大学1年生，2年生の時は。でも，今はもう，自分自身がしっかりしているので，もう好きなように呼んでいいよって思ったので。
＊：ふうん。
S：自分はなんか，私を型にはめようと思っても，私はいつも私だからって思いますね。

「個」を重視した内容の変化に伴い，その語り方も「私」，「自分」という「個人」や「個性」を重視した語り方へと変化した。その語り方の変化と同時に「まなざし」に注目すると，さゆりさんは留学先のカナダにおいても「日系」人という「まなざし」で見られていることがわかる。他方，ブラジルでは「Japanese」という括り方でまなざされる。そのことをさゆりさんは，自ら明るく語るのである。そこには複数言語環境で成長した自分を「個性」として捉え，さゆりさんの中に「個」を重視した「まなざし」を形成していることがわかる。そうすることで，枠組みを前提とした「まなざし」を克服したかのように語る語られ方があった。その一方で「調査者」の「まなざし」に注目すると，明らかに枠組みを前提とした「まなざし」が存在する。さゆりさんが教えていた子どもを「カナダの人？」とあえて質問しており，出自や国籍でカテゴリー化して捉えようとする「まなざし」が現れている。

4.2 語りがたさ

「個」を重視した語りは，次の現在の語り2に見られるように，聞き手である「調査者」に向けて，自ら「日本人の友達ができた」話を登場させることにも現れていた。5年前の語りでは，さゆりさんは，来日後いじめられた経験から「日本人が信じられず，高校までは日本人の友達は一人もいなかった」と話していた。しかし現在の語り2では，自ら「日本人の友達」について語り始めた。

現在の語り2
[大学院でできた友人についての語りから]
S：一人留学生で，そのー・・・Ph. Dに留学していた人と，あと二人は普通

第7章　複数言語環境で成長する子どものことばの学びとは何か　203

に，あのー大学院生。あたしと同じように入った感じの人たち。で，最後の最後は日本人の友達ができました。(中略)
　＊：その日本人の・最後にできた友達っていうのはその人たちも大学院生？
　Ｓ：はい，大学院生。私は，あのー日本語の研究をしているところの授業をとったんですよ。そん時に日本人の友達ができました。

「調査者」は，さゆりさんの「日本人の友達ができた」と語ったその心境の変化を探るために，手を変え品を変えて質問している。ところがさゆりさんは，次の現在の語り3に見られるように，「調査者」のそれらの質問に対して応じようとはせず，違う話題を提供している。

現在の語り3
[日本人の友人ができたことについての心境の変化について]
　＊：でも，最後の最後にそうやって「日本人の友達ができた」ってことは，何か心境の変化ってあったんですか？　何かあったのかなーと思って。
　Ｓ：ま・・全然，ま，普通に日本語話してたんですけど。でもやっぱ，(米国の地名)のキャリアフォーラムに行ったら，「日本語片言だねー」とかって，いろいろ言われました。最初は。
　＊：誰に？
　Ｓ：あのう，最初は会社の人とか。やっぱり・舌が慣れないじゃないですか。

ここには，さゆりさんの「語りがたさ」注6が現れていると解釈できる。なぜなら，さゆりさんは「調査者」の質問に対してなかなか答えを返そうとしないからである。そこで「調査者」は現在の語り4の質問に踏み切っている。それに対してさゆりさんが語った語りは会社でのエピソードだった。

現在の語り4
　Ｓ：そうそう。高校までは，全然。
　＊：ねえ，いないって言ってたよね。ああ，じゃあ，変わったんだね。そういうわだかまりがちょっとなくなったっていうのもあるのかな？
　Ｓ：・・うーん，でも会社に入って，いちいち言われるじゃないですか。

注6　ここでは，語ることに困難を伴う場合に生じる沈黙や話題転換，表情などを指す。

「おーお茶飲めるんだ，おーこれできるんだ」って言われるのが，なんか，もう，うざいなって（笑）思ったりします。（中略）
S：いや，私，何歳から日本にいると思ってんだろうなって。
＊：みんな，知らない・・の？
S：たぶん知らないと思いますよ。もう，ほんとにその顔で△△（地方名／さゆりさんの実家）って言われるんですよ。毎回（苦笑）。
＊：それ，それってねえー（苦笑）ほんとに。そう言われると，・・・ムッとする？
S：いやあ，別に・・・ああ，こういう考え方があるんだなーって。

そしてこの後に出てきた語りが現在の語り5で，さゆりさんの「日本人」，「日本社会」に対する評価が明確に現れる語りである。

現在の語り5
S：なんていうか，一番会社に入って，イラッとしてるのが，日本人，日本社会，これでいいのかってすごい思ったのが，外国人のことを「外人外人」って，「そこの外人」って感じで言うんですよ。もう，私が知ってる人に「外人っていうのは，差別用語で使わないほうがいいんだよ」って言っても，でも，みんな「ああ，知ってる，知ってる」って言って，でも「外人，外人」って普通に言ってるんですよね。で，「でも外人でしょう」って言われるんですよね。

現在の語り2からここまでの語りと語られ方に注目する。語りの内容は，枠組みを前提とした語りから「個」を重視した語りへと変化した。つまり5年前の語りには登場しなかった「日本人の友達ができた」という語りの内容の変化である。語りは「個」を重視した語りへと進んでいたが，「調査者」の「日本人の友達ができた」ことへの執拗な質問に対し，現在の語り3に見られる「語りがたさ」が生まれている。その背景が語られるのが現在の語り4と現在の語り5である。語られ方も，それまでの「個」を重視した語られ方から「日本人」，「日本社会」というように枠組みを前提とした語られ方へと変化したのである。

この「語りがたさ」を生んだ裏には，「調査者」の「まなざし」とその「まなざし」に付随するさまざまな「まなざし」が関与していると思われる。

まず,「調査者」の「まなざし」に注目する。「調査者」は,インタビュー全般において「日本人の友達ができた」ことにこだわり,その意味づけを執拗に問うている。このことから,来日した子どもたちのことばの学びには日本人＝母語話者の友達が必要であるという「まなざし」を持ってインタビューに臨んでいることがわかる。それゆえに,さゆりさんは,「調査者」との関係性を重んじ,「調査者」のその「まなざし」に応えるべく「日本人の友達ができた」話を強調し,繰り返し登場させたとも考えられる。なぜなら,さゆりさんと「調査者」の関係性は,この頃には友人のような関係性が構築されつつあったからである。さゆりさんとの出会いは,確かに調査・研究を通じてではあったが,何度か食事をとった際に,さゆりさんの語ったLSがなぜか筆者の人生と重なる点が多く共感を得たという話から,筆者が幼少期に一人親家庭となり,さまざまな困難を経験し成長してきたという身の上話となった。さゆりさんにとっては,その身の上話はとても印象深かったようである。筆者は,その時からお互いの心的距離が近くなったと感じていたが,後にさゆりさんもその感覚は同じだったと語っている。

　次に,付随するさまざまな「まなざし」であるが,ひとつは,キャリアフォーラムに参加していた企業の人が,自らを日本語母語話者とし,その規範意識からさゆりさんの日本語力を捉える「まなざし」が存在する。もうひとつは,就職先の会社の人が,さゆりさんをはじめ来日した人々全般に対して「外人」と位置づけてまなざす「まなざし」がある。それらの「まなざし」に対してさゆりさんは克服したように語っていたが,実は未だ「日本人」や「日本社会」というものへの強い批判的な「まなざし」を持っていることがわかる。

　したがって,さゆりさんの「語りがたさ」が生まれた背景は次のように考えられる。「調査者」や会社の人が結局は,来日して何年たってもさゆりさんを「外人」という枠組みからまなざす時,さゆりさんも「調査者」や会社の人を枠組みから捉えることで抵抗した。ところが「調査者」個人との関係性がこのインタビューの「場」で構築されるにつれて,「個」を重視した「まなざし」が形成されていった。つまりさゆりさんが,日本人の友達が必要だとする「調査者」の「まなざし」を捉えた時に,彼女の中で「調査者」をどう捉えるかという葛藤が生まれたのである。その葛藤とは,「調査者」という枠組みから捉えようとする「まなざし」と,千野さん[注7]という「個」を重視して捉えよう

注7　「調査者」(筆者)の名前。

とする「まなざし」の間で生じ，それが「語りがたさ」を生んだと解釈できる。なぜなら「調査者」・「調査協力者」という固定化された関係性から構築された5年前の語りには，このような「語りがたさ」は見られなかったからである。その「まなざし」の葛藤に「調査者」との関係が深く関与していることが明らかにされるのが，次の現在の語り6である。

4.3 調査者についての語り

「調査者」とさゆりさんの関係性が深まるにつれて，調査者全般に対する枠組みからの「まなざし」，つまり筆者を「調査者」であり「日本人」とまなざす「まなざし」と，千野さんという「個」を重視した「まなざし」が明確に登場し，さゆりさんの語りの中で揺れているのがわかる。

現在の語り6
［本インタビューを経験した意味について］
*：でも逆にさゆりさんにとっては，私と知り合って，研究協力にかかわって((座ってください。座ってくださいと布団の上に座ることを勧めてくれる))どんな意味があったのかなって。正直に別になんとも思わなかったということであればそれでもいいし，何かこういうことを考えるきっかけになったとかね，何か言わなきゃいけないって思わなくていいんですよ。
S：((まじめな表情で))ほんとにほんとに，うれしいんですよ//(笑)うれしい？// はい，あの・・・・・ずーっと((声が小さくなり))あのう，結構マイナス思考なんですけど，あのう，みんなちゃんと考えてくれない，こういう研究をして，インタビューとって，インタビューも，自分のいいところだけ抜いて，あのう manipulate できるじゃないですか。それこそ//うん，うん//でも千野さんは全然違っていて。あの//全部うつしちゃうからね(笑)//あのう，なんていうか，家族みたいな感じになった・んですよね。
*：ふうん
S：なんか，(筆者と)会って，へえ，こういう大変な経験をしてるんだなーって思ったんですよ。なんか，その，日本人の人は，まあ，常に全然自分とは違う生き方をしていてっていうのが，自分の頭の中にあったと思うので，逆に親近感を持ちましたね。ほんとに日本人もそういう，いろいろ経験しているんだなと思いました。//うーん//ほんとになんて言うか，もう別世界の人だと思ってました。最初は//うーん//やっぱりそのー・・・私のこと，な

んともみんな，・・私っていうか，日系の人たちのことなんとも，ほんとに ただ，見た目だけ，表面上はいいですよーって言っているんですけど。それが千野さんにはないなって思いました。
＊：すみません，ありがとう。なんか逆に励まされてない？　私のほうが。
S：ほんとに，なんか違う見方ができるようになったって感じですね。ほんとにほかの人，日本人の人，信頼していいんだなって思いましたね。(中略)ほんとに千野さんと一生付き合っていけると思うんですよ。

　この語りは，本インタビューで経験したことが，さゆりさんにとってどのような意味があったのかという質問に対して出てきた語りである。5年前のインタビューでは，「調査者」はこのように調査自体を振り返っての質問はしなかった。「調査者」自身に調査自体を振り返る「まなざし」を持ち合わせていなかったからである。それがさゆりさんと再会し，このインタビューの「場」で初めてその意味を訊きたいという思いに駆られ出てきた質問だった。
　その語られ方に注目すると，さゆりさんは，調査者全般に対しては自分たちのことを考えてくれているようで，実は「ちゃんと考えてくれていない」，データを「manipulate」する人と位置づけて語っている。その一方で，「千野さん」と語る場面では，「別世界の人」の位置づけから「家族みたいな」存在として語り始めている。この「家族」というキーワードは，さゆりさんの語りの中では親密度を表すことばとしてたびたび登場する。
　その語られ方を踏まえて，現在の語り6に立ち現れている「まなざし」に注目する。調査者全般に対するさゆりさんの「ちゃんと考えてくれていない」やデータを「manipulate」する人という調査者全般への「まなざし」は，さゆりさんがこれまでさまざまな調査・研究に協力する中で形成されてきた「まなざし」であったと言える。その「まなざし」を持って本調査・研究にも参加していたのである。さゆりさんは在籍学級では「外人」といじめられ，地域社会の人たちからは「泥棒」，学校関係者からは学業的成功においての「不成功者」とまなざされてきた。ところが，大学進学を果たし社会貢献への道を歩みだした頃から，地域社会の人たち，学校関係者，研究者らに一気に「成功者」とまなざされ，来日した子どもの「ロールモデル」として語られてきたのである。さゆりさんにとっては，5年前の「調査者」もそのようにまなざす人たちの一人として捉えられていた。ところがこのインタビューの「場」において，さゆりさんと「調査者」が語りの構築とともに二人の関係性も構築していった。そ

の関係性の構築は，さゆりさんの語りの中だけではなく，「調査者」への接し方や態度にも現れていた。つまり，このインタビューの「場」が双方の関係性を深め，新たな「まなざし」を形成する「場」となっていたのである。

4.4 複数言語環境で生きることの語り

次の語りは，さゆりさんが複数言語環境で成長するがゆえに経験することへの意味づけとそれぞれの言語に対する思いを語る場面である。

さゆりさんは，5年前のインタビュー時は，大学進学を果たし，来日間もない子どもの進路相談からポルトガル語教師，調査協力などをこなし，積極的に社会参加をしていた。そして当時のインタビューの最後に語ったことは，5年前の語り4に見られるように，来日した子どもたちのために自ら「その道を開かなきゃいけない」とか「私たちが出口を見せ」るということだった。つまりそこには，さゆりさんを巡る教師や研究者，地域社会の人たちがさゆりさんを「成功者」＝「ロールモデル」として捉える「まなざし」が存在する。その「まなざし」を受けて，さゆりさんも自らを「ロールモデル」としてまなざしている。そしてまぎれもなくその「まなざし」の形成には，当時「調査者」であった筆者自身が論文[注8]の中で，さゆりさんを来日した子どもの「ロールモデル」として描いていることから，その一端を担い，「調査者」自身にもその「まなざし」があったのである。

5年前の語り4

S：私たちが，その道を開かなきゃいけないなと思います。東京に来たら，でかい夢をたくさん持ってる人がいて，私のほんとに好きなものは何だろって思って，やっぱり，そーいうことにたどり着いたんですね。うちらが，そういう道を見せなきゃいけないんだと思います。なんか，トンネルの底に明かりがあっても，あれは懐中電灯かもしれない，という感じで，でもほんとに出口じゃないかもしれない，ので，私たちが出口を見せなきゃいけないんだなと思って。

ところが，さゆりさんのその意欲に燃えた語りは，5年後の現在の語り7では，「ロールモデル」としてまなざされることに「プレッシャー」を感じ，「爆

[注8] 中野(2009)を参照。

発しそうでした」という語りの内容に変わった。

現在の語り7
* ＊：そうそう，あの，さゆりさんにとって留学の意味とは何だったんですか？
* Ｓ：（笑）深いですね。
* ＊：一言で言えないでしょうけど（笑）。
* Ｓ：日本にいた頃は，爆発しそうでした。正直。
* ＊：大学でも？
* Ｓ：はい，もう，人付き合いとかもいろいろあったんですけど，もう，いろんなconnectionがあったんですけど。もう，・・プレッシャーがすごくて。日本でやっていけないってずーっと思ってたんですよ。
* ＊：それは，どうしてですか？
* Ｓ：なんていうか，もう，・・・・自分，じゃないんですけど，「あんたはすごくできる子だから」っていう風に言われたりするのも，すごくプレッシャーになってたんですよ。（中略）
* ＊：不安だったのかな。
* Ｓ：はい。不安・・もありましたし，期待され過ぎて，期待に，期待に応えられないってずっと思ってたんですよ。・・・（中略）その，日本だと，なんかいろんなものがあるんですけど，みんなやっぱり絞りたがるじゃないですか，この二つの選択肢しかないって思ったりするしかないと思うんですね。

　ここでは，さゆりさんがこの5年余りの間に「泥棒」と「成功者」といったように，彼女を取り巻く人たちの二者択一的な「まなざし」の中で生きてきたことが語られている。その語り方は，来日した子どもが成功すればしたで，「ロールモデル」として生きるように促す「まなざし」の存在が語られている。それはいわば，さゆりさんをはじめ来日した子どもたちや人々が，何年たっても結局は「外国人」としてまなざされることを語っているのである。そこには，常に「外人対日本人」，「成功者対不成功者」というように二者択一的に捉えられ，やはり枠組みを前提とした「まなざし」がある。その「まなざし」からさゆりさんが受ける「プレッシャー」は，ことばに対する複雑な思いにまで広がっている。
　次の現在の語り8と現在の語り9は，複数言語環境で成長するがゆえのそれぞれの言語に対する思いを語っている。

現在の語り8

［25年間生きてきて，変わったことについて］

S：小学校の時とかは，(小さい声で)ほんとにほんとに日本人と接するのが怖くて。

＊：うん。

S：もう，いじめは，ありましたし//うん//もうなんか，もう，ひたすら自分は逃げていたいっていう気持ちが強かったと思うんですよ。

現在の語り9

＊：ああ，でも会社のほうは，ほとんど，言語は日本語ですか？

S：そうですね。日本語なんですけど，なんていうか，話し方は毎回怒られますね。敬語とか。敬語，書き方もすごい怒られます。「日本語下手くそー」と言われたりするんですけど，なんていうか，うん，で，でもやっぱり，なんていうか，日本語話してると，かしこまった感じになるんですよね。で，英語だと，なんか目が輝くっていうのは，自分でもわかるような感じがするんですよ。

＊：やっぱり，精神的に楽//楽ですね，はい//ポルトガル語を話している時はどう？

S：普通ですね。

＊：普通って？　目が輝かないの？　ポルトガル語の時は。

S：・・・英語のほうが輝く気がしますね。ポルトガル語のほうが，忘れないようにがんばろうって，逆に思って//ああ//いたりとか。あと，ポルトガル語は，あんまり話してないので。でもブラジル行って話してみたら，結構，楽しくて。でもほとんどの経験っていうか，自分が楽しかった頃の経験が，英語の経験が多いと思うんですよ。なんで，そんな感じになったのかなって。

　それぞれの言語に対する思いの語られ方は，さゆりさんが複数言語とともに味わう体験，すなわち「複言語体験」をどのようにしてきたかで語られるのである。さゆりさんにとって3つ目の言語である英語での「複言語体験」は，楽しかった経験として語られるのに対し，ポルトガル語は，常にがんばらなければ維持できなかった経験として語られている。さゆりさんの英語に対する思いは強く，これから仕事で使っていくことばであり，さゆりさん自身もそのよ

うに希望していた。その一方で日本語は，いじめや「日本社会」，学校文脈への同化としての記憶とともに，日本語の規範意識としても語られている。極めて興味深いのは現在の語り9にあるように，さゆりさんが日本語を話す時に「かしこまった感じになる」と語っていることである。この語りには，さゆりさんと会社の人双方の日本語への規範意識が現れている。だからこそ会社の人が自らの日本語への規範意識をもとにさゆりさんの日本語に対し「日本語下手くそー」という評価をし，さゆりさんも，かれらに認めてもらえるように話さなければならないという規範意識が働いた。それが「かしこまった感じになる」と語ったと解釈できる。そこには日本語母語話者と称する側が持つ日本語の規範意識があり，それを日本語非母語話者と捉える相手にも求めようとする「まなざし」がある。その「まなざし」は，敬語の使い方も含め，日本人が使う日本語が常に「正しい」とみる認識的枠組みである。その背景には，社会の中に広がる「日本語母語話者」の日本語を基準として捉えようとする「まなざし」があり，その「まなざし」はさゆりさんにも会社の人たちにも形成されている。先行研究でも示唆されたように，その「まなざし」の形成に加担しているのが日本語教育である。なぜなら，日本語教育は長い間，母語話者対非母語話者といった二項対立的な視点から日本語教育を研究し，実践展開してきたからである。その結果，現在の語り8に見られるように，さゆりさんの日本語での「複言語体験」は，25歳になった今でも「トラウマ的」な記憶として語られるのである。

5. インタビューの「場」における「まなざし」の変容過程
5.1 立ち現れた「まなざし」とは何か

まず，さゆりさんの「まなざし」を検討する。5年前の語りに立ち現れた「まなざし」は，「日本人」や「日本社会」を一括りにして捉える枠組みを前提とした「まなざし」であった。しかしその「まなざし」は，彼女を取り巻く人たちが一方的に向ける「まなざし」から形成されていた。さゆりさんの「まなざし」は，さゆりさん対「日本人」，「外人」対「日本人」という固定化された関係性の上に形成されていた。そしてさゆりさんや来日した子どもたちは，その「まなざし」を受けて，自らを一括りにして捉え社会の中に位置づけるといった，やはり枠組みを前提とした「まなざし」を形成していた。固体化された関係性は，さゆりさんにも彼女を取り巻く人たちの中にも日本語非母語話者対日本語母語話者という関係性を形成し，双方に日本語母語話者の言語規範を

自明視する「まなざし」を形成していた。ところが興味深いことに，現在の語りにおいては「調査者」との関係性が深まるにつれ，さゆりさんに「個」を重視した「まなざし」が立ち現れてきた。そこに，さゆりさんの「まなざし」の変容が見られた。

　次に，「調査者」の「まなざし」を検討する。5年前の語りの「調査者」には，さゆりさんを選定し調査・研究を依頼すること自体に，枠組みを前提として捉える「まなざし」がある。さゆりさんの国籍やその出自から「調査協力者」，「日系ブラジル人」と位置づけて捉えているからである。5年前の語りが構築された「場」（以下，5年前の語りの「場」とする）においての「まなざし」は，「調査者」と「調査協力者」という固定的な関係性の上に形成されていたのである。ところが現在の語りが構築された「場」（以下，現在の語りの「場」とする）においては，さゆりさんと「調査者」の関係性が深まるにつれ，「調査者」がさゆりさんを「調査協力者」と見るのではなく，さゆりさん個人として見るようになった。それゆえに現在の語りの「場」において，5年前の語りの「場」にはなかった調査自体を振り返る「まなざし」が形成されたのである。つまり「調査者」の中にも「まなざし」の変容が見られ，その「まなざし」はもはや「調査者」・「調査協力者」という関係性だけではなく，お互いがひとりの人という関係性の上に育まれていた。

　このことから，固定化された関係性からは枠組みを前提とした「まなざし」しか形成しないことがわかる。逆にその関係性が重層化されると，お互いに「個」を重視して人やものごとを見るといった新たな「まなざし」を生むことがわかる。したがって，「まなざし」とは，決して一方的に形成されるのではなく，それぞれの「場」における関係性の上に相互形成されることが明らかとなった。

5.2 「まなざし」とことばの学びとの関係

　LSに現れた「まなざし」がなぜ日本語教育において重要なのか。それは，「まなざし」は相互形成され，ことばの学びと深くかかわるからである。

　さゆりさんの語りに見られたように，直接かかわりがある・ないに関係なく，彼女を取り巻く人たちの「まなざし」は，さゆりさんや来日した子どもたちを「泥棒」，「外国人」，「ロールモデル」というように，一方向から一括りにして捉えてきたのである。その「まなざし」が暴力性を持つことは，さゆりさんが25年たった今でも日本語での「複言語体験」をトラウマ的に語ることか

らも明らかである。さゆりさんをはじめ来日した子どもたちは，かれらを取り巻く人たちからは，一人ひとりとして見られることはなく，いかに日本語を習得しようとも，何年日本に住もうが「外人」であり，学校教育的に成功すれば「ロールモデル」で，不成功に終われば「泥棒」というように，常に二者択一的な存在として捉えられてきた。このことは，複数言語環境で成長する子どものことばの学びが，かれらを取り巻く人たちからどのような「まなざし」を向けられるのかによって大きく左右されることを示している。そして，その「まなざし」はことばの学びだけに留まらず，社会への参加の仕方，その後の生き方にまで深く関係することも示しているのである。

　その一方で現在の語りの「場」で現れたように，さゆりさんと「調査者」との間に「調査者」・「調査協力者」という関係性だけではなく，個人や個性を重視した新たな関係性が育まれると，「個」を重視して人やものごとを見るといった新たな「まなざし」を生んだ。つまりLSを構築する「場」(以下，LSの「場」とする)は，新たな関係性や見方を作り出す生成の「場」であり，学びの「場」であったと言える。なぜなら，さゆりさんの場合であれば，「調査者」との関係性が深まるにつれて，これまでの日本語での「複言語体験」によって形成された「日本人」や調査者全般への見方から「調査者」を見るのではなく，「個」を重視した見方や接し方へと変わっていった。それはさゆりさんが自らのことばと「生」を捉えるという意味で，彼女の今後の生き方にもつながっていく可能性を示しているからである。他方，「調査者」の場合には，調査・研究の「場」においても，「調査者」が向ける「まなざし」が調査協力者の「まなざし」を形成するのだということを自覚する「場」となったからである。さらに，そこで育まれた「まなざし」は，「調査者」自身，そして「調査者」が属する「日本語教育」という世界において，長い間日本語母語話者の(言語)規範意識や日本語力を自明視し，それらを中心に据えて調査・研究や教育実践を展開してきた「まなざし」への省察を促したのである。

　以上の考察から，調査・研究の「場」においても，調査者はどのような「まなざし」で臨むのかに十分に自覚的になることが必要である。なぜなら，調査・研究の「場」は，「複言語体験」を共に構築し，ことばの学びを巡る「まなざし」を形成する過程そのものだからである。

5.3 日本語教育におけるライフストーリー研究の意義

　それでは，日本語教育におけるLS研究の意義とは何か。それはLSの「場」

における「まなざし」の変容過程そのものがことばと「生」を捉える「文化的営為」であることがあげられる。その根拠は次の2点である。

1点目は，LSの「場」が「まなざし」の変容を促す「場」となったことである。5年前の語りの「場」においては，さゆりさんと「調査者」は，「調査協力者」・「調査者」という固定化された関係性の上に成り立ち，語られ方も「調査協力者」・「調査者」を前提とした語られ方であった。ところが現在の語りの「場」では，双方の関係性が深まるにつれて「語りがたさ」が生まれた。それは，語り手に，「調査者」との関係性において語る内容と語り方に「ズレ」が生じたからである。したがってその「語りがたさ」は，固定化された関係性からの脱却を意味し，さゆりさんと「調査者」にとってLSの「場」への意味づけが，調査・研究の「場」から双方の関係性を育む語りの「場」へと変容したために生じた。それにより双方の「まなざし」も変容したのである。

2点目は，「まなざし」の変容を捉えることができたのは，LSが「人生の物語」という極めて個人的な物語の中に深く根ざすものであり，そこに「調査者」と「調査協力者」の双方が深くかかわりあい，LSが「自己言及的」に振り返ることを促す素材そのものとなったからである。これまで日本語教育におけるLS研究は，その関係性そのものに不透明さがあった。日本語教育の立場から語りの意義，すなわち，語り手が「調査者」や「調査者」の属する世界との関係においてなぜそのように語ったのかを語るなら，LSの「場」における「まなざし」の変容過程そのものが，各々のことばと「生」を捉える「文化的営為」だからである。双方にとって，その「場」はことばの学びを巡る「まなざし」を個々の「生」と紡ぎながら再考したり，更新したりする学びの「場」となっていたのである。そして，そこに日本語教育におけるLS研究の意義があるといえよう。

6. おわりに―複数言語環境で成長する子どものことばの学びとは何か

本章では，さゆりさんのLSをもとに，その語りに立ち現れる「まなざし」に注目し，ことばの学びとその関係性を明らかにした。日本語教育が，これまでのように言語の技術的獲得やコミュニケーション能力の育成を主眼として捉えるならば，さゆりさんが経験してきたような「複言語体験」によるトラウマ的な語りやことばの学びにおける否定的な「まなざし」の再生産は免れないであろう。調査者は，調査・研究の「場」であっても，人の「生」とことばを紡ぐ「まなざし」を育む過程であることを強く自覚する必要がある。日本語教育

の目指すところが他者との相互理解にあるならば，調査・研究の「場」も含めて実践をどのように捉えるのか，展開すべき実践とは何かを根本的に検討する必要がある。

今回のLSの「場」で育まれた「まなざし」が，さゆりさんと「調査者」にとって，その後の生き方や日本語教育実践においてどのようにつながり，関係性を育むのかについては今後の課題とし，別稿に譲ることとしたい。

参考文献

川上郁雄(2007).「「移動する子どもたち」と言語教育―ことば，文化，社会を視野に」佐々木倫子・細川英雄・砂川裕一・川上郁雄・門倉正美・牲川波都季(編)『変貌する言語教育―多言語・多文化社会のリテラシーズとは何か』(pp. 85-106.) くろしお出版.

川上郁雄(2011).『「移動する子どもたち」のことばの教育学』くろしお出版.

川上郁雄(2013).「「移動する子ども学」へ向けた視座―移民の子どもはどのように語られてきたか」川上郁雄(編)『「移動する子ども」という記憶と力―ことばとアイデンティティ』(pp. 1-42.) くろしお出版.

菊池里映(2005).「保育場面において遊びを捉える保育者のまなざし―"遊び集団を捉える"ことを困難にしているものは何か」『教育方法学研究』31, 25-36.

小間井麗(2013).「日本とフランスを『移動する子ども』だったことの意味」川上郁雄(編)『「移動する子ども」という記憶と力―ことばとアイデンティティ』(pp. 94-118.) くろしお出版.

桜井厚(2002).『インタビューの社会学―ライフストーリーの聞き方』せりか書房.

桜井厚(2012).『ライフストーリー論』弘文堂.

桜井厚・小林多寿子(2005).『ライフストーリー・インタビュー―質的研究入門』せりか書房.

コスト，ダニエル・ムーア，ダニエル・ザラト，ジュヌヴィエーヴ(2011).「複言語複文化能力とは何か」(姫田麻利子(訳))『大東文化大学紀要』49, 249-268.

谷口すみ子(2013).「『移動する子ども』が大人になる時―ライフストーリーの語り直しによるアイデンティティの再構築」川上郁雄(編)『「移動する子ども」という記憶と力―ことばとアイデンティティ』(pp. 44-68.) くろしお出版.

中川康弘(2011).「ベトナム難民2世の語りにみるバイリンガル育成の可能性―ライフストーリー・インタビュー手法を用いて」『母語・継承語・バイリンガル教育(MHB)研究』7, 66-86.

中野千野(2007).「海外の美容室に於ける接触場面分析についての一考察―言語役割調整の観点から」『東アジア日本語教育・日本文化研究学会』10, 91-112.

中野千野(2009).「「周辺化」された子ども達から見えてきた言語習得支援の課題―ある日系ブラジル人女性の「語り」を中心に」『多言語社会研究会年報』5, 93-115.

中野千野(2013).「複数言語環境で成長する子どもの「複数言語性」を考える―ある海外定住児童への「まなざし」から」『ジャーナル「移動する子どもたち」―ことばの教育を創発する』4, 21-42. <http://gsjal.jp/childforum/journal_04.html#art04-2>(2015年4月13日)

中村麻由子(2012).「文化的・政治的実践の媒介としての教師のまなざし―「欠損言説」および「個体能力観」との向かい合いのなかで」『教育方法学研究』37, 13-23.

布川あゆみ(2009).「受け入れ社会のまなざしと移民のまなざしの交錯―ドイツにおける移民の子どもの「学力」を媒介に」『〈教育と社会〉研究』19, 64-71.

Cummins, J. (1981). The role of primary language development in promoting educational success for language minority students. In California State Development of Education (Ed.), *Schooling and language minority students: A theoretical framework* (pp. 3-49). Los Angeles: Evaluation, Dissemination and Assessment Center, California State University.

往復書簡3　中野千野×三代純平

三代

　「まなざし」から，インタビューの場と日本語教育実践の場，双方を捉えなおそうという試みは非常に興味深いと思いました。中野さんの論文の中で，たびたび，「日本社会」あるいは「日本人」の「まなざし」が語られますが，これは，インタビューの場，日本語教育実践の場の中にも当然ありますが，その場が埋め込まれた社会にあるものとして捉えられると思います。ライフストーリー研究として，その場にいない人の「まなざし」をどう捉えられると考えていますか。また日本語教育実践として，そのような「まなざし」にどうアプローチしようと考えていますか。お聞かせください。そこを踏まえた上で，5節のおわりに，ライフストーリー研究の調査の場も，日本語教育の実践の場であると述べられていますが，このことの意味と，このことによる中野さんの今後のライフストーリー研究の展望をできる範囲で教えていただけますか。

中野

　さゆりさんにインタビューをしてつくづく感じたのは，三代さんがおっしゃるように，インタビューの，その場にいない人の「まなざし」でした。その「まなざし」というのは，たとえば，さゆりさんが小学生だった頃の日本語学級の先生や同級生の「まなざし」であったり，さゆりさんが住む地域の人たちの「まなざし」だったり，会社の人たちだったりと，いわば，さゆりさんを取り巻く人の「まなざし」です。そういった人たちの「まなざし」は，どこから来ているんだろう，なぜそういった「まなざし」が形成されて，子どもたちに向けられるんだろうと考えながらインタビューをしたり，考察したりしていました。そういった「まなざし」に対する感覚というのは，実は調査・研究の場だけではなく，学校や仕事場面であったり，地域社会での生活場面であったりと，日常生活の中でもなんとなく感じていたことだったんですね。特にことばの教育に携わるようになってからは，多様な背景を持つ子どもたちとかかわりを持つようになり，それにともない，さまざまな「まなざし」に触れる機会が増したように思います。「まなざし」に対する感覚というのは，時にざらっと

したような違和感であったり，時に心がふーっと軽く，温かくなるような感じであったりというものです。それがいったいなんなんだろうという思いが，私の中にはずっとありました。それがこの「まなざし」の研究を始めてから，ようやく見えかけたところです。「まなざし」は，時に具体的なことばだったり，あるいはことばはなくとも，態度や目つきだったり，さまざまな形で現れてきます。さゆりさんもデータの中で語っていたように，「目」を身体で感じていく感覚ですね。それゆえに，ことばを学び使っていくということは，人や事象とかかわりながら，まさに生きていくことそのもので，そこに付随する「まなざし」，つまり一人ひとりが持つ認識的枠組みは，常に問うていくべき課題だと思いました。なぜなら「まなざし」は，相互に作られていくものだからです。

　先の話に戻ると，たとえば私のデータでは，さゆりさんに対して，私が日本人の友人が必要だと思いこみ，そこにこだわる質問を繰り返すだとか，さゆりさんの勤める会社の人たちが，さゆりさんの持つことばの力を，常に日本語力からのみ見ていこうとすることなどです。そこには，日本人という名のもとに無自覚に自分の日本語力を基準化し，さゆりさんの日本語力を評価していく。そういった一つひとつに，彼女を取り巻く人たちの「まなざし」は立ち現れる。それらの「まなざし」は，実は私たちのようにことばの教育に携わる者が作ってきたとも言えるのです。そして私たち自身もそういった言説に絡めとられ，「調査協力者」や「学習者」といった具合に捉えていっている現実があるのです。というのは，私たちは，これまで「日本語母語話者」を中心に据えて，いかに効率よく日本語を習得してもらうかを中心に調査・研究を展開してきました。そしてその観点からの成果を実践という形で今日まで紡いできてしまっているのです。換言すると，そういった私たちの実践の成果が，言説を作り，さゆりさんを取り巻く人の「まなざし」を日々再生産しているのです。その一方で，さゆりさんのように複数言語環境で成長する子どもたちにとっては，日本語は彼らの持つさまざまな言語のひとつです。かれらにとっては，そのひとつである日本語を使って共有する経験が価値のあることとして捉えられる時，さまざまな形で次につながっていくのです。そう考えると，ことばの教育において「まなざし」を問うていくことは，いかに重要かがわかると思います。もっと端的に言うと，ことばのやり取りに付随する異文化間を調整する力

だとか異文化に対する価値観，ひいては人生観につながる議論は，ことばの教育とは一線を画し，異文化間教育や開発教育や道徳教育などに任せきりにしてきたと言えます。しかし，先に述べたように，さゆりさんやさゆりさんと同じような境遇にある子どもたちを巡る「まなざし」は，ことばのやり取りを通して作られるのです。「まなざし」は，子どもが子ども自身に向ける「まなざし」を作り，相手にも向けていく「まなざし」となっていくのです。その「まなざし」がその場に参加する人たちにとって互いに温かいものになるか，暴力的なものになるかは，その関係性にもよると言えるでしょう。だからといって関係性が構築されればよいという問題ではありません。表面的には関係性ができたように見えても，その場における意味づけがそれぞれになされなければ，その関係性も表面的なものになるからです。だからこそ，その関係性の中に埋め込まれた「まなざし」を意識的に振り返ることが必要なんだと思います。そう考えると，ことばの学びを通してはもちろんのことですが，ことばを通してかかわりあう経験一つひとつに互いが価値を見出し育んでいけるよう，一人ひとりが「まなざし」を問うていくことが重要なんだと考えます。

　具体的な日本語教育実践という点では，これからは，ことばの教育も，いかに効率よく道具として使えるのかというハードの面に特化するのではなく，個人や固有のもの，個性として捉えていくような「個」の主観的な思い，いわゆるソフトパワーに働きかける実践が必要な時代だと思います。調査協力者の「まなざし」の形成という意味では，とりわけ調査・研究者は，たとえ調査・研究の場であっても，ことばの学びが既に深くかかわっているのだということを自覚すべきだといえるでしょう。そして授業実践においても，教師教育においても，それぞれの場における「まなざし」を意識的に捉えていくような仕掛けを盛り込んでいくことが重要だと考えています。

　ライフストーリー研究の展望ですが，ことばの教育においては，さまざまなインタビューの場における「まなざし」を意識的に捉えていくことが，「個」と「個」を結び，つながることへのひとつの大きな力となっていくと思います。具体的には，そのインタビューの過程も含めて音声だけではなく，映像といった面から可視化し「まなざし」を捉えていくことも，ひとつの有効な方法だと考えています。

第8章

語り手の「声」と教育実践を媒介する 私の応答責任
──日本語教育の実践者がライフストーリーを研究することの意味

佐藤 正則

1. はじめに

　日本語教育学におけるライフストーリー研究の多くは，調査者（聴き手）が日本語教育の実践者でもある。そのため，ライフストーリー研究が教育実践とどのように結びつくのかという問いは，調査者であり教育実践者である者にとって避けることができない。本章では，元留学生に対する私のインタビュー実践の具体的な記述を通し，日本語教育を実践する「私」が留学生や元留学生のライフストーリーを研究することの意味を考察し，教育実践とライフストーリー研究の関係について論じる。

　桜井（2002）は，長年にわたるライフストーリー・インタビューの経験から「対話的構築主義アプローチ」の立場をとる。それは「語り」を「語り手とインタビュアーとの相互行為を通して構築されるもの」とし，「何を語ったのか」という「語りの内容」だけではなく，「いかに語ったのか」という「語りの様式にも注意を払うアプローチ」である。インタビュアーと語り手の言語的相互行為によって語られたストーリーを通して「自己や現実が構築される」（桜井, 2002, p.61）。そのため対話的構築主義アプローチにおいては，インタビューの場にいる語り手と聴き手の双方が記述の対象になる。

　石川（2012）は「対話的構築主義」における「構築主義」の部分に研究者の関心が向いてしまっていることを問い直し，「対話的」の部分に注目する。そして，「調査者と調査協力者がともに「主体」である」（p.6）ことを掘り下げることによって「対話的」の意味が明らかにできると述べている。まず，調査協力者の主体と調査者の主体がインタビューの場で「生身の人間同士」として出会うことによって，インタビューの枠組みとしての新たな「構え」が形成される。その「構え」が調査協力者の語りを促し，両者の認識を対話的に深めていく。この対話性を調査者の経験から描くことが自己言及的記述である。自己

言及的記述は第一に「調査協力者の経験の理解可能性を高め」，第二に新たな「知」の産出に結びつく。「調査者が自らの構えを捉え返していく過程は，調査者と調査協力者がともに生きている社会を明らかにしつつ問い直す過程でもあり，それは新たな視点やストーリーの生成を帰結する」（石川，2012, pp. 7-9）。

以上の議論を日本語教育の文脈で考えてみる。初めに述べたように，日本語教育におけるライフストーリー研究の調査者である聴き手は日本語教育の実践者でもあることがほとんどだ。また，協力者である語り手は，様々な社会的文脈や状況の中でことばを学ぶ人たち，あるいはその教育に携わる教育関係者である。したがって日本語教育におけるライフストーリー研究は，聴き手（主体）と語り手（主体）が，教える側／教えられる側として立場が異なることはあっても，言語教育の当事者同士であるということがいえる。

このことから，日本語教育学におけるライフストーリー研究は，インタビューを当事者同士の対話，すなわち主体である語り手と，主体である聴き手との共同行為として捉えることができる。だからこそ聴き手は，客観的中立的な立場に立つことはできない。自らの「構え」を問題にせざるを得ないのである。「日本語教育研究者＝日本語教育実践者が，なぜ語りを聴き，いかに聴いたのか，対話を通じてどのような LS を構築したのかを自己言及的」（三代，2014, p. 8）に記述することが日本語教育学のライフストーリー研究には要請されるのである。

では，日本語教育学のライフストーリー研究における聴き手の「構え」とはどのようなものであろうか。インタビューが，日本語教育実践者という立場を前提として行われる以上，そこでの聴き手の「構え」は，日常の実践に埋め込まれた教育観や学習者観に深く結びついていると私は考える。だからこそ，聴き手である日本語教師の「構え」がなぜ生成されたのか，語り手との対話によって「構え」がどのように変容したのかを記述することは，その日本語教育実践者の教育観や学習者観の変容の記述にも重なり，さらには省察にもつながっていく。このように，日本語教育実践者の自己言及的なライフストーリー研究は，実践の方法改善だけではなく，実践者自らの教育観，学習者観の問い直しにもつながるのである。

以上を踏まえ本章では，一人の元留学生のライフストーリーの記述と同時に，聴き手としての私の「構え」がなぜ生成されたのか，どのように変わったのかを考察していくことによって，日本語教育の実践者がライフストーリーを研究することの意味を具体的に論じていく。まず初めに，私がなぜ日本語学校

の修了生にこだわり，インタビューを続けてきたのか，その原点を記述する。次に元留学生の一人，仁子さん(仮名)のライフストーリーを記述する。そして，仁子さんの語りを聴く過程で生じた私の「構え」の変化を明らかにし，その変化によって見出された新たな語りから，日本語教育実践の可能性を考察する。以上の記述を通し，語り手の「声」と日本語教育実践を媒介する私の立場性を，応答責任という観点から論じる。

2. 留学生のライフストーリーを聴くようになるまで―ある留学生の「声」

　私は2000年代の初頭から日本語学校で日本語教育に携わるようになった。そこで私が担当したのは，大学や専門学校に進学を希望する私費留学生に対する日本語教育や進路指導だった。当時，日本語学校の留学生は，在留資格の名称から「就学生」と呼ばれ，身分保障の面でも大学等の留学生に対し低い立場に置かれていた。2000年代初頭は，日本語学校の学生には奨学金等の公的支援がほとんどなく，多くの学生が学費や生活費を捻出するために過度なアルバイトをする必要があった。日本語学校とアルバイトと住まいの生活が，日本語学校で学ぶ留学生の現実だった。

　2000年頃から，中国から多くの若い私費留学生が，日本の大学や専門学校進学をめざして日本語学校に入学するようになっていた。だが明確な進学動機を持って入学してくる学生は少数だった。なぜ日本の大学に進学するのかという動機も，大学についての情報もほとんど持っていない学生が多かった。とにかく経済学を勉強したい，とにかく「有名な」大学に入りたいという学生が多かったのである。日本語学校はそのような留学生のモデル・ストーリーを疑い，留学生にとって進路決定，ひいては自分の人生を考える大切な場でなければならないはずだ。しかし当時の進路指導関係者には，彼／彼女らの人生をともに考えていこうという理念も余裕もなかった。

　ある留学生の「声」について書きたい。その学生は第1志望の大学に合格できず，第2，第3志望の大学や専門学校にも落ちてしまった。日本語学校にも来なくなっていた。このままでは日本語学校が修了できないだけではなく，ビザの期限が切れても日本に留まり続ける不法滞在者[注1]になる可能性があっ

注1　ビザの期限が切れた後も日本に滞在すること。過去1年間の不法滞在者数が在籍者数の5％を超えると，入国管理局から「非適正校」の判定結果が通知される。適正校か非適正校かという判定結果により，その日本語学校の留学生受入れに対する入国管理局の審査基準が大きく変わる。非適正校になることは学校の経営悪化に直結しているのである。

た。帰国させるしかなかった。帰国するように説得するために，私は何度も彼のアパートに赴いた。私は，不法滞在者として日本でびくびく過ごすよりは一度中国に戻って改めて日本に来るべきだと，彼を説得した。説得に応じた彼は帰国することになった。帰国直前，思い出作りのため，彼の希望で横浜に遊びに行き，観覧車に乗った。観覧車の窓から下の風景を見降ろしたときのことである。彼は「もう少し日本にいたかったな」とぽつんと呟いた。

　彼は数日後，帰国していった。それ以来，彼とは一度も会っていない。しかし，私にはそのときの彼の「声」を忘れることができない。なぜ彼の「声」が私の記憶に留まり続けるのか。それは彼の「声」が，私の中に「疾しさ」とも呼べるような感情を引き起こしたからではないかと思う。当時彼の出身地域から日本に留学するためには，年収の何倍にも当たる費用が必要だった。家族や親戚は諸費用をなんとか工面して，彼の将来に望みをかけて留学させたのだ。だから，一度帰国してまた改めて日本に来てはどうかという提案は，彼にとってほとんど不可能なことだった。私はそれを承知で，というよりも気づかないふりをして彼を説得していたのだ。だが，再度日本に来るのが難しいことなど，彼も理解していただろう。彼もまたそれを承知の上で帰国しようとしている。とするなら，私と彼の言動は自己欺瞞以外のなにものでもない。彼の「声」を聴いた瞬間，私には自己欺瞞が疾しさというかたちで感じられたのだと思う。

　観覧車から風景を見下ろす彼の顔——それは当時，日本留学に落胆絶望していった学生たちの姿に重なる。観覧車の彼の「声」は，普段ならかき消されてしまう無数の「声」の中から，私が偶然聴くことができた一つの「声」にすぎない。自分の希望を実現できずに帰国した学生や，大学に入れず，不本意ながら興味分野とは異なる専門学校に進学する学生が少なからずいた。もちろん，私たち学校スタッフも様々な努力をした。だが，学生のためだと思ってしていたことは，実は学校のためだったのだ。だから，彼／彼女らと進路の話をしているときも，初めから結論は決まっていたのだ。とするなら，私のことばは彼らにとって学校のことば，バフチン（1975/1996）のいう「権威的な言葉」[注2]でしかない。当時の日本語学校の教室は教師や教科書の「権威的な言葉」によって統制され，非社会化された場として機能していた。それだけでなく，教室の

注2　「権威的な言葉(宗教，政治，道徳上の言葉，父親や大人や教師の言葉)が我々に要求するのは，承認と受容である」「それに対する態度は無条件の是認か，無条件の拒否のどちらかでなければならない」(バフチン, 1975/1996, pp. 161-162)

外でも学生たちは自分の「声」が聴かれる場を持つことができなかった。だから，自分の身を守るためには学校側の「権威的な言葉」に従わざるを得ない。日本語学校の進路指導や生活指導は，そのような抑圧的な装置として彼／彼女らに機能していたのである。観覧車の彼を帰国に導いたのは私のことばではなく，学校の「権威的な言葉」だったのだ。

「観覧車の彼」の経験は，当時の私が，学校のことばを語る一方で，学生の「声」に，いかに耳を傾けていなかったかを物語っている。しかし，当時の経験の積み重ねがあったからこそ，私は，彼／彼女らの「声」を聴く必要性を考えるようになったのではないかとも思う。日本語学校の教育とは何か，どのような教育を実践していくべきなのか[注3]，私は日本語学校での経験を通して考えるようになっていった。そして，そのような問いについて考えるためには，彼／彼女らの「声」を聴くことが必要なのではないか，そう思うようになっていった。

2006年度から，日本語学校の問題点を明らかにし，どのような日本語教育をめざすべきかを考えるために，私は日本語学校の在校生や，大学や専門学校に進学した修了生にインタビューを始めた。それ以来，日本語学校修了者へのインタビューを継続的に行ってきた。その過程で，インタビューの対象は「元留学生」に変わっていった。2000年代前半，私が出会った私費留学生の多くは，大学や専門学校，大学院を卒業すると帰国していった。彼／彼女らの多くは，日本社会で就職することを希望したが実現できなかった。だがその中の一部は，就職したり，結婚したりすることで，留学後も日本の社会で生活している。留学から就職，その後の生活の経験や学びを彼／彼女らは，どのように意味づけているのであろうか，そこから日本語教育は何を学び得るだろうか。語り手である留学生の変容とともに，私の問いも，日本語学校の問題点を探るという観点から，彼／彼女らの人生そのものの中からことばの教育の可能性を考えるという方向に変わっていった。

3. 元留学生仁子さんのライフストーリーから
3.1 元留学生仁子さんへのインタビュー

前節までは，「ライフストーリー以前」の記述を通し，私がなぜ，自分が関

注3　そのような問題意識で，私は日本語学校の大学院進学クラスという新設クラスのコースデザインを行った。そのクラスで研究のテーマを構想しながら自分の生き方を発見する，「研究計画デザイン」という実践を行うようになった(佐藤, 2014)。

わってきた日本語学校の留学生へライフストーリー・インタビューをするようになったのか，彼／彼女らにこだわり今でもインタビューを続けているのかを説明した。ここからは，元留学生仁子さんへのインタビューを取り上げる。

　仁子さんは，中国での大学進学に挫折したため，19 歳のとき，日本の大学への進学を希望し，日本在住の叔母を頼って来日した。2003 年 4 月，日本語学校の進学コース（初級前半クラス）に入学した。2005 年 4 月，第一志望の大学に合格し進学した。中国にいたままであれば決して入れなかったレベルの大学に合格できたことは，仁子さんの自信になるとともに，日本留学を肯定的に意味づける大きな要因になった。4 年後の 2009 年，大学を卒業，日本国内の旅行会社に就職し，現在も日本で生活している。2013 年に帰化して日本国籍を取得した。

　仁子さんは，当時私が日本語教師として関わった留学生の中では，日本での就職に成功し，就職後も連絡をくれる数少ない元留学生の一人であった。日本語学校修了後も，大学に在学中は連絡がとれる学生が多い。だが，前述したように，多くの学生は大学（または大学院）を卒業後帰国する，または就職できずに帰国を余儀なくされる。帰国しても連絡がとれる学生はほんの僅かである。日本語学校に入学してきた留学生の，経験や自己形成をつぶさに見ていくためには，私にとっても仁子さんの語りは不可欠であった。一方仁子さんの方でも「自分を確かめることができる」と言って，インタビューを自己表出の機会として，肯定的に受け止めていることも確かであった。日本社会での経験を話すことは，仁子さんにとっても自己確認につながる感覚を持っていたようだ。

　インタビューは，現在まで 3 回実施しているが，初回の語りと 2 回目以降の語りには，その語り方，語りの内容に大きな変化が見られた。初めて仁子さんにライフストーリー・インタビューを実施したのは 2010 年 5 月，彼女が日本国内の旅行会社に就職して 2 年目のときだった。2 回目は 2012 年 10 月，働き始めて既に 4 年が経っていた。3 回目は 2013 年 7 月で，これまでの私の解釈を話し，フィードバックをもらうために実施した。その間，私も日本語学校から大学の日本語教育へ実践の場を変えている。

　仁子さんのライフストーリーをまとめた佐藤（2010）[注4]では，2010 年 5 月のインタビューを「在住外国人として今の自分になるまでにどのような経験をしてきたか，どのような問題に出あい克服してきたか（転機），そしてそれを自ら

注4　佐藤（2010）では「B さん」で紹介している。

の成長として意味づけているかという視点」(p. 190)で分析している。そして，仁子さんの克服してきた問題は「規範的な日本語である」とし，職場という実践共同体において「規範としての日本語を克服して新しい自己像やアイデンティティを獲得するプロセス」(p. 193)を記述している。ここでは「日本語を学ぶ自己」がどのような意味を持っているのか，日本語学校の教育は留学生の「日本語を学ぶ自己」に対し，どのような意味作用を及ぼしているのかという問いが考察の中心だった。

　それから2年後の2012年，私は仁子さんに再びインタビューを依頼した。このときのインタビューを私は「本を書くなら，自分の人生，今なら何章？」と始めた。仁子さんは，1章は中国時代，2章は留学から今まで，今はちょうど2章の終わりだと応え，そのストーリーを1章から語り始めた。現在に至るまでの話を語り終えた後，彼女は「今，帰化申請をしてるんです」と言い，間を置いて「でも，帰化っていうと自分，今までの中国国籍を捨てることによって，なんか，大きな，一つ大きな決断になるから」と語った。

　私は，この「帰化の決意」を仁子さんにとっての重要な経験と捉えた。そして，2010年と2012年のインタビューを，帰化の決意に至るまでのストーリーとして読み直した(佐藤, 2013)。その結果，それ以前の考察(佐藤, 2010)では見えていなかったストーリーが理解できるようになったのである。

　次節からは，仁子さんの帰化の決意に至るまでのストーリーを記述していく。そして佐藤(2010)と佐藤(2013)の差異がどのようにして構築されたのか，私の「構え」の変化を自己言及的に見ていく。

3.2 震災経験の語り―日本で生きていくことの意味を改めて考える

　仁子さんは，2009年，旅行会社に就職した。そして社会人2年目には，上司や先輩から認められることによって，仕事をこれからも「やっていける」と感じられるようになったという(「他者に承認される自己」の自覚)。同じ頃，仁子さんは仕事の関係で，近隣の日本語学校の留学生に留学生活の話をする経験をした。その経験を通して，自分のことを他者に語ることが他者の人生の助けになることを知った。自分の経験の価値を自覚するようになった(「日本社会における有能な自己」の自覚)。3年目の異動で日本語のみで仕事をこなすようになった仁子さんは，次第に日本語で仕事をすることに不自由を感じなくなっていった。このように，自分の経験の価値の自覚とともに，日本語ができるようになったという実感は，その後の彼女の大きな支えになった。

2011年3月11日，東日本大震災が起きた。多くの外国人が一時帰国または帰国していった。当時，会社近辺に中国語母語話者が多く在住していたことから，仁子さんは臨時の「外国人専用の部署」に配置された。震災直後，多くの外国人が飛行機のチケットを求めて会社に来た。仁子さんは，中国語関係者の対応を一手に引き受けることになる。そこでは，チケットの相談だけではなく，様々な生活の相談を在住者や留学生から受けた。そのときの自分を仁子さんは「カウンセラーのような」存在だったと語る。今まで日本で築いてきたものをすべて捨て，子どもを連れて帰りたいという女性や，日本にきたばかりの留学生，念願だった大学に入学したばかりの留学生等，様々な人がいたという。そのような人々と話し合ったことがきっかけで，仁子さん自身も日本で生きる意味を考えるようになった。仁子さんは次のように語る。

> 仁子：（相談を受けて）改めて自分が何でこっちにきたのか，こっちで仕事続けてもいいかということもすごく，いろいろ考えたんですけど，でも結局自分が持ってたのが，高校卒業してからずっとこっちに来ていたので，自分の考えだと，もっと日本の方が，成長の舞台だと思ってるんです。もし，すべて諦めてしまうと，向こうに帰っても，また一からの段階で築かなくちゃいけないこともありますし。
> （2012.06）

「外国人専用の部署」での経験を契機に，仁子さんは改めて自身の過去と未来について考えるようになった。「なぜ日本に来たのか」「仕事を続けてもいいか」と仁子さんは思った。仁子さんには高校卒業以降の大切な時期を日本で過ごしてきた，今の自分は日本での学びや生活の中で形成されてきたという思いがある。仁子さんにとって「日本の方が，成長の舞台」なのだ。しかし，そのような思いは積極的なものばかりではない。「すべて諦めてしまうと」「一からの段階で築かなくちゃいけないことも」ある。つまり，日本が成長の場であると感じられれば感じられるほど，中国ではやり直しが大変だという実感も強くなるのである。このように日本に居続けたいという思いの中には，日本を自分の成長の舞台と考える積極的な思いと，国に帰っても一から始めなければならないという思いが交錯して存在していることが分かる。

> 仁子：もしそのとき，帰って，日本にいたすべて，諦めて帰るとなると，悔しくなる部分があると思うんです。そうすると，一つの選択によって今まで

の，人生の歩き方変わってきたなと思う部分もあります。　　　　（2012.06）

　もし日本の生活を捨てて中国に帰っていたら，と仁子さんは語った。その後の人生も変わってしまっただろう。一つの選択によって「人生の歩き方」が変わってしまうことを仁子さんは実感した。仁子さんは中国に帰ってもやり直しは難しく，自分の居場所がないと語った。「結局向こうで働いた実際の経験もないし，国に帰っても，親以外に自分に優位な条件というのは現実にいうと何も」ない。10代後半から日本で学び，生活していた彼女にとって日本での生き方が主体的になればなるほど，逆に，中国における「あり得たかもしれない別の居場所の喪失感」が大きくなっていった。

　このように，震災の経験を通して，仁子さんは日本で生きていくことの意味を改めて考えるようになった。その結果，仁子さんは日本への帰化を決意するのである。仁子さんにとって震災から帰化の決意という流れは連続した経験として語られた。震災後，仁子さんは帰化を考え，資格の有無を法務省に問い合せたと語った。日本を去ろうとする外国人居住者が多い中で仁子さんが帰化を考えたのも，彼女の震災経験が影響を及ぼしていると考えることができる。

仁子：もう一つ，本当に深い話だと，もし自分，将来結婚して子ども生むと，日本国籍持っているから，私みたいじゃなくて，もっと自由に，自分のやりたいことが選択できるかなと思って。
佐藤：仁子さんが。
仁子：はい，自分のことも，もし中国国籍だと，限られていることが多いですので，留学したくても，簡単に行けないから。そうすると，その，自分だけじゃないけど，次の代にも，自分ができることを，ちゃんとしてあげたいなと思って。はい。それを考えると自分ができることを今のうちにしておいた方がいいかなと思って。
　　　　　　　　　　　　　　　　　　　　　　　　　　　　（2012.06）

　仁子さんは，帰化を現在だけの問題ではなく，未来の自由と，まだ見ぬ子どものためにも必要だと語った。将来家族を持ち，日本で子どもが生まれることがあったら中国国籍を持っていることで子どもを不自由にさせてしまうのではないかと仁子さんは考えた。未来の子どもに「もっと自由に，やりたいことが選択できる」ようにしてやりたいと仁子さんは語った。

3.3 居場所確保の営み，自己実現のための生き方の選択

　以上，仁子さんの帰化決意のストーリーを記述した。仁子さんにとって，帰化の決意は，未来の自由，未来の子どもにつなげるための，自己投企[注5]という意味を持っていたことが分かった。帰化を決意するためには「他者に承認される自己」だけではなく「日本社会における有能な自己」という，新たな自己のあり方も必要だったと考えられる。一方で仁子さんの語りからは「あり得たかもしれない別の居場所の喪失感」と名づけられるような語りも見られた。「今から帰ってもしょうがない」「帰国しても頼れるものがいない」といった語りである。

　鈴木・張(2011)では，大学院女子留学生を「学業を遂行する主体であると同時」に，「各々の発達課題に取り組んでいる主体的存在として見る必要性」があるとした。そして「ライフステージ上の発達課題に向き合う上で「留学生」であること」の意味を，大学院女子留学生張の「現実の自己」と「仮想の自己」の語りから考察し，「断絶の感覚」と「天秤の構造」という概念を導きだした。日本留学中の「現実の自己」は，他者から「自己の努力に見合う評価」を受けることができず「努力が空回り」してしまっていると感じている。一方，母国にいる「仮想の自己」は「30代女性としてのライフステージのイベントを次々にこなしている」とイメージされる。張は，この二つの自己を，天秤図を描いて図にした。それを見ると，二つの自己は，時間的にも空間的にも「断絶」している。さらに天秤にかけられた「仮想の自己」と「現実の自己」を比べると，天秤は「仮想の自己」に大きく傾いている。このことから張にとって，日本における「現実の自己」は「浮き草」のように「根を持たない者」として認識されていることが分かったという(鈴木・張, 2011)。

　このような「仮想の自己」と「現実の自己」の「断絶の感覚」は大学院女子留学生だけのものではない。たとえば，仁子さんの次のような語りがある。

仁子：向こうの方は大学を卒業して，24, 25で普通に結婚している年なんですよ。で，こっちから向こうに帰ると，普通の会社に入っても，平社員からやり直すので，そうすると大卒の人と比べると，4, 5歳の差はありますし，また，差別ではないんですけど，何か，日本から帰ってきたってい

[注5] 主体の自由な選択のあり方という意味で，「投企」という実存主義的な表現を使用した。「人間はまず，未来にむかってみずからを投げるものであり，未来のなかにみずからを投企する」(サルトル, 1946/1955, p. 18)

う，向こうから見ると，何か私の態度でかいとか，そういう思われたくない部分もありますから。 (2012.06)

　この語りには，中国における女性のモデル・ストーリーを思い描く仁子さんの「今さら帰っても」という諦めの気持ちが表れている。仁子さんにも，中国という「あり得たかもしれない別の居場所」にいる「仮想の自己」と，日本にいる「現実の自己」との断絶があるのである。しかし，仁子さんの場合は「仮想の自己」と「現実の自己」の天秤が，鈴木・張(2011)とは逆，つまり，「現実の自己」に傾いている。

仁子：しかも自分の今まで築いた仕事だし，ま，中心を日本に持っているから，それをいきなり全部放棄するっていうことは私自身としては，自分が許さない部分があるから，絶対日本に戻ってくる，という決意をしてたんです。 (2012.06)

　震災の経験を契機に，仁子さんは自分の「中心」を「日本に持っている」と感じるようになった。「それをいきなり全部放棄」することは考えられない。このように今までの経験を通し，仁子さんは「現実に日本にいる自己」に自分らしさを実感している。対して，中国という「あり得たかもしれない別の居場所」にいる「仮想の自己」は，これから先も実現しないものとして把握されている。
　以上から，仁子さんの帰化決意の意味が導きだせる。「あり得たかもしれない別の居場所」にいる「仮想の自己」が，現実にはならないものとして把握されればされるほど，仁子さんは「帰化を選択させられる」ことにもなったのではないだろうか。今や仁子さんにとって，よりよく生きる場所は「日本社会」しかない。仮に，仁子さんが日本にいられなくなるようなことがあれば，彼女はどこへも行くことができなくなる。だからこそ，日本と確実につながっておきたいと考えた。その結論が帰化なのではないか。ここから考えられるのは，仁子さんの帰化決意の根底には，未来のための自己投企と同時に，自分の居場所を失うかもしれないという，存在の不安があったということである。
　仁子さんのストーリーを，次のようにまとめることができる。仁子さんにとって，留学は大学進学のための留学であり，留学修了後は帰国の予定だった。しかし，大学や職場で他者からの承認を受ける過程で，留学を人生の貴重

な時間と考えるようになった。2011年の大震災では，留学生や地域の外国人の相談役になったことで，改めて日本は自己の成長の場であることを思い，日本への帰化を考えるようになった。そして，自分自身の将来の生き方や，未来の家族・子どもの幸福を構想することによって，日本で生きることの意味づけができるようになった。一方で，その決意の根底には，居場所を失うかもしれないという存在の不安もあった。このように，仁子さんにとって帰化は自分自身の活動をよりよくしていくため，居場所を失うかもしれない存在の不安を克服するための「居場所構築，自己実現のための生き方の選択」だということができるのである。

3.4 帰化後の語り—よりよく生きる権利の獲得としての帰化へ

　2013年春，私は，仁子さんから帰化したという知らせを受けた。そこで，同年7月，前回のインタビューのフィードバックと，帰化後の感想を聴くために3回目のインタビューを依頼した。そのときのインタビューで改めて私が実感したことは，居場所を失うかもしれないという仁子さんの不安の感覚は，私が想像していた以上に強いものだったということだ。むしろ，「居場所を奪われてしまうかもしれないという不安」と言った方がいいかもしれない。仁子さんは帰化の許可が出たとき，「ここにいられるっていう安心」(2013.07)を強く実感し安堵したという。入社の頃から「どうやって自分が成長していくか，教えてくれる人は，みんな日本人」であり，「負けちゃいけないという気持ちになると，ちょっと重くなるときもあって，そうすると仕事ビザだから，会社のビザでちゃんとしないと，日本にいられないっていう，思い」(2013.07)が強く，精神的に苦しいときもあったという。

> 仁子：私も最初は，大学卒業して，ここから結婚するか，何も分かんないんですけど，でもやっぱり，前のインタビューでも言ったように，自分の青春時代っていうか20歳から大学まで，この6年間か8年間，重要な部分，自分にとっては。そうすると，ここにいられないというか，ここにいようという気持ちに，なんとなく心の中になってきたということになるんで。いきなり震災，中国に帰る，私ちょっと考えられないような，もう考え方，思いがついているので。永住をとるか帰化申請とるか，どっちかの道をしないといけないという。仕事するときも最初から考えてたんですけど。
> 　　　　　　　　　　　　　　　　　　　　　　　　　　　　(2013.07)

日本での生活が長くなるにしたがい，仁子さんの不安感が次第に強くなっていったことが分かる。「ここにいられない」かもしれないという不安と，「ここにいよう」という意思が「なんとなく心の中に」生まれてきた。だからこそ，日本にいられなくなってしまう怖さを，震災で感じた。震災は一つの契機だったのだ。日本から出なければならないのではないかという不安，しかし，中国には帰れないという思い。このような，仁子さんの根底にあった居場所を喪失するかもしれないという根源的な不安＝アイデンティティの不安は，留学生時代，留学後の生活を通して，次第に形成されてきたものだということができる。

帰化を「居場所構築，自己実現のための生き方の選択」として考えている仁子さんにとって，国籍を変えることにそれほど抵抗はない。

佐藤：そうなんだ，じゃそんなに(帰化に)抵抗っていうのがなく。
仁子：私はないんで。ただ国籍変わって，他のこと何も変わらないと思うんで。だって普通，名前聞いたら[中国人名なので]あなた外国人の人で，あなた国籍どこって，たぶん聞かれもしないんで。普通に外国人扱いされると思うんで。特に私今，日本人って言わなくてもいいくらいなんで，別に(笑)。なので普通にそのまま生活していくっていうこと，考えるしかないんで。
(2013.07)

仁子さんにとって，帰化の意味は日本でよりよく生きる権利の獲得であった。帰化をしたからといって日本人／中国人という差異の解消ができるわけではない。帰化は，仁子さんにとって自己実現のため，自由に生きるためのものである。仁子さんは，このときのインタビューで初めて，未来の具体的な計画を話してくれた。帰化したことで，今のキャリアを生かした転職も考えるようになったこと，次の人生設計を考え，日本を拠点に別の国に留学する可能性があることも語った。

4. 私の「構え」はどのように変容したか
4.1 2010年のインタビューにおける私の「構え」

仁子さんの帰化決意までのプロセスは，2012年のインタビューにおける帰化の語りを手がかりに，2010年と2012年の語りを，帰化決意のストーリーとして構成し直すことによって見えてきたものだ。さらに，そのストーリー

を仁子さんに示すことによって，2013年には「居場所を喪失するかもしれないという根源的な不安」の語りも語られた。このことから，2012年のインタビューは，2010年のインタビューの単なる「続き」として語られているわけではなかったことが分かる。職場での経験，震災の経験は，仁子さんの生き方や考え方に変化をもたらし，新たな語りにつながっていった。

では，聴き手としての私は，仁子さんの語りにどのように関係していたのであろうか。仁子さんの語りの変化を，私の「構え」の変化という点から捉え直す。その上で，聴き手である私との関わりの中で，仁子さんのストーリーがどのように構築されたのかを明らかにし，教育実践の可能性について述べる。

2010年とそれ以降のインタビューのトランスクリプトを比べてすぐに気づくことは，仁子さんの発話量の違いである。2010年のインタビューでは，どちらかと言えば一問一答に近いかたちでインタビューが進められているのに対し，2012年のインタビューでは，私の一つの問いに対し，仁子さんの応えは非常に長く，語りの内容も豊かで生き生きとしている。2012年のインタビューが終了した段階で，私はこれを仁子さんの日本語力の変化と感じていた。もちろん「すごく日本語が成長した」(2012.06)と本人が実感しているように日本語力の変化はあった。日本での体験も当然増えている。だが，分析から見えてきたのは，仁子さんの語りの変化は，仁子さん自身の経験に対する意味づけの変化であり，同時に仁子さんの変化を理解しようとする私の「構え」の変化でもあったということだ。どんなに多くの体験を持っていても，語り手が語るべき内容と見なさなければそれは語られない。その語るべき内容を大きく方向づけているのは，聴き手の「構え」によってもたらされる聴き方でもある。つまり，仁子さんの物語の変化は，彼女自身の経験の変化であると同時に私の変化でもあった。

2010年のインタビューを私は以下のように始めている。

佐藤：今の仁子さんになるまでね，日本に来てから，今の仁子さん，日本語学校卒業して大学卒業して，今の会社に勤めて，いろいろありますよね。それまでの経験を自由に話してくれますか。

仁子：どこからでいいですか，日本語学校からでいいですか。　　　(2010.05)

このような私の問いを受けて，仁子さんが語り出したのは，留学生時代から現在までの，大学や職場での日本語にまつわる経験であった。日本語学校時

代と大学時代の日本語教育の違い，大学のオープンキャンパスに参加して，教授や日本人学生から日本語が褒められた経験，就職活動の経験，旅行会社1年目の様子が語られた。その中で私に対して一貫して語られ続けたのは，仁子さんの「外国人(留学生)として日本語の問題を克服しながら成長していく私」であった。

> 仁子：会社に入っても，日本人と比べて，褒められるんですけど，日本語上手ですね。でも自分にしては，日本に長いからそこまでできないと，やっぱり悔しいところもある。なんか，外人っぽいとか言われると悔しいですので，日本人なみに喋りたい，仕事したいということもありますし。
>
> (2010.05)

　2010年のインタビューで仁子さんは，「日本語を褒められる」という表現を何度も使っていた。日本語を褒められ続けるということは，すなわち外国人として差異化され続けるということでもある。その結果，「日本人なみに喋りたい」「仕事したい」という思いも仁子さんの中で構築される。2010年のインタビューではこのような「外国人(留学生)として日本語の問題を克服しながら成長していく私」の語りが幾つかの小さいストーリーの中で語られている。

　このような仁子さんの語りの内容を方向づけていたのは，仁子さんの経験だけではなく，聴き手としての私の「構え」から出る問いでもあった。つまり，仁子さんの「外国人(留学生)として日本語の問題を克服しながら成長していく私」は2010年のインタビューの中で，語り手の仁子さんと聴き手の私によって共同で構築されているのだ。

> 佐藤：じゃ，今いろいろ話してくれたんですけど，日本語のことじゃなくてもいいんですよ。・・注6 でもやっぱり日本語のことが大きくなるんですよね。仁子さんも最初は留学生として日本に来て，やっぱり日本語というのは一番気になる，ことですかね。
>
> 仁子：そうですね。やっぱり日本語喋れないと，そういう，なんか，・・影響が大きいと思います。やっぱり，外国人にしても欧米とかアメリカ人だと，日本人の方，合わせて英語を喋ってあげるんですけど，でも中国人と

注6　ドット(・)の数でおおよその時間を表す。(・)は約1秒を示す。

か韓国人の人は，やっぱりこっちの方が日本人に合わせて日本語喋るんじゃないですか。そうすると，自分がちゃんと日本語喋れないと，日本人の人と友達になれない，それ以上に付き合えないという意識が，その，頭の中に入ってるんです。それ，日本語ちゃんとできないと友達もできない，何もできないじゃないですか。　　　　　　　　　　　　　　（2010.06）

　このやりとりには，日本語に困難を覚える留学生として仁子さんを捉え，その問題経験を語らせようとする，当時の私の「構え」が端的に表れている。「でもやっぱり日本語のことが大きくなるんですよね」「仁子さんも最初は留学生として日本に来て，やっぱり日本語というのは一番気になる，ことですかね」という私の語りが，それに続く仁子さんの外国人留学生としての「日本語喋れないと」という語りを呼び起こしていくのである。このとき，私の語りは，仁子さんを日本語に困難を覚える「第二言語学習者」「留学生」という異文化的な他者として語らせようとする「抑圧する主体」(石川, 2012, p. 7)として機能していたということができる。

　佐藤(2010)では，2010年のインタビューをライフストーリーとしてまとめ，考察した。そこで私が記述したのは，在学中も就職後も「規範的な日本語にこだわらざるを得ない」(p. 194)仁子さんの葛藤のストーリーであった。当時の私は，仁子さんによって語られていたとしても，「人生の選択」の語りに耳を傾けることができなかった。日本語の葛藤に注目するあまり，私は仁子さんの人生の語りを看過していたのである。もちろん，「日本語の問題を克服しながら成長していく」語りも留学生にとっては日常の中で経験することであり，大切な語りであることには変わりない。だが，問題なのは，「日本語の問題を克服しながら成長していく」語りを語らせようとする私の調査者，教師としての「構え」が自覚できていなかったことだ。その結果，佐藤(2010)では，「規範的な日本語との葛藤」「日本語の問題を克服しながら成長していく」という，モデル・ストーリーに，仁子さんの様々な語りを回収させてしまったのである。

　では，私の「構え」はどのように作られたのであろうか。その根底には，2000年代初頭の日本語学校経験によって構築された「留学生は日本社会において困難な問題を経験している」という私自身の留学生像，学習者観があるのではないかと思う。既に述べたように，2000年代前半は，日本語学校の留学生の多くが，困難な生活と学びを強いられていた。彼／彼女らは，教師や教科

書の「権威的な言葉」に統制され，教室の内外で自分の「声」を出すことができない，そう私には思われた。だから，私は彼／彼女らの「声」を聴かなければならないと思った。それが私の出発点だった。だが，彼／彼女らの「声」を聴き，日本語学校の実践を考えていかなければならないという「日本語教師」としての私の思いが，留学生の問題経験だけを聴こうとする狭隘な「構え」を構築してしまうことにもなった。2010年の私は，そのような日本語教師の「構え」で仁子さんを見ていた。その結果，私は仁子さんに，「日本社会で困難な問題を克服しながらがんばっている元留学生」の語りを期待し，仁子さんの語りを方向づけていたのである。

4.2 私の「構え」の変化

　2012年のインタビューでは，人生を自己物語として捉え直すこと，自分を本の作者兼主役として捉え直すことで，仁子さんに語り直してもらった。このような私の「構え」の変化が仁子さんの過去，現在，未来を語ることにつながり，帰化のストーリーとして具体的に語られていった。

　では，私の「構え」はなぜ，変わったのだろうか。まず，その頃実施していた他のインタビュー実践からの影響がある。たとえば，ある元留学生は，日本語学校在学中は，日本語ができず自尊感情を持つことができなかったが，大学や大学院での学びを通し，自信を持つようになり，就職することができたと語った。また，別の元留学生は，就職活動に挫折はしたが，その過程で自分のやりたいことを発見し，やりたいことを実現するために帰国してやり直したいと語った。それらの語りを聴いているうちに，当初，問題経験として捉えようとしていた彼／彼女らの経験の語りが，人生という時間の中に位置づけ直されることによって，様々な意味を帯びてくることが分かってきた。留学生の人生は，日本語学校や大学だけで括ることはできない。もっと長い時間の中で，彼／彼女らの経験を見ていく必要があると思うようになってきたのである。

　次に，私自身の実践の場が変わったことも大きい。私は，2012年の春，実践の場を大学に移した。このことは留学生教育を日本語学校の教育と直接に結びつける必要がなくなったことを意味した。教育実践に対する自分の位置づけが変化したのである。それは，私の今まで行っていた元留学生に対するライフストーリー・インタビューの意味も変えた。日本語学校の問題や，日本語の問題を取り出すために留学の物語を聴くのではなく，人生における留学経験の意味(その中に日本語学校の経験の意味もある)を理解するために聴くことから始

めたいと，考えるようになっていた。語りから語り手の外にあるものを理解しようとするのではなく，語り手そのものを理解したい。私の関心は，語り手の自己物語のあり方へ移っていった。

このように，2010年とは異なる「構え」の問いかけを受け，2012年の仁子さんは，彼女自身の成長のストーリーを語り始めた。日本語学習や留学生活の問題経験の語りではなく，仁子さんという一人の若者の成長，発達の語りを聴きたい，私のそのような「構え」の変化が，仁子さんの個人的な経験と結びつき，2010年とは異なる語りにつながったのである。

4.3 「自己を支えることば」の生成

以上，仁子さんの語りと，私の「構え」の変化を述べてきた。2010年のインタビューで，仁子さんは「日本語の問題を克服しながら成長していく」ストーリーを語った。そこには「留学生は日本社会において困難な問題を経験している」という教師としての私の「構え」があった。その前提には「日本語学校の教育の改善」の目的があり，「元留学生の経験を通し，日本語学校はどのように考え，実践していけるか」という問いがあった。そのために私が仁子さんに求めていたのが，元留学生の問題経験の語りだったのだ。それに対し2012年のインタビューで私は，仁子さん個人の経験をもとにした，成長の語りを聴きたいという「構え」を持つようになっていた。その結果，仁子さんは，一人の人間としての人生の物語，帰化決意のストーリーを中心に語った。そして聴き手の私も，2010年と2012年の語りを改めて考察することによって，仁子さんの「居場所構築，自己実現のための生き方の選択」という帰化の意味，その根底にある「居場所を喪失するかもしれないという根源的な不安＝アイデンティティの不安」を見出すことができたのである。

人生の物語を語ることによって，仁子さんは語る行為そのものに新たな意味を見出したようだった。以下は「帰化決意」の直後に，私が留学の意味について，改めて聴いた際のやりとりである。

佐藤：留学というのは，日本に来たことでもいいですが，どんな意味があったかというのは。
仁子：自分の人生を変えました。
佐藤：変えました。
仁子：はい。たぶんもし留学しなかったら，ずっとそのままで，何も語ること

はできない部分になるんですけど、なんか、ずっと一つの村で、他の国とか何も見たことがない、村のことしか知らない、そういう一人の人間になってるんですけど、でも留学を、一つのきっかけに、自分が知らない世界、知らない人間、知らないことばが勉強できました。それで、今までと想像とは違った生活をしていますし、これからまた新たに出会う、ということもありますし。

佐藤：成功ですか。

仁子：ま、成功ですね。・・・留学しなかったら、たぶんお母さんになって普通に生活してるのかなと思って。留学したから、たぶん、他の人から見ると、向こうの自分の友達から見ると、遅くなってる一方なんですけど、私にとっては誰にも与えられない経験がいっぱいありました。その、できない友達、いっぱい持ってるし、人にない経験がいっぱいあったし、その、自分を勉強させる過程、一歩一歩積み上げてきたことは、これからでも自分自身でも何かあるときに困ったときに、自分に聴かせる部分になりますし。

佐藤：・・・2章のまとめみたいだったね。

仁子：そうです(笑)　　　　　　　　　　　　　　　　　　　　(2012.06)

　2010年のインタビューであれば、私は、この語りをとるに足らないものとしてやり過ごしていたかもしれない。なぜなら、ここには劇的な経験は語られていないし、ある意味「よくある語り」だからだ。だが、このとき私は、一つの感慨をもって仁子さんの語りを聴いていた。「2章のまとめみたいだったね」という語りの前の「間」は、その感慨を表している。留学は自分の人生を変えた。留学を契機に、知らない世界、知らないことばを学ぶことができた。自分にしかできない経験や、友達を得ることができた。そしてそれらの経験の過程を積み上げてきた物語は、今後自分自身が何か困ったときに「自分に聴かせる部分」になると仁子さんは語った。

　この語りからは、私に語った帰化決意までのストーリーが、仁子さんにとって大切なストーリーとして実感されていたことが分かる。さらに、その実感を通じ、自己の経験を語り直し、物語化することが、将来、困難に遭遇したとき、それを乗り越えるための「自分に聴かせる部分」(大事な物語)になることを仁子さんは確信している。一方、仁子さんのこの実感を、問いを通して共構築できたからこそ、私は、仁子さんの語りに感慨したのである。やま

だ(2000)は，物語を語ることによって，物語と人生の「循環的関係が生起する」と述べ，「人生を物語とみる見方は，自己を物語としてとらえ，語り直す(re-telling)ことで，新たな自己を構築していく」(p. 31)と述べる。このような「自分自身がしらずしらず身につけてきた物語を自覚し，再編し，語り直していくプロセス」(p. 31)を，仁子さんは，私への語りを通して経験できたのだ。

このように，2012年の語りを読み解く過程で，私は，この「自分に聴かせる部分」が，仁子さんにとって大きな意味を持っていると理解できるようになった。そこで，このことばを「自己を支えることば」として概念化した。「自己を支えることば」は，自分の経験を語り直し，意味づけていくこと，または意味づけられた経験の物語である。それは，語り直されることによって人生の力になる物語でもある。仁子さんのストーリーから見えてきたように，10代後半から20代前半の自己形成期に日本で学び始めた留学生は，日本での生活が長くなるにしたがい，帰国しても自分の居場所を作ることに困難を覚え始める。国には帰れない一方，何かの出来事があれば日本にもいられなくなるかもしれないという不安，それが「居場所を喪失するかもしれないという根源的な不安＝アイデンティティの不安」である。そのような不安を乗り越え，自己の再構成を可能にする語りが「自己を支えることば」である。

谷口(2013)は「自己のライフストーリーを語ることにより「自分は誰なのか」というナラティブ・アイデンティティを構築していくという考え方」(p. 45)に基づき，「9歳の時に国境を越えて言語・文化間移動を経験した中国帰国者三世の女性」サト子が，人生の岐路に立ったときに書いたライフストーリーを分析した。そして，ライフストーリーを第二言語で語り直すことは「過去と現在そして未来，中国と日本，子ども時代の自己と成人した自己，第一言語と第二言語，それぞれをつなぐ鍵となったのではないだろうか」(p. 65)と述べる。ナラティブは「過去，現在，未来をつなぐ働きをする」(p. 65)のである。さらにここでのナラティブとは「人と人との相互交渉から協働構築される」(p. 45)。したがって，ナラティブ・アイデンティティは「個人と社会の相互交渉・関係性から生まれてくる」(p. 45)という。「自己を支えることば」の構築を実践するとすれば，それはナラティブ・アイデンティティの実践ということができるだろう。「自己を支えることば」の構築は，アイデンティティを語り直し，書き換えていくことによって，過去，現在，未来をつなぎ，自己を豊かにしていくことを可能にする。

たとえば，三代(2009)は，「困難とされた日本人との人間関係の構築に成功

したと感じている」3名の留学生のライフストーリーを聴き，「様々な困難を経て築いた人間関係，つまりコミュニティ自体が，彼女たちのコミュニケーションを支えるということ」(p. 9)を語った。三代はそれを「コミュニティへの参加の実感と学び」ということばで概念化している。また，李(2013)は「複数言語で成長した「移動する子ども」である「私」の経験」を自己エスノグラフィーの実践を通して記述している。そこで「私の居場所とは「日本語と韓国語，二つのことばを話す居場所」であった」と結論づけている。その際，李は，自己エスノグラフィーの執筆がそのまま「過去を振り返り意味づける過程」であり「文字で記して初めて意味のあることに思える瞬間が随所にあった」と記述している(p. 141)。

　これらの研究は，「自己を支えることば」がどのようなものかを示唆している。谷口(2013)の「ライフストーリーを書くこと」(p. 64)，三代(2009)の「コミュニティ自体が，彼女たちのコミュニケーションを支える」(p. 9)という学習者の語りの行為，李(2013)の自己エスノグラフィーを書くこと，各実践の内容はそれぞれ異なる。だが，共通しているのは，描かれている研究協力者(李では本人)が，それぞれのことばの構築を通して，困難な経験，不安定な状態を乗り越えていることである。その結果，それぞれの人に自己アイデンティティの変容，学びの実感がもたらされているのである。この，それぞれのことば，ことばの行為が，「自己を支えることば」になり得るものではないかと，私は考える。

　以上，仁子さんのライフストーリー，そして，それを聴く過程で生じた私の「構え」の変化を記述してきた。そして記述を通して，「自己を支えることば」という概念が生成された。では，「自己を支えることば」の構築をめざした日本語教育実践は，具体的にどのようなものとして構想することができるだろうか。この問いに応える前に，日本語教育実践者である私がライフストーリーを研究することの意味を考えてみたい。その上で改めて「自己を支えることば」構築のための実践に立ち戻ることにしたい。

5. 日本語教育を実践する私がライフストーリーを研究することの意味

　これまでの記述を踏まえ，日本語教育を実践する私がライフストーリーを研究することの意味を論じる。三代(2014)は，日本語教育におけるライフストーリー研究を概観し，従来は「日本語教育に携わる人々の声を聴くことを第一の目的」としてきたため，「「語られたこと」，つまり語りの内容」(三代，

2014, p. 5)を考察の中心にしてきたと述べる。従来の日本語教育におけるライフストーリー研究では，当事者の「声」を「語られたこと」として記述していくことが中心的課題だったのである。もちろん「日本語教育の当事者たちの「声」から日本語教育を捉えなおそうという試み」(三代, 2014, p. 6)としてその意義は大きい。

　しかし，日本語教育を実践する私にとって，ライフストーリーを聴くことの意味はその先にこそある。本章の初めで，私は日本語教育のライフストーリー研究の特徴として，聴き手と語り手が教育実践の当事者であることを述べた。しかし，日本語教育実践者でもある私が，学習者である語り手の「声」を聴くというとき，どちらも当事者であると同時に，その立場性は異なる。その「声」を聴いて教育実践を行うのは，日本語教育実践者の私だということだ。語り手の「声」を聴く私は，物語の内容を表現する研究者でもあり，「声」に応答して教育実践を行う行為者でもある。だからこそ，学習者である語り手の「声」を聴いたときから，日本語教育の実践者として，私にはその「声」を私自らの実践に響かせていかなければならないという責任が生まれているのだ。このような，語り手の「声」と教育実践を媒介する私の責任を，日本語教育実践者の「応答責任」(responsibility)[注7]と呼びたい。

　彼／彼女らの「声」を，聴き手自らの実践に響かせていく応答責任は，日本語教育学的ライフストーリーを独自なものとして際立たせている点でもある。日本語教育の実践者として私は，「徹底して現場の実践に響いている「声」」(三代, 2014, p. 8)を聴く。その「声」を聴くとき，その都度私という実践者の中に，責任が構築される。その責任の意味を考え，よりよい教育実践をめざして実践していく，このような一連の実践性の中にこそ，日本語教育の実践者がライフストーリー研究をする意味があると，私は考える。川上(2014)は，日本語教育におけるライフストーリー研究には，日本語教育学的語りを行うことが求められると主張したが，その「日本語教育学的語り」を支えるものこそ，「声」と実践を媒介する教育実践者の応答責任ではないか。だからこそ，個々の教育実践者の応答責任の意味を記述していくことこそが，日本語教育におけるライ

注7　「responsibility」は，一般に「責任」と訳されるが，このことばには本来「応答可能性」「応答責任」という意味がある。高橋(2005)は，日本の戦後責任について述べる中で「人間はそもそも responsible な存在，他者の呼びかけに応答しうる存在である，responsibility つまり応答可能性としての責任の内にある存在である」(p. 32)と述べる。語り手という他者(学習者や教育関係者)の呼びかけ(「声」)に応え，実践していくことに，日本語教育実践者の応答責任があると私は考える。

フストーリー研究には必要なのである。

　では，仁子さんのライフストーリーを記述した現在，仁子さんの「声」に私がどのように応答していくことが可能か改めて考えたい。仁子さんのライフストーリーから，仁子さんにとって，帰化は「居場所構築」であり「自己実現のための生き方の選択」という意味づけがなされた。そして，「自己実現のための生き方の選択」の根底には「居場所を喪失するかもしれない根源的な不安」があり，それは留学中，留学後の日本での生活を通して次第に形成されてきたことが明らかになった。

　この仁子さんの語りは単なる一事例ではなく，私費留学生の一つのモデルとして捉えることができると私は考える。なぜなら，仁子さんの語りを「居場所を喪失するかもしれない根源的な不安」として解釈したとき，私はそれを2000年代前半，日本に留学した私費留学生たちの経験の語りとしても，理解し，共有できるからである。たとえば，バウマン（1998/2010）はグローバル社会の移動者は「旅行者」と「放浪者」に分断されていると述べている。

　　旅行者は心の欲望に従って滞留するか移動するかを決める。どこか別の場所に経験したことのない新しい機会があることに気づいたなら，彼らはすぐに出発する。他方，放浪者は，たとえそれを強く望んだところで，自分がひとつの場所に長く滞留することはないだろうと思っている。なぜなら，どこへ行っても，彼らは歓迎されないだろうからである。旅行者は，彼らの手の届く（グローバルな）世界が抗しがたいほど魅力的だからこそ移動する。これに対して，放浪者は，彼らの手の届く（ローカルな）世界が我慢できないほど不愉快だからこそ移動する。
　　　　　　　　　　　　　　　　　　　　　　　　　　　　　(pp. 130-131)

　2000年代前半の私費留学生もまた「放浪者」だったのではないだろうか。彼／彼女らの多くは，自分を取り巻く世界が不愉快だから日本に留学してきた者たちであった。だからこそ，彼らは「旅行者」になることを望んだ。だが，多くの留学生が「観覧車の彼」のように，「放浪者」として挫折し帰国していったことも確かだ。仁子さんはその中で，小さな成功を収めた一人だということができる。だが，日本社会という枠の中で彼女はいつまで経っても「放浪者」という感覚を持たされた。だからこそ，日本での生活が長くなればなるほど「居場所を喪失するかもしれない根源的な不安」が彼女の中で大きくなっていったに違いない。帰化は，彼女にとって，「放浪者」から逃れるための一つ

の選択だった，そう考えることができる．

　このような意味として私は仁子さんの「声」を聴き，理解した．では，仁子さんの「声」に対し，私はどのような教育実践を構想することが可能だろうか．それは言語教育の実践者として，これから日本に来る，または既に日本にいる「放浪者」としての留学生に対し，どのような教育実践をすべきか，という問いへの応答でもある．「居場所を喪失するかもしれない根源的な不安」を乗り越える概念として，仁子さんと私の語りから共構築されたのが「自己を支えることば」であった．とするならば，これから日本に来る，または既に日本にいる「放浪者」としての留学生の言語教育においても「自己を支えることば」の構築をめざした教育実践は重要である．

　ゴアール＝ラデンコヴィック（2011）は「移動のアクター」の教育学を構想し，その具体的な例として，「自伝アプローチ」を提出している．自伝アプローチ（人生物語）は，「自らと「異なる」他者との交渉の場になるばかりでなく，アイデンティティの選択を明らかに記しつつ自らをまとめあげ，自らと和解する場ともなり得る」（p. 17）と述べる．また，先に引用した谷口（2013）では，「移動する子ども」に対する教育への示唆として「移動する子どもの教育においては，生涯発達の視点が必要である」と述べ「生涯発達を視野に入れた教育とは，移動する子どもの現在だけを見て，何が必要かを判断するのではなく，彼らのライフコースの各段階での学習を社会的，心理的に」（谷口，2013, p. 67）支えていくことが必要だと述べる．

　以上を「自己を支えることば」の構築をめざした教育実践に援用する．すなわち，生涯発達の視点を持ちつつ自伝的アプローチ（自伝を書くということだけではなく，様々な自己探索的な活動）を，留学生のライフコースの各段階に取り入れながら実践していくことが考えられる．そのためには，日本語学校，大学を超えて，各教育実践者が，自伝的アプローチの実践研究を共有していくこと，生涯教育（学習）の視点からカリキュラムを再構築していくことが必要である．

　今後さらに加速度を増す移動時代の言語教育には，「自己を支えることば」を構築し，表現するための教育実践の試みが日本語学校や大学等，様々な場で必要とされるだろう．ともに同じ時代を生きるものとして，彼／彼女らの声を喚起し，励まし，励まされることによって「自己を支えることば」を構築する，私はそのためのことばの教育実践を行っていきたい．以上が仁子さんとの対話から，日本語教育の実践者としての私が導きだした一つの応答である．

6. おわりに

　以上，私は，日本語教育の実践者がライフストーリーを研究することの意味を，自らのインタビュー実践から考えてきた。

　仁子さんのストーリーの記述，私の「構え」の記述を通して明らかになったことは，聴き手である私の「構え」の変化が，仁子さんの語りの変化を促していたことである。2010年のインタビューでは，日本語教育を始めたばかりの頃に構築された私の学習者観，教育観から構築された「構え」が，仁子さんに留学生の一つのストーリーを語るように方向づけていた。私の「構え」が変化することによって，仁子さんは「帰化決意の語り」という別のストーリーを語った。それだけではなく仁子さんの新たな声の構築（自己を支えることば）も可能にしたのである。その新たな声は，私のこれからの教育実践のあり方を示唆するものであった。

　このように，私の構えを自己言及的に記述することによって，本章では教育実践とライフストーリー研究の関係を考察することができた。ライフストーリー研究といっても，その記述の仕方は様々である。しかし，日本語教育の実践者でもある私には，語り手のストーリーを記述するだけでは語り手への応答責任を果たしたとは言うことができない。彼／彼女らと私の共構築した「声」を私自らの実践に響かせていくとき，初めて彼／彼女らの「声」に応答したことになる。この実践性の中にこそ，日本語教育の実践者がライフストーリー研究をする意味があると，私は論じた。そして，ライフストーリー研究の実践性を記述していくためにも自己言及的な記述は不可欠であった。

　このような日本語教育学としてのライフストーリー研究は，現在と過去，そして現在と未来との往還としての実践の研究ということができるだろう。教育実践者である聴き手の問いに応え，語り手は過去から今までの経験を，「いま・ここ」すなわち聴き手との対話を通して語る。聴き手は，語り手の「声」と自己言及的に対話していくことによって，未来の教育実践の場にその声を響かせていくことができるだろう。そして，未来の教育実践の場で出会う他者を再び語り手として迎える。このような時間的実践的な営みとして，日本語教育学としてのライフストーリー研究を位置づけることが可能である。

　今後も自身の教育実践との関わりの中で，私はライフストーリーを聴き続けていきたいと思う。語り手の「声」を聴き，実践として引き受けることは時として苦しいこともある。しかし，語り手の声に対する応答責任としての実践性がなければ，私がライフストーリー研究を行っていく意味はないのである。

参考文献

石川良子(2012).「ライフストーリー研究における調査者の経験の自己言及的記述の意義―インタビューの対話性に着目して」『年報社会学論集』25, 1-12.

李玲芝(2013).「私の中の「移動する子ども」―自己エスノグラフィーから見えたもの」川上郁雄(編)『「移動する子ども」という記憶と力―ことばとアイデンティティ』(pp. 119-143.) くろしお出版.

川上郁雄(2014).「あなたはライフストーリーで何を語るのか―日本語教育におけるライフストーリー研究の意味」『リテラシーズ』14, 11-26.

ゴアール＝ラデンコヴィック，アリーヌ(2011).「国際的な移動の中にあるアクターたちの新たな争点と戦略―移動の教育の概念に向かって」(山本冴里(訳))細川英雄(編)『言語教育とアイデンティティ―ことばの教育実践とその可能性』(pp. 7-23.) 春風社.

桜井厚(2002).『インタビューの社会学―ライフストーリーの聞き方』せりか書房.

佐藤正則(2010).「ライフストーリーからみる日本語学校卒業後の学びと成長」『2010年度日本語教育学会秋季大会予稿集』189-194.

佐藤正則(2013).「元私費留学生のライフストーリーから―〈選択〉の意味」『2013年度日本語教育学会春季大会予稿集』87-90.

佐藤正則(2014).「日本語学校におけるカリキュラム更新―大学院進学クラスの継続的な実践がもたらしたもの」細川英雄・三代純平(編)『実践研究は何をめざすか―日本語教育における実践研究の意味と可能性』(pp. 221-252.) ココ出版.

サルトル，ジャン＝ポール(1955).『実存主義とは何か―実存主義はヒューマニズムである』(伊吹武彦(訳)) 人文書院. ［Sartre, J. P. (1946). *L'Existentialisme est un humanisme.* Paris, France: Nagel.］

鈴木寿子・張瑜珊(2011).「長期留学中の大学院女子留学生の語り―断絶の感覚をうみだすもの」『ジェンダー研究』14, 53-69.

高橋哲哉(2005).『戦後責任論』講談社.

谷口すみ子(2013).「「移動する子ども」が大人になる時―ライフストーリーの語り直しによるアイデンティティの再構築」川上郁雄(編)『「移動する子ども」という記憶と力―ことばとアイデンティティ』(pp. 44-68.) くろしお出版.

バウマン，ジグムント(2010).『グローバリゼーション―人間への影響』(澤田眞治・中井愛子(訳)) 法政大学出版局. ［Bauman, Z. (1998). *Globalization: The human consequences.* New York, NY: Columbia University Press.］

バフチン，ミハイル(1996).『小説の言葉』(伊東一郎(訳)) 平凡社. ［Бахтин, М. (1975). Слово в романе.—Вопросы литературы и эстетики. (pp. 72-233.) Москва: Художественная литература.］

三代純平(2009).「コミュニティへの参加の実感という日本語の学び―韓国人留学生のライフストーリー調査から」『早稲田日本語教育学』6, 1-14.

三代純平(2014).「日本語教育におけるライフストーリー研究の現在―その課題と可能性について」『リテラシーズ』14, 1-10.

やまだようこ(2000).「人生を物語ることの意味―ライフストーリーの心理学」やまだようこ(編著)『人生を物語る―生成のライフストーリー』(pp. 1-38.) ミネルヴァ書房.

往復書簡4　佐藤正則×三代純平

三代

　佐藤さんは、「日本語学校」という現場に徹底してこだわることをアイデンティティとしてきた実践研究者だと思っています。その佐藤さんが、「日本語学校」から離れることで「人生の語り」に近づけたというのは、やや皮肉ですが、面白いなと思いました。佐藤さんは、「構え」の記述の重要性を書いていますが、その「構え」は、調査の中で形成、変容したというよりも、調査と並行した佐藤さんの日本語教師としての日々の中で形成、変容したものとして描かれています。このことは、日本語教育学としてのライフストーリーの記述を考える上で興味深いと思いますが、研究から実践への応答責任とは別に、研究する私と実践する私の関係をどのように捉えていますか。また、その関連で、インタビューの対象者は、佐藤さん自身が担当した学生に限定されていると思いますが、「教え子」とインタビューするということについてどのように考えているか、お聞かせください。

佐藤

　三代さん、ありがとうございます。私の日本語教師人生は、日本語学校で始まりました。日本語学校に徹底的にこだわってきたのも、そのこだわりを記述することが、私という一教師の成長にも重なっていたからだと思います。当時の日本語学校は、私という日本語教師のアイデンティティが形成される場だった、そんなふうに思っています。でも、そのアイデンティティを再構築する必要があった、そうしなければ進めないような状態になっていた、それが一時的にも「日本語学校」から離れた理由の一つです。
　さて、「研究する私と実践する私の関係」についてですが、改めて考えてみると、私はライフストーリー研究を独立した「研究」とは捉えていなかったように思います。自分のしてきた実践とは何だったのか、彼／彼女らは、日本語学校での学びをどのように意味づけているのか、そのようなことを知るために、留学生の「声」を聴きたい、聴く必要がある、という思いからインタビューを始めました。それが私の「ライフストーリー研究」の始まりです。だ

からこそ，良いか悪いかは別として，私の「構え」は，現場に密着していました。教育観や学習者観と「構え」は切っても切り離せない関係にあったのです。そう考えると「研究する私」と「実践する私」は切り離されたものではなく「実践する私」があるからこそ「研究する私」がある，そのような関係になるのではないか，そんなふうに思います。

　それは次の質問の答えにも重なってきます。なぜ「教え子」へのインタビューを続けてきたのか。私がインタビューをするようになったきっかけは，留学生10万人計画達成前後の日本語学校です。今でもその時代の留学生のライフストーリーを聴き続けるのは，どこかに，日本語学校で実践してきた私の日本語教育とは何だったのか，という教育に対する問いがあるからです。しかし，それだけではないように思います。彼／彼女らの語りを聴くことは，未来の実践にもつながっています。彼／彼女らの語りを聴くことによって，原点に戻りつつ，変容してきた自分を確認し，そして明日の実践を構想する，そのようなものとして私は私のライフストーリー研究を位置づけたいと思います。

第9章

日本語教育に貢献する教師のライフストーリー研究とは

飯野 令子

1. はじめに

　筆者はこれまで日本語教師の成長を捉えるために，ライフストーリー研究を行ってきた。日本語教師を対象としたライフストーリー研究はまだ多くないが，学校教師の研究では，教師のライフストーリーを聞き取り，研究者が教師のライフヒストリーを構築する，ライフヒストリー研究の蓄積がある。またその背景には，社会学や生涯発達心理学のライフストーリー研究もある。日本語教師のライフストーリー研究の意義はこれまで，他の分野のライフストーリー研究の意義と重ね合わせて考えられ，日本語教育における教師のライフストーリー研究のあり方が議論されることはなかった。本章では，これまで指摘されてきた，教師のライフストーリーを用いた研究の意義をまとめた上で，日本語教育に貢献する，教師のライフストーリー研究のあり方を検討することを目的とする。

　日本語教育に限らず，ライフストーリーを用いた研究のあり方の議論はこれまで，ライフストーリーの内容をどう理解するかに重点が置かれてきた。確かに，日本語教師の成長を捉えようとする筆者の研究も，教師のライフストーリーの内容を理解することによって成り立っている。しかし筆者は，日本語教師へのライフストーリー・インタビューを始めた，ごく初期の段階から，インタビューで語られる教師の経験の意味が，教師が以前から何らかの形で認識していたか，あるいはインタビューの場で新たに生成されるかの違いがあることを感じていた。それでも，教師の実践経験とその背景にある理念や教育観を捉えようとしていたため，教師が以前から認識していたこと，意識化していたことのみが重要であると考えていた。つまり，インタビューの場で新たに生成される経験の意味は，単なるその場の「思いつき」であり，教師のこれまでの実践経験とは関係がなく，筆者の研究にとっては価値がないとさえ考えていたのである。

実際，インタビューの場で語られる経験の意味が，語り手が以前から認識していたものなのか，その場で新たに生成されたものなのか，一つひとつの経験について厳密に判断していくことは難しい。またライフストーリーとは「語り手と聞き手によって共同生成される，ダイナミックなプロセス」(やまだ，2000, p. 1)であり，「語り手とインタビュアーとの相互行為を通して構築される」(桜井，2002, p. 28)のであれば，語りのすべてはインタビューの場で生まれると考えられる。そのため，筆者の日本語教師の成長研究では，教師が語る経験の意味がいつ生成されたかは不問にして，もっぱら語られた内容の理解に重点を置いてきた。

　その一方で，ライフストーリー研究は語りの内容のみならず，「意味づける行為の生成過程としての「プロセス」を重視する」(やまだ，2005, p. 194)こと，「「いかに語ったのか」と，語りの様式にも注意を払う」(桜井，2002, p. 28)ことも大きな特徴とされている。それに従い本章では，これまで筆者が感じていた，ライフストーリー・インタビューの場で，語り手が以前から認識していた経験の意味が語られる場合と，経験の新たな意味生成が起こる場合，つまり，語りの生まれ方の違いが，日本語教師のライフストーリー研究の中で，どのような意義を持つのか検討する。そのため，これまで筆者が行ってきた日本語教師へのライフストーリー・インタビューにおいて，インタビューの場で経験の新たな意味生成が起こったと考えられる部分を取り出し，その生成過程と語り手の経験の意味づけのあり方を分析する。また，インタビューの場で経験の新たな意味生成が起こらなかったと考えられる教師についても語りを分析し，聞き手である筆者との関係性を含めて，他の教師と比較して考察する。その結果から，ライフストーリーの内容の深い理解もさることながら，インタビューの場で，経験の新たな意味生成を起こすことが，日本語教育に貢献する日本語教師のライフストーリー研究となることを述べる。

2. 教師のライフストーリーを用いた研究の意義
2.1 語り手自身の視点による個々の経験の理解
　学校教師の研究では従来からライフヒストリー研究が盛んに行われ，蓄積されてきた。それは研究者が教師のライフストーリーを聞き取り，その内容を他の資料なども用いて広い歴史的社会的文脈に位置づけて解釈し，ライフヒストリーを構築するものである(グッドソン，2001)。グッドソンは，学校研究における状況と個人史的および歴史的要因の役割とその相互関係の重要性を指摘

した。それらを明らかにできるのが教師のライフヒストリー研究であり，教師のライフストーリーに耳を傾けることは，教師の精緻な職業的成長のモデルを作り上げる最良の方法になるとした。

また日本では，学校教師の行政研修の整備拡充のために，教師の持つべき資質が抽出され，それらを構成し，いつどのような資質を獲得すべきかという教師の成長過程のモデルが示されてきた。ところがそれは，教師の成長の過度の一般化につながり，一人ひとりの教師の実情を反映するものではなかった。そのため，同年代の教師のライフヒストリーを一つのまとまりとして解釈するライフコース研究が，一人ひとりのリアリティを把握する新たな成長の捉え方の可能性を開くものとして，注目されるようになった（山﨑, 2002; 安藤, 2004）。このように，教師のライフストーリーを用いた研究は，個々の教師に注目しながらも，そのいくつかを重ね合わせることによって教師の成長過程の共通性を把握し，学校教育研究や教師養成・研修に示唆を与えることを目的としてきた。

一方，藤原・遠藤・松崎（2006）は教師の力量形成を，特定の教師の個別具体的な成長や発達の筋道に焦点を合わせて捉える方法として，教師のライフヒストリー研究を用いている。藤原らは，個別な教師の事例には，受容者である他の教師が，その具体性ゆえに自らの実践経験との重なりを見出しやすく，その結果，事例の受容者である教師に，研究結果としての事例と自らの実践経験を対照させて，自身のそれを振り返る契機を提供できる可能性が生じるとする。同様に高井良（1994）も，物語の様式によるライフヒストリー研究は，教師の経験世界をストーリーという形式で再構成し，それを他の教師が自らの経験世界に重ね合わせることにより，新たなストーリーを生み出すという循環性を持っており，教育研究における一つの可能性を示しているとする。つまり，研究者が複数のライフヒストリーを重ね合わせるまでもなく，個々の教師のライフヒストリーそのものが，それを受容する他の教師の経験の振り返りを促す効果が期待できるとするのである。

日本語教師の研究では，学校教師のライフヒストリー研究ほどの蓄積はないものの，ライフストーリー研究が行われるようになってきた。例えば，逢・江口（2003）は，台湾人日本語教師の視点から日本語教育を捉えるため，江口（2008）は日本語教師の多様性を示すために，ライフストーリーを聞き取っている。また太田（2010）は，オーストラリアの学校教師である非母語話者日本語教師のライフストーリーから，日本語教師としての学びの過程とその内容を，教

育実践のみならず，教職に入る以前の外国語学習経験や私生活も含め広範に捉え，日本語教育に関する教師の視点とその形成過程を明らかにした。そして，言語教育政策や言語教育理論にはない，現場の教師が持つ視点に注目し，教師の視点を教師養成・研修に生かしていく重要性を指摘した。さらに飯野(2009)は，一人の母語話者日本語教師のライフストーリーから，教師が長い教授歴を通して関わってきた複数の実践コミュニティ間の移動の軌跡と，その過程での教育実践の変化を追って，教師の成長のあり方を，教師を取り囲む状況や文脈と共に捉えようとした。

このように，学校教師のライフヒストリー研究，日本語教師のライフストーリー研究でその意義とされてきたのは，長期的で広範な視野で，語り手自身の視点から経験を理解できること，個々の教師の多様な成長過程を，教師が行う具体的な教育実践の文脈と共に把握できること，それを教師養成・研修の新たな視点につなげられることであった。また個々の教師のライフストーリー，ライフヒストリーそのものが，他の教師の振り返りの材料となることも指摘されてきた。

2.2 語り手である教師の成長

これまでの学校教師のライフヒストリー研究の重要な視点に，語り手である教師と聞き手である研究者との関係があった。グッドソン(2001)は，ライフストーリーとは人生の出来事についての物語であり，多くの場合「自己の内省作業」と呼ばれる内的な対話(ダイアローグ)となるとする。そして，ライフヒストリーはライフストーリーを語る者とライフストーリーの聞き手や研究者が共同して構築するものであり，その狙いはライフストーリーがある特定の歴史的環境で効果的に作用するように「位置づける」ことであるという。このような，ライフストーリーは教師が語ったもの，ライフヒストリーは教師と研究者が共同で構築するもの，という位置づけは学校教師のライフヒストリー研究で多く見られる立場である。この立場では，ライフストーリーは，教師が内的な対話から生成したものであり，そこに聞き手は関わっていない。そして，ライフヒストリー構築に当たっては，研究者の解釈の信頼性を確保するために，語り手とやり取りをすることによって，協働的であるといわれる。さらに，こうした共同研究者としての教師は，ライフヒストリー研究に関わることによって，自らの経験への内省が起こり，成長の可能性があるとする(グッドソン・サイクス，2006)。

山﨑(2002)も，学校教師のライフヒストリー研究において，聞き手は，語り手が内に抱えるさまざまな思いを引き出し，聞き取りながら，その語られたもの一つひとつを個人的社会的歴史的な文脈・状況上に位置づけ，解釈し，意味構成するとする。そのことを通して語り手は，それらの文脈・状況上にいる自分に気付き，発見し，時には聞き取られる喜びによって癒やされ，次なる方向を見出し，選択していくことを自分自身で援助することができるという。山﨑も，ライフヒストリーは研究者と教師が共同構築するもので，教師にとってはライフストーリーを語ったりライフヒストリーを構築する過程に関わったりすることで，成長の可能性があることを示している。

　以上のような，語り手である教師がライフヒストリー研究に関わることによって成長する可能性があるという視点は，日本語教育にも取り入れられ，横溝(2006)が，日本語教師の成長のためのライフヒストリー研究の一例を示した。それは，教師自身が単独で，これまでの日本語教育に関する経験を振り返りながら，自らのライフストーリーを記述するというものである。横溝は，ライフストーリーの聞き手が存在しなくとも，教師がその作業に従事することによって，教師自身の経験の振り返りが進み，それが自己理解・自己受容になり，教師の成長につながるとした。

　ただし，こうしたライフヒストリー研究に共通するのは，ライフストーリーは教師の内面に確固として存在するもので，研究者や教師自身がそれを引き出すと考えられている点である。教師にとっては，ライフストーリーが引き出され，ライフヒストリーの構築の過程に関わることが，内省や，それまでの自分がどのような教師であったかの気付きとなり，それが成長につながるとされてきたのである。

3. 相互作用によってライフストーリーが生成されると捉えることの意義
3.1 研究者の立場として

　ライフストーリーが語り手の内面に確固として存在するという捉え方に対して，社会学の分野でライフストーリー研究を実践する桜井(2002)はライフストーリー・インタビューでは「インタビュアーと語り手の言語的相互行為によってライフストーリーが語られ，そのストーリーをとおして自己や現実が構築される」(桜井, 2002, p. 61)ことを主張している。このような立場を桜井は対話的構築主義と呼び，ライフストーリーが必ずしも語り手があらかじめ保持していたものとしてインタビューの場に持ち出されたものではなく，語り手とイ

ンタビュアーとの相互行為を通して構築されるものとする。

　こうした捉え方は学校教師の研究にも見られるようになった。前述の藤原ほか(2006)が，一人の教師のライフヒストリーから，教師の実践的知識の形成過程を理解する研究の中で，教師の語りを聴くということは，経験がその言語化に先立って厳然としてあるのではないとした。そして物語論の野家(2005)の引用から，過去の出来事は想起され語られることを通して立ち現れるのであり，経験を語ることと経験を構成することは同義となるとする。藤原らがこうした立場に立つのは，第一に，これまでの教師の実践的知識の探求が，参与観察などによって，主に研究者側で遂行されていたのに対して，ライフヒストリー研究では，インタビューによって両者の視点が交錯し，実践経験の意味を相互主観的に了解できるからであるとしている。第二に，藤原らは先行研究から，教師が語り，研究者が聞き取る中で，教師の語りを巡って「共同的な脱構築」が行われたなら，語られる経験の「別の解釈を探求」しながら，「自身の語りの虜になることから教師を開放できる」ことを挙げている。つまり，1点目は教師自身の視点から教師の経験の意味を捉えること，2点目はインタビューそのものが教師の成長につながる可能性を述べているといえる。したがって，これまでの学校教師のライフヒストリー研究でその意義とされてきたことを踏襲しており，語り手と聞き手との相互作用でライフストーリーが生成されると捉えることを，あくまでも研究者の立場として示しているのである。

　日本語教師の研究においては，前述の太田(2010)が桜井(2002)を引用し，ライフストーリーが語り手と聞き手との相互行為によって構築されるという立場をとることを明記している。そしてライフストーリーが，聞き手との関係によって変化するものであり，だからこそ，インタビューが行われた文脈を明らかにし，手続きの「透明性」を確保することで，読者に向けて研究の信頼性を高めるとする。ライフストーリーがインタビューの場で共同生成されるという立場では，確かにこうした信頼性の確保は重要になる。しかし太田も，なぜライフストーリーが相互行為によって生成されるという立場をとるのか，それにどのような意義があるのかについては言及していない。

　このように，教師の研究においてはこれまで，語り手と聞き手の相互作用によってライフストーリーが生成されるという立場をとることが明示されたとしても，なぜそうした立場をとるのか，それにどのような意義があるのか明確にされることはなかった。ただし，飯野(2012b)は日本語教師の成長研究において，語り手と聞き手の相互作用によってライフストーリーが共同生成される

という立場をとるのは，日本語教師の成長を，教師個人の内面のみで起こることではなく，他者や事物などとの社会的な関係性の中に立ち現れるという，社会文化的アプローチの学習観や社会的構成主義で捉えようとしているからであるとした。こうした立場をとる場合，教師のライフストーリーが教師の内面に確固としてあるのではなく，語り手と聞き手との対話的相互作用によりインタビューの場で共同生成されることを読者に示していくことが重要になる。これも研究者の立場の表明であるが，その理由が示されたといえる。しかし飯野も，その意義にまでは言及していない。

一方，石川(2012)は社会学の立場から，上述の桜井(2002)も，対話的構築主義の立場をとることが研究にどのような意義を与えるのかを示していないことを指摘した。そして，ライフストーリー・インタビュー時の調査者の経験を自己言及的に記述すること，つまり語り手と聞き手との相互作用を研究の中で積極的に描き出すことの意義が，次の2点にあるとした。その1点目は調査協力者の経験そのものを「ひとつの「物語」として」把握するだけでなく，調査者がその「物語」を生み出した経過をも同様に把握することができた時，調査協力者の経験をより深く理解することができるということである。その2点目は，研究の過程で調査者が自らの構えを捉え返していくことは，調査者と調査協力者が共に生きている社会を明らかにしつつ問い直す過程でもあり，それは新たな視点やストーリーの生成に帰結するとする。その生成過程を読者に提示し，それを読者が追体験できれば，新たなストーリーが流通し，社会を変革する可能性が生まれるという。つまり，調査者の試行錯誤の経験を率直に描くことは，この社会を生き抜き，また社会を作り変えていく助けとなるような知を産出することになるというのである。1点目の，語り手と聞き手の相互作用の提示が，ライフストーリーの内容の深い理解のためであるとしたのは，新たな視点として示唆的である。そして2点目は，生涯発達心理学でいわれてきたライフストーリー研究の意義にも通じ，それは教師研修の方法論としてのライフヒストリー研究でも指摘されてきた点である。

3.2 教師研修の方法論として

生涯発達心理学の分野でライフストーリー研究を実践するやまだ(2000)は，ライフストーリーは，語り手と聞き手によって共同生成される，ダイナミックなプロセスであるとする。そして，ライフストーリーを共同生成する過程で，ストーリーを語り直す行為，つまり過去の経験を新たに意味づけたり，

出来事と出来事の結びつきを変えて、経験を意味づけし直したりする行為は、過去の出来事を再構成し、人生に新しい意味を生成し、それによって、その後の生き方も変わるという。また、やまだ(2005)は、こうした語りが、ことばの力によって、今ここにある現在の世界を変える力を持つことも指摘している(p.200)。

このような、語り手と聞き手によってライフストーリーが共同生成され、それによって語り手の経験が共同的に構成・再構成され、その後の行動も変えるという捉え方は、心理学では「ナラティヴ・セラピー」(マクナミー・ガーゲン、1997)に、また、教師のライフヒストリー研究では、教師研修の実践的な方法論、すなわち、そこに教師の成長の契機を積極的に求める研究に取り入れられてきた注1。高井良(1996)は、今津(1996)も引用しながら、教師教育の実践的方法戦略としてライフヒストリーに注目した研究では、語り手である教師が聞き手との対話によって、ものの見方の変容につながるライフストーリーの編み直しの過程が重視されるとした。またその過程では、個人における諸経験の意味連関を問うことになり、語る営み自体がアイデンティティを模索する対話的実践になるという。つまり、聞き手と共にライフストーリーを生成することは、教師の中にある確固としたライフストーリーを取り出すことによって、単にそれまでの実践を振り返るのとは異なり、後の実践にも影響を与える認識の変容を生むことになる。それを教師の成長の可能性として積極的に認め、教師研修の一環としてライフヒストリー研究を実施するのである。

日本語教師の研究においても飯野(2010)が、語り手である教師と聞き手との相互作用により、教師の経験の意味づけが変わり、その後の実践の変容にもつながる可能性を、一人の日本語教師のライフストーリー・インタビューのデータを分析することから示した。ただし、こうした研究は、語り手である教師のライフストーリーの内容を理解するというよりも、相互作用そのものに注目し、インタビューによって、語り手がいかに変容するかに焦点化することになる。

注1　桜井(2002)は社会学の調査において、ライフストーリー・インタビューを通して語り手の自己の書き換えが起こり、それが人生の重要な転機に思われる可能性があることを指摘しながらも、それは結果的にありうるとしても、インタビューの目的とはいえないとしている。しかし、心理学や教師研究において、それは従来から積極的に認められている点である。この違いは、語り手を介して社会現象を明らかにしようとする社会学と、語り手そのものの変容を捉えようとする心理学や教師研究との、研究の性質の違いによるものであると考える。

3.3 日本語教育の未来への可能性

　ここで，語り手と聞き手との相互作用によってライフストーリーが生成されると捉えるライフストーリー研究の，日本語教育における意義を，上述の石川（2012）の指摘をもとに検討したい。それは，語り手と聞き手の相互作用の過程を明らかにすることによって，語り手のストーリーをより深く理解し，読み手への説得力を増すこと，そして，日本語教育への新たな視点が生成される過程を明らかにし，日本語教育を変革していく知を産出していくことである。それは同時に，ライフストーリーを解釈する視点が重要であるということであり，その視点によって現在の日本語教育を革新していくことが課題となる。その視点を持った研究者が，語り手とどのように相互作用したかを示すことこそ，ライフストーリー研究を受容する読者が，語り手に対する理解を深め，同時に日本語教育を革新していくきっかけにもなるのである。

　それだけでなく，筆者はライフストーリーが生成されるインタビューの場にも注目したい。やまだ（2005）は，「インタビューで質問されることによって，語り手が語ろうと意図した以上のことが，聞き手とのやりとりのなかで，その場で共同生成され」，「お互いがお互いを補いながら，その場で何かが生まれてくる，生き生きした共同生成のプロセスが進行すれば，そのインタビューは成功であるし，語り手にとっても聞き手にとっても得難い楽しい体験になる」（p. 209）という。筆者の研究では，語り手に依頼して，これまでの日本語教師としての経験を語ってもらうため，語り手が何らかの形で意識化してきた経験の意味が語られていると感じることが多い。ただしその中に時折，語り手も意識化していなかった経験の意味がその場で生成されて語られたと感じることがあった。

　もちろん，教師の成長過程を理解しようという研究であれば，教師がどのような認識のもとで実践してきたかを知ることは重要である。それを聞くこと，そうした研究の成果を目にする読者にとっては，それを知ること自体が，自分の経験を振り返ったり，自分の経験に新たな意味づけを得たりすることができる。しかし，そうしたインタビューは語り手にとってどのような意味があるだろうか。これまで教師の研究では，教師が経験を語りさえすれば成長する，とも読めるような書き方がされてきたが，果たしてそうだろうか。

　ライフストーリーが，聞き手との相互作用により，インタビューの場で生成され，経験の意味づけの変化は，語り手の後の行動まで変化させるのであれば，ライフストーリー・インタビューは，語り手が認識していなかったことを

新たに認識する機会になってこそ，語り手のその後の実践の変化に結びつく可能性がある。つまり，語り手が既に認識していたことを語ること，聞くことは，語り手の過去を知ることにはなるが，日本語教育の未来に向けた新たな可能性のためには，インタビューの場での経験の新たな意味生成が大きな意義を持つ。語り手のライフストーリーの内容を，日本語教育を革新する視点を持って理解することはもちろん重要であるが，同時に，その内容を生み出すインタビューの場では，経験の新たな意味生成が起こっていることも重要である。それがあってこそ，日本語教育に貢献するライフストーリー・インタビューになる。また，そうしたインタビュー・データを用いたライフストーリー研究が，語り手にも，聞き手にも，そして研究成果の読者にも新たな視点をもたらすことは間違いない。

4. インタビューの場での経験の新たな意味生成

　以下では，筆者がこれまで実施したライフストーリー・インタビューを例に，インタビューの場で経験の新たな意味生成がどのように起こるのか，また起こらないのかを示し，それによって何がもたらされるのかを考察する。ここで分析するのは，筆者が日本語教師の成長研究において，成長する教師[注2]として提示したうちの3名，N，O，I（詳しくは飯野，2012b）のインタビュー・データである[注3]。3名の教師および筆者の略歴とインタビュー日を表1に示す。3名の教師のインタビュー・データの分析から，まず，経験の新たな意味生成が起こったと考えられる2名（N，O）について，その過程を提示し，考察を加える。

[注2]　本章では教師の「成長」については議論しないため，前節までの文中の「成長」は，それぞれの研究者がいう「成長」であり，多義的である。本節以降の教師の「成長」は，飯野（2011，2012b）が述べる，教師の実践の立場の見直しと検討とともにあるものとする。この実践の立場とは，実践の背後にある学習観，それにもとづく実践の目的と実践参加者の関係性の捉え方をさす。また学習観は大きく，行動主義心理学の学習観，認知心理学の学習観，社会文化的アプローチの学習観に立つものに分けられる。

[注3]　Nについては他に飯野（2010, 2011, 2012a）で，Oについては他に飯野（2009, 2011, 2012b）でインタビュー・データを用いている。

表1　3名の教師と筆者の略歴とインタビュー日

教師名	年齢 性別 教授年数	過去に勤務した機関	インタビュー時の勤務機関	インタビュー日
N	50代前半 女性 20年以上	中米の日本語学校，南米の継承語学校，日本の日本語学校	欧州の高校・大学・成人教育機関	2008年11月6日 2009年7月28日 2009年12月25日
O	30代後半 女性 10年以上	アジアの大学，欧州の成人教育機関・日本語補習授業校A	欧州の大学・日本語補習授業校B・成人教育機関	2008年7月6日
I	50代後半 男性 20年以上	日本の外国人研修機関・大学	欧州の大学	2008年7月9日
筆者	30代後半 女性 10年以上	日本の日本語学校，アジアの大学・教師研修機関	欧州の成人教育機関	

　筆者がインタビュー・データの中で，経験の新たな意味生成が起こったと判断した部分は，筆者の質問の直後に，教師が答えに迷ったり，抽象的な表現をしたり，「意識したことがない」などの返答をしたのに，語っていくうちに，徐々に経験の意味が整理され，明確になっていった部分，あるいは「今，思い出した」などその場で思ったことであるという，語り手のサインがあった部分である。
　以下に，NとOのインタビュー・データの中から，経験の新たな意味生成があったと考えられる部分に見出しをつけて提示し，分析する。

4.1　Nへのインタビュー
N-①　日系人コミュニティでの実践経験の教授歴における意味づけ
　Nは中米にある成人対象の日本語学校での9年間の実践経験を経て，南米にある日系人の子どもを対象とした継承語学校に赴任した。そこでは日本語そのものを学ぶというより，日本語を学ぶ経験によって，日系人としてお互いのつながりを作っていくという教育が行われていた。筆者は3回目のインタビューで，その経験が，後のNの実践にどのように影響を与えているかを質問した。するとNはそれを意識したことがなかったと語った。

　筆者：で，その後に，その時の経験があったから，何かその後にも，何か影響することがあったとか，こういう考え方ができたとか，そういうのってあ

ります？　何か。難しいかな。意識してないですかね？
N：うん，意識してない。たぶん，ちょっと考える時間が必要だと思う。

　その後，Nは少し考え，モチベーションの多様性を実感した経験であったという意味づけが生まれた。

N：うん，もしかすると，モチベーションとか，そういう風なところで，まとめられるかもしれないな。
　　　（中略）
N：モチベーションが非常に多様だっていう認識を，すごくそこで私は現実的に持ったと思う。習って，理論上で，本で読んで知ってっていうだけじゃなくてさ。（中略）日本人コミュニティを継続させるためには，仲間としての結束力を強めたいから，そのための一つの道具として，（中略）日本語を学ぶという場があるんだとか，（中略）そういうモチベーションがあるんだっていうことを，聞いてはいたんだけど，あ，ほんとにそうなんだって，実感したのはやっぱりそこだろうね。

N-②　現在担当するクラスで学習者同士の学び合いを実現するための課題

　Nは大学院で学習者同士が学び合うという学習観に触れ，初めは反発しながらも，自分自身が院生同士で学ぶ体験をしてから，その学習観に肯定的になった。2回目のインタビューでは，それをきっかけに日本語の授業でペア活動などにも肯定的になったとの語りがあった。しかし筆者は，学習者同士の学び合いと，ペア活動での学びが必ずしも同じものとは思えず，3回目のインタビューで，院生時代にN自身が体験した学び合いが，どのように日本語学習者同士の学び合いにつながったのかを質問した。

筆者：日本語の学習者にとっても，学習者同士の学習がいいんだ，という風に思えた？
　　　（中略）
N：だから，基本的に，教師から教えるよりも，学習者間で学ぶ学びの方が，学びというものが起こりやすいんだとかってそういうものは実感としては持ってるんだけれども，例えば活動の中に，特に取り入れてるってことはないの。例えばさ，グループで，ペアで練習しなさいっていう風に言っ

るのは，スタディメイトでの間での学びを促進してるっていう意識というよりはね，会話練習してるっていうのかな。それとか口慣らしをさせてるっていうかさ。

　Nは学習者同士が学び合うことのよさを実感としては持っているが，日本語教育の実践では未だに実現できていないこと，グループやペアで活動させるのは学び合いではなく，口慣らしや会話練習といえるものであると語った。そして，学習者同士の学び合いを実践するためには何が必要か，現状の課題も挙げた。

　筆者：じゃ，そこまではまだ，Nさんがご自分が感じたような学びが起きてるかっていうと，まだそこまでではない，（後略）。
　N：うん，そう。でね，ちょっとそれにはまだ理由がっていうか，あるんだけど，そういうことってね，私は，一つのグループのグループ構成員同士の間で，信頼関係とか，教室文化とか，そういうものが作られた後でないとできないような気がしてんのね。で，それを作るのにすごく時間がかかったっていうか，私自身が慣れるのだけで精一杯だったからね，今まで。
　　　（中略）
　N：今，飯野さんからそれを聞いて，そうだ，そういうことがあったんだって。思い出した。

　Nは最後に，学習者同士の学び合いを実感したこと自体を忘れてしまっていたことも語った。つまり現在，学習者同士の学び合いが実現できていないこと，実現するための課題は，このインタビューの場で形成された語りであったといえる。そして，Nはインタビューが終了してから，筆者との別れ際に，現在の職場で学習者同士の学び合いを取り入れる方法を考えてみるという決意を自ら述べた。

4.2　Oへのインタビュー
O-①　異なる機関で担当するクラス間に共通する教育観

　Oの日本語教師としての経験を時系列に沿って聞いた後，Oがインタビュー時に勤務していた3つの機関に共通する教育観を形成している可能性を探るため，子どもを対象にすることと，大人を対象にすることとの共通点を質問し

た。Oはすぐに答えることはできず，語りながら，考えを巡らせているのがわかった。

> 筆者：子どもでやってることが，大人にもつながるようなことって何かありますか。
> O：ありますね。あります，うん。(中略)すっごくそれ感じること多いんです。(中略)こうやって，いろんなところで，対象と目的の違う授業をすること自体が，ものすごく複眼的になれるっていうのかな，(中略)で，さっき(大学生の目標として)自律学習がどうのこうのって言ったけど，最終的に私，(中略)やっぱり子どもの教育好きなので，子どもの教育のことを考えた時に，何が一番私の中にいっつもあるかっていうと，たくましい子を育てたいんですよね，一人で歩ける子。(中略)で，その中で自分ができることの最大限のものを生かしていきましょっていう(中略)ことを子どもたちにやっぱり期待するんですよね。それって拡大解釈していくと，結局，大人が対象でもおんなじで，(中略)60歳のおじいさんが対象になったとしても，(中略)その人が一番心地よい学び方を本人に身につけてほしいなっていう，そのお手伝いができればって思うので，そういう意味では，相手が60歳でも6歳でも20歳でも同じかなって，つくづく感じます。

Oはまず，子どもの日本語教育で目指していることを語り，それを大学生や年配者に結びつけ，最後に「60歳でも6歳でも20歳でも同じ」という語りを形成した。

O-② 時期を変えて勤めた同じ機関での実践の変化

Oは，数年前まで専任教師として勤めていた欧州の成人教育機関に，数年経った現在，再び非常勤講師として勤めていた。その2つの経験がどのような関係にあるか理解するため，現在，成人教育機関で感じている問題(学習者の興味をつかむのが難しいこと)を以前も感じていたかどうかを質問した。

> 筆者：Oさんは前もこの機関で授業をしていたんですよね。その時も(学習者の興味を)つかめないなとかそういうことってありました？　覚えてます？
> O：あの頃はね，そこまで悩むほどレベルがなかった，私自身。授業を完成することが楽しくって，ていうのともう一つ，(中略)基本的に，文型シラバ

スだったわけですよ。(中略)それが規則になってた。(中略)で，すごいスピードで進んでたんですよ。(中略)教科書がそういう状態だったので。(中略)まだ直説法，シラバスがなかったんです，簡単にいうと，そうだ，そこだ，そこだ。あの当時最初にあったシラバスっていうのは進度表でした。(中略)それしかなかったので，結局なんか，ファンクショナルなこととか全然。(中略)全然その，機関が向かおうとしてる方向があの当時と違う。

Oは，初めは自分がまだ未熟であったために，学習者の興味を引き出して授業を進めていくというレベルになかったと語ったが，徐々に当時の機関の日本語コースのあり方を思い出していった。シラバスや教科書，機関の方向性など，あらゆる面で，現在と異なっており，学習者の興味に寄り添った活動ができる環境ではなかったため，実践の仕方が異なっていたという語りを形成した。

O-③　3機関すべてで教育観を意識化した実践を行うための課題
　Oは，現在勤務する成人教育機関の問題をいくつか(直前には，授業で目指していることが試験で問われていないという問題を)語っていくうちに，筆者がO-①で質問した，子どもを教える時と大人を教える時の共通性の質問を思い起こし，勤務する3機関を関連付けて語り始めた。

筆者：　試験は試験，みたいな。そういう(授業内容と試験をリンクさせるという)発想になってないのかもしれないですね。
O：　そうですね，今の聞いて思ったんだけれども，思い出したんだけれども，さっき言ってた3か所で授業やったことによる関連性とか相互性とかの話になると，全く今の話なんですよね。(中略)同じ教育機関のスタッフ全員が同じ意図と気持ちと方向性を共有できるかっていうのが，コースの成功にすっごく関わってくると思うんですね。で，それが，文法だけで行くっていうなら，それはそれでいいし，Can-Do の方に行くなら Can-Do でもいいし，(中略)例えば大学の場合だと，3年間でどこへ行くかっていう3年間の目標ですよね。そこまで考えてもらいたいとは思ってます。(中略)でも，それの対極にあるのが例えば補習授業校で，あそこはばらんばらんなんですね。(中略)結局，講師会とか，教師全体のコンセンサスは全くとれてないので，2年生の時の指導と連続して3年生ってことがありえないんです。(中略)週1回の集団じゃ，時間もないし，無理なんですよね，物

理的にかなり厳しい条件の教育。で，成人教育機関見れば見たで，違った面で，教師を見た時に，（中略）経験年数を持ってしまうと，頑固さだけが残ったり，柔軟さだけが消えてしまったりなんかして。

Oがコーディネーターを務める大学では，日本語コースの方向性を決めて，教師全員がその方向を向いて教育に当たるようにO自身が働きかけ，それがうまく動いていている。それをこの場で，Oが勤務する他の2つの機関にも関連付けて，それぞれの問題点を指摘し，実現が難しいことを，具体的な状況を挙げて語った。

4.3 考察―インタビューでの経験の意味生成によって何がもたらされるか
4.3.1 自己理解と課題の発見

2名の教師のインタビュー・データから取り出した上記の部分は，いずれも教師たちがインタビューの場で，経験を新たに他の経験と結びつけ，意味づけした部分である。N-①は，日系人の子どもたちへの日本語教育の経験が，Nの教授歴においてどのような意味があったか，またO-①は，同時に勤務する3つの機関での実践に共通するO自身の理念が語られ，O-②は時期を変えて勤務した同一機関でのOの実践の違いの原因を意識化することになった。これらはいずれも，日本語教師としての自己理解がその場で起こったと考えられる。

前述したように，これまでの研究においても，教師がライフストーリーを語ることは，それそのものが自己理解につながり，教師の成長支援になるとされてきた。ただし，その自己理解とはどのようなものか，ライフストーリーを語り，あるいはライフヒストリー研究に協力さえすれば，それがすなわち教師の成長になるのか，という疑問があった。

まず，インタビューの場での経験の新たな意味生成による自己理解は，インタビューの後に，自分がどのような日本語教師であるかを語る時，それ以前とは異なる語り方をする可能性があり，教師自身の行動や，周囲の関係者への影響も変わる可能性がある。ただし問題なのは，それがすなわち成長といえるか，ということである。その点で，2名の教師の自己理解の中でも，O-①は勤務する3つの機関に共通するO自身の実践の立場を意識化していること，O-②では同じ機関において過去と現在の実践の立場の違いを意識化したと判断できることから，今後のOの実践の立場に関わる行動への影響も考えられ，筆者が考える成長につながる可能性のある意味生成であるといえる。

またN-②とO-③は自己理解を超えて，実践の変化をもたらす可能性のある課題の発見であると考える。N-②で，Nはインタビューの場で，学習者同士の学び合いを過去に自ら実感したことを思い出し，現在担当する現場では，その立場にある実践ができていないことを，その背景にある課題とともに語った。そして，Nはインタビューが終わってから筆者に，今後の実践の変化の可能性を自ら示唆した。またO-③でOは，どの機関でも教師たちが同じ立場で実践することの重要性を指摘しながら，機関によってはそれが難しいことと，その原因を挙げている。こうしたOが関わる各機関の課題の意識化は，今後のOの行動の指針となり，将来的な改善の可能性につながるだろう。しかも，N-②もO-③も教師の実践の立場に関係する語りであり，教師の成長に関わる課題の発見ともいえる。

　このように，ライフストーリー・インタビューの場での自己理解や課題の発見は，教師の今後の行動を変化させる可能性を持つだけでなく，それが実践の立場に関わるものであれば，後に，実践の立場を見直し，検討していく変化，すなわち教師の成長にもつながる可能性は十分にあると考える。

4.3.2 経験の意味生成と聞き手の役割

　2名の教師の経験の新たな意味生成がインタビューの場で起こったのは，いずれも筆者の質問をきっかけにしている。N-①は日系人の子どもに日本語を教えた経験がその後の実践にどのように影響を与えたか，N-②はN自身が感じた学習者同士の学び合いの有効性が，その後の日本語教育実践にどのようにつながったかという，筆者の質問からであった。そしてO-①，O-③はOが同時に勤める3つの機関の実践に共通する理念を尋ねる質問，O-②は異なる時期に勤めた同じ機関での実践同士の関係を尋ねる質問をきっかけにしていた。これらからわかるのは，インタビューの場で新たに経験の意味生成が起こったのは，筆者の質問をきっかけに，教師たちが1つの経験を，これまで結びつけたことのなかった他の経験に，新たに結びつけた結果だということである。

5. 経験の意味生成が起こらないインタビュー

　表1の3名の教師のうちIにはインタビューの場で，経験の新たな意味生成が起きていると感じられる部分がなかった。それがなぜかを明らかにするため，以下にIの背景と経歴をインタビュー・データと共に示す。その上で，Iと筆者，および上述の2名の教師と筆者との関係性の比較から，Iに経験の新

たな意味生成が起きなかった原因を考察し，経験の意味生成が起こらないインタビューの意義と課題，経験の意味生成が起きる可能性を述べる。

5.1 Iへのインタビュー
I-①　養成課程を含む日本語教師としての経歴
　Iは日本語教育に関わる以前に，欧州に留学し，博士の学位を取得した。留学時から日本語教育に興味を持ち始め，帰国後，欧州出身の妻と欧州で生活することを考え，日本語教師を目指すことにした。1980年代半ばに，日本語教育で権威のあるA機関のB研修を修了した。

　I：　かなり厳しく鍛えられて。A機関のB研修出身者っていうのは，全員じゃないけれども，世界中で相当活躍してんじゃない？

　研修を指導していた講師は，日本語教育界で誰もが知る著名な研究者ばかりであり，修了生は世界中で活躍していると述べていることから，Iはそうした養成を受けたことに自信を持っていることがうかがえた。
　また，B研修終了直後にC機関で職を得て，外国人技術研修生のための日本語の教材を開発，制作することを主な業務とした。そこでは，現在日本国内の大学教員になっている研究者と同僚として働いていた。Iはこの元同僚たちを，現在勤務する大学の名前を出して，一人ひとり紹介したことから，この職歴にも誇りを持っていることがわかった。
　さらに，C機関に勤務するのと並行して，日本語教育で伝統のあるD大学で非常勤講師も務めた。そして，D大学の教授の紹介で，欧州のE大学日本学科に赴任できることになった。
　E大学に赴任してからは，日本語教育の専門性を持つ教師として当初から期待され，赴任2年目から20年以上，主任講師としてそれに応えてきた。またIは現地国内の日本語教師会でも重要な地位にあり，日本や国外の大学の日本語教育関係者とも多くのつながりを持っている。

I-②　教材制作を通して考え続けた欧州の大学日本学科の日本語教育
　Iが日本のD大学で使用していた教科書は，偶然にも赴任した欧州のE大学の指定の教材にもなっていた。ただし，IはD大学の教科書を文型積み上げで，パターン・プラクティスだけの「古い」教材であるとし，その教材に合わ

せた会話形式の補助教材を自作し，使っていた。それは，Iが養成課程で学んできたコミュニカティブな日本語教育が裏付けとなっていた。

　その後，現地の日本学科で必要とされる日本語力を養成するための主教材を，Iの長年にわたる経験と熟考をもとに完成させた。

　　I：何とかしなきゃいけないって，ずっと考えてたわけですけど，この辺から具体的に始めたわけよね，教科書，どういう風に作ったらいいかとかさ。ここの(中略)特に現地の大学っていうのは，日本学っていうのがあって，かなり本格的に日本語勉強してますよね。それに合う教科書ってないですよ。

Iは主教材を制作するに当たり，自分の知識や経験から熟考を重ねた結果，その構成を場面シラバスとした。

　　I：僕はその教科書作る時に考えて，(中略)僕自身がたどり着いた結論が，場面でいくってことなんですよ。(中略)日本語教育っていうのは，僕の考えを合わせて言えば，場面の積み重ねを覚えていくことによって，日本語を習得してるんじゃないかなって思うわけ。文法じゃなくて。で，(中略)場面が設定できれば，そこで，どういう日本語が使われてるかっていうのはわりとわかるんですよ。

　この教材はIが一人で執筆したが，日本語コースの主教材として正式に使用している。そのため，他の講師や学生から出される意見にも向き合い，Iの考えを説明し，対応している。教材は場面を重視し，その場面に自然な文法や表現は，一般的な初級の教材よりも早い段階から出てくる。例えば，3課に「〜んです」が出てくることで，講師たちからは，学習者に難しすぎ，講師が説明するのも大変であると，抵抗があったという。こうした意見に対しては，説明するのが難しくても，それがその場面に自然な表現であること，頻出する表現はできるだけ早く教えるべきだというIの考えを伝えている。

I-③　日本学科の日本語教育のあり方の模索

　Iは長年，日本学科の日本語コースの主任講師を務め，主教材も制作してきたが，日本語コースに新しい講師が入っても，指導らしいことを何もしないという。それはIが，日本語教育に関して普遍的な，これが絶対という考えを

持っておらず，常に自分も模索しており，その模索の過程や行きつく先は，教師によって違うのが当然であると考えているからである。

筆者： 新人の方が入っていらした時の指導とかアドバイスなどはやってらっしゃいますか。
I： 僕はほとんどやらない。(中略)我々が置かれている条件，これはわかってもらわなきゃいけないから，これは説明しますよね。それから，(中略)授業見てもらったりしてね。(中略)学生の様子見てもらえれば，様子もわかるから(中略)。それから，僕自身が，日本語教育に対してそんなに確定的な意見っていうのがないんですよ。(中略)やってますよ，その時その時で，自分が考えていることを実行してるわけだけど，それがいいなんてことは全然言えませんよ。(中略)ここの状態をよく知って，自分の教え方を開発するっていうのにはある程度時間がかかる。(中略)その人が実際に経験していって，自分でわかってくる，開発してくるっていうことしかないと思う，たぶんね。

とは言うものの，Iは常に他の講師からの相談を受け付け，親身になって考え，意見を言い，その意見を採用するかどうかは各自の判断に任せるという態度で，他の講師たちはみなIを慕っている。
　このようにIが日本語教育に関してこれが絶対という考えを持つに至らないのは，「日本語教育とは何か」という，自分が関わる実践を越えた，日本語教育全体への問題意識からである。

筆者： 先生は今，どういうことにご興味がありますか。何か新しいことを知りたいとか。
I： 一番大きな興味は，日本語教育って一体，何なのか。(中略)それは，ある程度はね，わかりますけど，一体，どうしたらいいのかな，これは私の最大の悩み。
筆者： どうしたらいいのかな，っていうのは，ここの学生に対する日本語教育をどうするかとか，そういうことですか。
I： もちろん，それもありますよ，具体的にはそういうことだけれども，世界中で今，日本語教育行われていますけど，(中略)その核は何なのか，っていうのを知りたいよね。何をやったらいいのか，どうしたら効果があがるの

か。(中略)いろんな教授法とか教科書とか，シラバスとかってあるわけですけど，これぞっていうのは，ま，自分で教科書作ったりしてるから，ある程度はあるんですけど，うーん，それが一番いいっていう風には言えないんだよね。ないかもしれない。ないっていうのが，正しいのかもしれない。

こうした問題意識があるからこそ，Iは実践する大学を越えて，国内外の日本語教師との対話を積極的に行い，日本語教育全体の動向も視野に入れ，大学日本学科のよりよい日本語教育のあり方を考え続けている。

5.2 考察―経験の意味生成が起こらないインタビューの意義と課題
5.2.1 Iと筆者との関係性

筆者は当初，知人の紹介で，Iの同僚に当たるE大学の専任講師にインタビューを依頼した。すると，その講師だけでなく，主任講師のIともう一人の専任講師からも，ぜひインタビューに協力したいと申し出があった。このことから，E大学の講師たちの良好な関係性や，Iの大らかな人柄が見て取れるようだった。

Iと筆者はこのインタビュー時に初対面であり，事前に，筆者も欧州で日本語教育に関わっていること，同時に大学院生であることも伝えていた。Iは定年まであと数年ということで，年齢的にも，日本語教育歴でも，筆者より大先輩であることは一目瞭然であった。そのため，筆者が知らないような過去の日本語教育事情について，Iが「ご存じ？」と確認しながら語りを進めることが随所にあった。筆者も一世代前の先輩教師としてIを「先生」と呼び，お互いに，対等な関係とは考えていなかったと感じる。経験の意味生成が起こらなかった原因として考えられるのは，まず，こうしたIと筆者のお互いの関係性の認識から，筆者は，Iの経験談を伺うという態度に終始してしまったということである[注4]。

また，Iは日本語教師として誰もが認める養成課程を経て，その後，日本での職歴においても，エリートコースであった。さらに，欧州の大学日本学科の主任講師を長く務め，日本学科の日本語教育に対して熟考を重ねており，コース運営，教材制作，他の日本語講師との関係性についても，長い時間をかけ

注4 やまだ(2005, 2006)はライフストーリー・インタビューにおいて，語り手が語り慣れていたり，社会的地位が上で話も巧みである場合，語り手の既存の「お話」を拝聴するだけになりがちであることを指摘し，注意を促している。

て，現在の良好な状態を作り上げてきた経験があった。一方，筆者は，欧州の大学，特に日本学科の日本語教育に直接関わった経験がなかった。また，筆者は一つの機関に長く勤めた経験がなく，数年単位で教育機関を移動してきていた。そのため，欧州の一つの機関で熟考を重ね，現在の形を作り上げてきたIと共通する問題意識から質問したり，筆者の経験と関連付けて質問することができなかった。

5.2.2 N・Oと筆者との関係性

ここで，経験の新たな意味生成が起きたと考えられるNとOと筆者との関係性を改めて考えてみたい。

Nは筆者と同じ派遣機関から同時期に欧州に派遣された。欧州へ赴任する前の研修を受けた時からの仲間であり，筆者はNの欧州の赴任機関へ訪問したこともあった。Nは年齢的にも日本語教育歴でも筆者の先輩であるが，Nは日本語教師としての養成課程を経ずに，海外で実績を積んできた経緯から，N自身が「正統な」日本語教師としての強い自信を持っているとはいえなかった。また，修士課程を修了したのも筆者と同時期であり，派遣の「同期」という感覚もあった。これらの要素から，筆者はNを先輩と認識しながらも，ある程度は対等な関係でインタビューが進められたのだと考える。

Oには知人の紹介でインタビューの依頼をしたのだが，偶然にも筆者と同い年で，日本語教師養成課程を受講したのも，修士課程を修了したのもほぼ同時期で，同じような日本語教育界の歴史を体験してきていた。また，これまでの派遣地域・機関にも共通点が多かった。そのため，Oと筆者は全く対等な関係でインタビューができた。

そして，NもOも筆者と同じように，数年単位で勤務する地域，機関を移動していること，年少者，大学生，一般成人と，幅広い年齢層と背景の学習者を対象としてきた点も共通している。そのため，NとOには筆者自身の問題意識にもとづく質問や，筆者の経験にもとづいて，語り手の経験同士を結びつける質問ができたのである。

ただし，Nの3回のインタビューのうちで，経験の新たな意味生成があったと考えられるのは，2回目以降のインタビューであった。Nは筆者の知らない時代の日本語教育を知り，筆者が未知の地域，機関で長く日本語教育の経験があった。そのため，1回目，2回目のインタビュー・データを読み込み，教師の経験と経験を結びつけたり，教師の経験と筆者の経験を結びつけたりして

質問する準備が必要であった。

5.2.3 Ｉへのインタビューの意義と課題

　Ｉへのインタビューで筆者は，筆者が日本語教師になる以前の時代，関係したことのない種類の機関での日本語教育について知ることができた。また，Ｉが日本での養成課程や日本語教育歴をもとにしながら，欧州の一つの大学で長く熟考を重ね，自分の教育観にもとづくコース設計や教材制作をしてきた過程を知ることができた。日本語教師の成長過程を理解する上で，Ｉのライフストーリーはよいモデルの一つである。また，これまでの教師のライフヒストリー研究，ライフストーリー研究でいわれてきたように，Ｉの経験を知ることは聞き手である筆者を始め，Ｉのライフストーリーを読む他の日本語教師にとっても，Ｉの経験の意味づけの仕方を知り，自分の経験と結びつけて，自分の経験に新たな意味づけをすることができるだろう。ただし，Ｉにとって，このインタビューに，将来のＩの教育実践に変化を起こすような，経験の新たな意味生成が起きたとは思えない。Ｉにもインタビューの場で経験の新たな意味生成を起こすためには，何が必要なのだろうか。

　上述のＮとＯ，ならびにこれまで筆者がインタビューしてきた教師たちと筆者との関係から考えると，経験の新たな意味生成を起こすためには，(1)聞き手と語り手である教師とが対等な関係になれること，あるいは語り手が，聞き手をより経験のある教師と見なして対話が行われることが必要であると考える。そして(2)日本語教師として，聞き手と語り手がある程度似た教授歴を持っていること，あるいは聞き手が語り手より豊富な教授歴を持っていること，語り手が聞き手をそう見なすことが重要ではないかと考える。つまりＩに対しても，聞き手がＩと同様かそれ以上の長い教授歴を持ち，長く欧州の日本学科に関わってきたような経歴があれば，Ｉにも経験の新たな意味づけが起きる可能性が高まるのではないかということである。

　さらに，Ｎの例のように，たとえ対等な関係性で対話できたとしても，やはり聞き手が経験したことのない経歴を十分に理解することは必要である。そうした語り手の経験をすぐに聞き手自身の経験や，語り手の他の経験と結びつけて質問することは難しい。したがって，1回目のインタビューを終えた後，内容を読み込んで，経験を新たに結びつけられるような質問を準備して，次のインタビューに臨めば，経験の新たな意味づけが起こる可能性は高まると考えられる。

6. 日本語教育に貢献する教師のライフストーリー研究とは

　筆者は以前，研究方法としてライフストーリー・インタビューを採用している日本語教師から，聞き手である自分が，自分の都合のいいように語り手の語りを誘導しているように感じるという悩みを聞いたことがある。筆者もインタビューのデータを読み込んでいると，筆者がこの質問をしなければ，教師のこの語りはなかったのではないか，と思うことがある。しかし，筆者の質問をきっかけに，教師自身がインタビューの場で，自分の経験を振り返り，自分の経験同士を結びつけて語っているのであれば，そして，語り手自身も聞き手も納得できる経験の意味づけが行われているのであれば，それは新たな経験の意味生成である。聞き手がいくらきっかけを与えても，語り手自身が自分の経験同士を結びつけなければ，語りは生まれない。語り手の経験の新たな意味生成の意義を考えれば，それは聞き手の都合のいい方向への誘導ではなく，経験の新たな意味生成のきっかけの一つであり，むしろそうすることは聞き手の役目ではないだろうか[注5]。

　ライフストーリー・インタビューは，既に語り手が認識している経験の意味を聞くだけでなく，語り手の経験同士を，語り手が気付いていない視点から結びつけるきっかけを作ってこそ，語り手にとっての，経験の新たな意味が生成される。ライフストーリー研究を行う研究者は，そうした一人の語り手の経験同士を結びつけるきっかけを作ると同時に，複数の語り手の似た経験同士を結びつけ，その意味づけの多様性を，研究成果の中で示したり，インタビューの場で，新たな経験の意味づけを生み出すきっかけにしたりすることも，重要な役割であると考える。例えば，筆者がインタビューしたある一人の教師と上述のNとOの3名は，いずれも欧州で大学生を対象とした日本語の文法の授業を担当していた。そして3名とも，教師が文法を解説するのではなく，学生に文法の意味や用法を調べさせ，理解させるという方法をとっていた。一人の教師はその意味を，認知心理学にもとづく教授法の理念と結びつけ，自分で調べた方が頭に残るからであると語った。またNは現地語がある程度できるが，文法を解説するほどの力がないため，学生が調べた内容を，現地語で発表

[注5]　ホルスタイン・グブリアム(2004)は，すべてのインタビューにおいて「インタビュアーと回答者が協同で知識を構築することに貢献していることを認め，それを意識的かつ良心的にインタビューのデータの産出と分析に組み込んで」(p. 22)いくことを提案している。そして，インタビュアーは「物語を話す時の立場や語りのリソース，そして，回答者が取るべき方向づけや，この問題の前例などを示したり，時には提案さえすることもある」(p. 104)とする。

させ，それを聞いて，間違いがあれば訂正するのだと言った。Oは学生に，教師に頼らず，自分で日本語を学び取る力をつけるために，学生同士で話し合わせながら理解させ，どうしてもわからない時だけ助けると言った。授業の形態としては同じように見える3者の実践だが，その意味づけは三者三様であった。日本語教師の研究であれば，こうした意味づけの多様性を研究成果の中で示すことはもちろん，他のインタビューで同様の経験が語られた時にその意味づけの例として示せば，それは語り手である教師の新たな意味づけのきっかけになる。そう考えれば，数多くの教師にインタビューを重ねることは，Iのように，聞き手である筆者より教授歴が長く，筆者が経験したことのない教育機関に長く勤務する教師に対しても，筆者が媒体となって，類似した経験を持つ教師の例を挙げて，経験の新たな意味づけのきっかけを作ることができるのではないだろうか。

　教師のライフストーリーを用いた研究では，語り手と聞き手の相互作用でライフストーリーが生成されるという考え方は，教師の研修の方法論として実用的な面から有用であるとされてきた。筆者もそれに異論はないが，たとえ教師研修を目的としない，教師の成長過程を理解しようとする研究であっても，語り手である教師がインタビューの場で，既に認識していることのみを語ったのでは，明日からの教師の実践にとって，何がもたらされるだろうか。日本語教師のライフストーリー研究は日本語教育という専門性を持った者が語り，聞き，その研究を受容する。その3者にとって，経験の新たな意味づけのきっかけとなることが理想である。ライフストーリー・インタビューは，語り手である教師の過去を理解するだけでなく，明日からの実践の発展にも関わってこそ日本語教育に貢献するライフストーリー研究となる。そのため，聞き手である研究者は，ただ語りを聞くのではなく，語り手が気付いていない視点から経験同士を結びつけ，語り手の経験に新たな意味づけを生み出す使命を持っている。そして語り手はインタビューの場で，経験の新たな意味づけを得，その意味づけの仕方を，聞き手・研究者である日本語教師，研究の受容者である日本語教師が学び，ライフストーリー研究に関わる3者すべてが，それを明日の実践に役立てていくのである。

参考文献

安藤知子(2004).「「教師の成長」概念の再検討」『学校経営研究』25, 99-121.
飯野令子(2009).「日本語教師の「成長」の捉え方を問う―教師のアイデンティティの変容と実践共

同体の発展から」『早稲田日本語教育学』5, 1-14.
飯野令子(2010).「日本語教師のライフストーリーを語る場における経験の意味生成―語り手と聞き手の相互作用の分析から」『言語文化教育研究』9, 17-41.
飯野令子(2011).「多様な立場の教育実践が混在する日本語教育における教師の「成長」とは―教師が自らの教育実践の立場を明確化する過程」『早稲田日本語教育学』9, 137-157.
飯野令子(2012a).「日本語教師の成長としてのアイデンティティ交渉―日本語教育コミュニティとの関係性から」『リテラシーズ』11, 1-10.
飯野令子(2012b).『日本語教師の成長の再概念化―日本語教師のライフストーリー研究から』早稲田大学大学院日本語教育研究科博士学位申請論文.
石川良子(2012).「ライフストーリー研究における調査者の経験の自己言及的記述の意義―インタビューの対話性に着目して」『年報社会学論集』25, 1-12.
今津孝次郎(1996).『変動社会の教師教育』名古屋大学出版会.
江口英子(2008).「日本語教師, 山川小夜さんのライフストーリー」『京都精華大学紀要』34, 1-23.
太田裕子(2010).『日本語教師の「意味世界」―オーストラリアの子どもに教える教師たちのライフストーリー』ココ出版.
グッドソン, アイヴァー, F. (2001).『教師のライフヒストリー―「実践」から「生活」の研究へ』(藤井泰・山田浩之(編訳)) 晃洋書房.
グッドソン, アイヴァー・サイクス, パット(2006).『ライフヒストリーの教育学―実践から方法論まで』(高井良健一・山田浩之・藤井泰・白松賢(訳)) 昭和堂.
桜井厚(2002).『インタビューの社会学―ライフストーリーの聞き方』せりか書房.
高井良健一(1994).「教職生活における中年期の危機―ライフヒストリー法を中心に」『東京大学教育学部紀要』34, 323-331.
高井良健一(1996).「教師のライフヒストリー研究方法論の新たな方向―ライフヒストリー解釈の正当化理論に着目して」『学校教育研究』11, 65-78.
野家啓一(2005).『物語の哲学』岩波書店.
逢軍・江口英子(2003).「台湾人日本語教師のライフストーリー」『言語文化学会論集』20, 75-93.
藤原顕・遠藤瑛子・松崎正治(2006).『国語科教師の実践的知識へのライフヒストリー・アプローチ―遠藤瑛子実践の事例研究』渓水社.
ホルスタイン, ジェイムズ・グブリアム, ジェイバー(2004).『アクティヴ・インタビュー―相互行為としての社会調査』(山田富秋・兼子一・倉石一郎・矢原隆行(訳)) せりか書房.
マクナミー, シーラ・ガーゲン, ケネス, J. (編著)(1997)『ナラティヴ・セラピー―社会構成主義の実践』(野口裕二・野村直樹(訳))(pp. 139-182.) 金剛出版.
山﨑準二(2002).『教師のライフコース研究』創風社.
やまだようこ(2000).「人生を物語ることの意味―ライフストーリーの心理学」やまだようこ(編著)『人生を物語る―生成のライフトーリー』(pp. 1-38.) ミネルヴァ書房.
やまだようこ(2005).「ライフストーリー研究―インタビューで語りを捉える方法」秋田喜代美・恒吉僚子・佐藤学(編)『教育研究のメソドロジー―学校参加型マインドへのいざない』(pp. 191-216.) 東京大学出版会.
やまだようこ(2006).「非構造化インタビューにおける問う技法―質問と語り直しプロセスのマイクロアナリシス」『質的心理学研究』5, 194-216.
横溝紳一郎(2006).「日本語教師養成・研修における『教師のライフヒストリー研究』の可能性の追求」春原憲一郎・横溝紳一郎(編著)『日本語教師の成長と自己研修―新たな教師研修ストラテジーの可能性をめざして』(pp. 158-179.) 凡人社.

往復書簡5　飯野令子×三代純平

三代

　飯野さんのライフストーリー研究は，そのインタビューの過程における語り手の経験の新しい意味づけに成長を見出したものだと思います。それは，非常に面白い点だと思うのですが，そこを重視するインタビューと，語り手の経験の意味づけを聞くインタビューだと，インタビューの方法に違いが出てくる気がします。その点をどう考えているか，お聞かせください。

飯野

　私は語り手の経験の意味づけ（既に意味づけられている経験）を聞くことに主眼を置くインタビューであっても，できることならインタビューの場で，経験の新たな意味づけを生むようにインタビューすることが理想だと思っています。経験の新たな意味づけを生むようにインタビューするというのは，語り手を成長させようとか，人生を変えてやろうなどというのではなく，語り手と共に，経験の意味づけ方の多様な可能性を探っていくということです。私は，私と同じ職業である日本語教師にインタビューしていますが，自分と異なる職業の人にインタビューする際も，同じではないかと思います。いくら既に意味づけられた経験のみを聞こうとしても，ライフストーリーが語り手と聞き手との相互作用によって生まれるものである以上，インタビューの場で，経験の新しい意味づけが起こる可能性は十分にあります。また，それがあってこそ，語り手や今ある社会の未来を切り開いていくと思います。ですから，インタビューの場で，経験の新たな意味づけが起こらない方が，インタビューの方法として，改善の余地があるのではないかと思います。ただし，インタビューでの一つひとつのやり取りについて，既に意味づけしていたことか，そうでないかを精査していくことは，あまり有益とは思えません。話し手と聞き手とがインタビューの場で共に新たな意味づけを作り上げた感覚を持てれば，それでいいと思います。

三代
　また，飯野さんの研究は，見方によっては，教師研修の実践（研究）にライフストーリーを取り入れたとも見えますが，その辺の考えについてお聞かせください。その際に，教師研修や成長を考えたとき，考え方だけでは見えない実践もあるかと思います。その意味で，ライフストーリーから見る教室の成長の議論の限界と，今後の飯野さんがどのように教師の成長に関わっていきたいのか展望などもあれば教えてください。

飯野
　ご質問の意味は，教師研修や教師の成長を考えた時，インタビューする（した）先生方の実践を実際に見せていただくことも必要ではないか，ということですよね？　私がもともとライフストーリー研究を始めたのは，先生方の長期間にわたる変容過程を知りたかったからで，当然のことながら，過去の実践を見ることはできません。ですから，それについては，お話を聞くしかないわけです。ただ，教室でどのように授業を行うかは，できるだけ具体的に話していただけるように，質問します。特に私は，教育観と実践との関係に注目してきたので，その先生の教育観が語りに現れた時は，それをどのように教室で実践しているか，必ず質問して，具体的に説明してもらいます。
　一方で，私はこれまで，何人かの先生方には，実践を見せていただいた後で，インタビューをする，ということもしました。ただ，私が重視しているのは，教師が教室でどう言ったか，どういう手順でどんな教室活動をしたか，という表面上に現れることよりも，どういう考えのもと，学習者がどうなることを狙ってそれを行っているかということです。ところが，それを語れる先生は決して多くありません。表面的には同じように見える教室活動でも，なぜ，何を狙ってそれを行っているかが異なる場合は多々あります。それどころか，なぜ，何を狙ってなど考えることなく，「日本語教師とはそうするものだ」と，その方法を当然視している場合も往々にしてあります。私は，自分が行っている実践の意味を意識化し，それを語れるようになることが，成長への第一歩だと思っています。活動の意味が意識化されていない実践は見せていただいて

も，教師の成長という視点では，意味がないように思います。

　したがって，教師が自分の教育観を意識化して初めて，どんな実践を行うかが問題になってくると思います。自分の教育観を実現するためには，どんな実践をすべきか，現在，自分が行っている実践は自分の教育観と乖離があるか，などです。この場合は，教師の語りを聞くことに加えて，実際に実践を見せていただいたり，制作された教材や，日本語コースの資料などを見せていただければ，より深く実践を理解することができると思います。ただし，先生方の多くは語ることに快く応じてくださいますが，実践を見られることには抵抗がある方もいらっしゃいます。また，語り手の教育観が実践で実現されているかを，聞き手が一方的に判断するようなことになれば，語り手と聞き手との関係性に問題が生じます。

　ですから，私の教師のライフストーリー研究では，実践を見せていただいたり，制作された教材などを見せていただくにしても，それはあくまでも先生方の語りをより理解するための，補助的な材料と考えています。

　私がライフストーリー研究で，教師研修にどのように関わっていきたいかについてですが，ライフストーリー・インタビューそのものを教師養成・研修の一環として実施することも可能だと思います。それは，私が聞き手となることも考えられますし，私が養成・研修のコーディネーターとなって，養成・研修の参加者同士が語り，聞き合うことが考えられます。その場合でも，インタビューの場で，経験の新たな意味づけを起こすことを重視すると思います。それを通して，一人ひとりの教育観を意識化して，それを実現する実践とはどのようなものか，考える活動をしたいです。

　これは，もし私がそういう教師養成・研修のプログラムを設計できる立場になれば実施してみたいという希望です。現在はそういう立場にはありませんし，教師の成長研究のためにインタビューの依頼をする先生方に，「研修にもなります」と持ちかけるつもりもありません。ただし，私自身の中では，語り手である先生方に，経験の新たな意味づけが起こるように，心がけてインタビューします。その結果として，先生方に，明日の実践につながる何かを感じていただければ，うれしいです。

第 10 章

日本語教育学としてのライフストーリー研究における自己言及の意味
―― 在韓「在日コリアン」教師の語りを理解するプロセスを通じて

田中 里奈

1. はじめに

　近年，日本語教育の領域でもライフストーリー法を用いた研究が数多く行われるようになってきた。2013 年 5 月の日本語教育学会において，日本語教育の領域では初めてとなるライフストーリー研究をテーマとしたパネルセッションが組まれたり，雑誌『リテラシーズ』14 巻 (2014 年 2 月発行) において「ライフストーリー」を特集とした論文集が刊行されたりしたように，日本語教育学においてライフストーリー法を用いた研究への関心は高まってきているといえる。しかしながら，三代 (2014) も指摘しているように，日本語教育学研究の領域において行われているライフストーリー研究の多くは，研究対象をいかに解釈し，"正確"に記述するかということに力点が置かれてきた。研究者が語りを聞き取り，解釈し，記述していく際に，研究者自身がその調査にどのようにかかわり，ライフストーリーの構築に参与／貢献したのかといった調査者の位置づけは不問とされてきたのである。多くの研究は，調査協力者の語りをもとにした記述に終始してしまっており，調査者がそのライフストーリー研究にどのように向き合い，語りを理解し，思考をめぐらせていったのかといった調査のプロセスにおける経験について言及がなされてきたとは言い難い。

　しかし，社会学の領域などにおいては，ライフストーリー研究における調査者の経験を自己言及的に記述することの重要性が指摘されている。

　例えば，石川 (2012) においては，ライフストーリー研究において自己言及することの方法論的意義として，調査協力者の経験の理解可能性が高まる点や，研究成果を読む人々にまで追体験の可能性を広げる点があげられている。また，社会の構成員である調査者自身をも研究対象に含めることで，調査者と調査対象者とが共に生きる社会を明らかにしつつ，問い直すことが可能になる点についても論じられている。

それでは，「日本語教育学におけるライフストーリー研究」といった場合，こうした自己言及はいったいどのような意味をもつのであろうか。
　本章では，以上のような問題意識に基づき，筆者がこれまでに行ってきたライフストーリー研究における経験を批判的に捉え直し，「日本語教育学としてのライフストーリー研究」のあり方について論じていく。具体的には，筆者が近年取り組んでいる在韓「在日コリアン」[注1]日本語教師のライフストーリー調査における筆者の経験を事例として取り上げ[注2]，筆者がなぜ調査過程における自己言及を重視するようになっていったのかについて触れるとともに，調査協力者の語りへの理解が深まっていくプロセスにおいて，自己言及がどのような役割を果たしたのかについて考察する。

2. 〈ある問いかけ〉がもたらした研究スタイルの変化─〈日本語教育を専門とする日本人〉が「在日コリアン」を研究対象とする意味をめぐって

　ここでは，在韓「在日コリアン」教師のライフストーリー研究を進めていく過程で遭遇した〈ある問いかけ〉をきっかけに，研究への向き合い方がどのように変容していったのかについて言及する。

2.1 「在日コリアン」教師のライフストーリー研究

　筆者は2009年より，在韓「在日コリアン」日本語教師のライフストーリー研究を行っている（田中，2011a，2011b，2013a，2013b）。ここでいう「在日コリアン」の日本語教師とは，日本で生まれ育ち，成人した後，「帰韓」[注3]して日本語教育に携わっている／きた人々で，これまでに計18名の教師たちに対して，一人につき1～5回のインタビュー調査を実施してきた。そして，日本語を「母語」として身につけた「日本語のネイティブ」教師ではあるが，国籍や血統的には「日本人」とは見なされない彼らが，韓国の日本語教育の現場においてしばしば難しい立場に立たされてきたことを明らかにしてきた。
　例えば，日本語教育において本名である韓国名を名のっている教師の事例

[注1]　日本での国籍表記の如何を問わず，日本に居住している／いた人で朝鮮半島に民族的なルーツをもつ人々を示す総称とする。
[注2]　ここでは田中(2013a, 2013b)で取り上げた2名のライフストーリーを部分的に抜粋する。詳細は田中(2013a, 2013b)を参照のこと。
[注3]　日本に居住していた「在日コリアン」が民族的ルーツのある韓国で中・長期的に住むことを目的に渡ることを意味することばとする。その際，日本の特別永住権の保持は問わないこととする。

(教師V)では，国籍・血統的に「非日本人」であるために「日本語のネイティブではない」と見なされてしまうことに葛藤する教師の姿を明らかにした。そして，その状況を回避するために，自身が「在日コリアン」であることを意図的に他者に提示するといった試みが行われていることを描いた。「日本人」により近い存在であることを示すことで，日本国籍と日本名はもたないが，自分は「正統な日本語のネイティブである」ということを表明し，日本語教育のなかでの自身の位置を何とか確立させようとその教師はしてきたのである。

その一方で，通称名である日本名を名のって教壇に立つことが求められた教師の事例(教師E)では，日本語教育という空間において，「日本人＝日本語のネイティブ」という教師のポジションを維持し続けるために通称名使用が選択されていることを明らかにした。通称名をあえて使用することにより，日本語教育の現場で十全な「日本人」を装うことが可能となり，「ネイティブ教師」として重宝され，教育現場での確固たる立場を確立させてきたのである。

筆者は以上のような教師たちの事例をもとに，「在日コリアン」というカテゴリーや通称名を操作的に，戦略的に用いることで，「日本人」により近いことや「日本人っぽさ」を演出することが可能となっていること，また，そうすることで「日本語のネイティブ」教師としてより価値づけられる現実があるということを指摘してきた。そして，筆者は，そうしたライフストーリーの解釈を通じて，その根底には「日本人の日本語」が「正統な日本語」として認識されてしまっているという前提が共有されていること，また，言語，国籍，血統の同一性を求める「単一性志向」があることを指摘してきた。このように，筆者は，従来の研究ではなかなか可視化されることがなかった彼らのライフストーリーにスポットライトをあてることを通じて，彼らが従事している日本語教育が内包している問題を逆照射しようと試みてきたのである。

2.2 〈ある問いかけ〉との遭遇と記述することへの躊躇

しかしながら，こうした研究を関連領域の学会などで報告する際，筆者は他の参加者からの次のような問いかけ――「〈日本語教育を専門とする日本人〉のあなたが〈「帰韓」した「在日コリアン」〉を研究対象とする意味をあなたはどのように捉えているか」――にしばしば遭遇してきた。このような問いかけは筆者にとって非常に悩ましいものであり，「在日コリアン」教師のライフストーリーを描くことを通じて日本語教育が抱える問題を指摘するという自身の研究スタイルに強い違和感を抱くようになっていった。そして，ライフストー

リーをまとめていくという作業にも躊躇するようになっていったのである。では，筆者に向けられた問いかけには，いったいどのような意味が込められていたのであろうか。以下では，この問いかけがいかなる意味をもつものであったのかを考えていく。

まず，この問いかけは2つの解釈が可能だと思われる。その1つは，「日本語教育を専門とする者が「在日コリアン」を研究対象とする意味とは何か」というものだと思われる。今日では日本語の教育の主たる受け手となることが比較的少ない「在日コリアン」を，日本語教育学研究の対象とすることに果たして意義があるのかといった疑問がもたれたのだと思われる。そして，もう1つは，「「日本人」が「在日コリアン」を研究対象とする意味とは何か」というもので，「日本人」である筆者が「在日コリアン」のライフストーリーを論じることの意味，つまり，研究者のポジショナリティにかかわる問題が問われたのだといえよう。

1つ目の問いに対しては，日本語教育において「在日コリアン」を研究対象とする意義を明確化することで対応できると考えられる。「日本語のネイティブ＝日本人」，「日本語のノンネイティブ＝非日本人」という従来の二項対立的な図式では捉えきれない「在日コリアン」の言語経験や日本語教育経験を捉えることにより，「日本語のネイティブ＝日本人」，「日本語のノンネイティブ＝非日本人」という図式を撹乱させていくための新たな議論の構築の可能性を研究の意義として主張することができるだろう。

しかし，難問なのは2つ目の方である。「日本人」であり「在日コリアン」ではない「非当事者」である筆者が「在日コリアン」を対象とする研究を行うことにどのような意味があるのだろうか。前述した学会などで遭遇した質問者たちが発したことばのニュアンスからいって，それは，単に，どのような意味があるのかを尋ねたのではなく，「当事者」ではない筆者が，知られざる「帰韓」した「在日コリアン」のライフストーリーを明らかにしようとするスタンスに暴力性はないのか，といった批判が込められているようにも感じられた。

当時の筆者にはこのことに対する明確な答えは準備できておらず，「「在日コリアン」のライフストーリーや葛藤，苦悩などを論じることができるのは「在日コリアン」だけだ」としてしまうことの方に，むしろ問題があるのではないかと議論をスライドさせた。そのように考えてしまうことの方が，「「在日コリアン」の葛藤や苦悩は「在日コリアン」の問題だ」と議論を狭めることになり，むしろ問題を含んでいるのではないかと切り返したように記憶してい

る。ある問題を語る資格をもつ者はその研究対象とする人々と同じ属性をもつ「当事者」のみだとしてしまうことは，「「在日コリアン」のことについては「在日コリアン」にしか語ることはできない」といった論理の成立に繋がる。そして，そうした論理は，議論している内容を「在日コリアン」固有の問題として片づけてしまう状況をつくり出しかねない。

　しかし，こうした問いかけに何度か遭遇するたびに，質問者たちが本当に指摘しようとしていたことは，実は，もう少し違うところにあったのではないかと考えるようになっていった。それは，「「在日コリアン」の問題を，「日本人」のあなたには語ることはできない」という批判だったのではなく，むしろ，「在日コリアン」の問題に取り組む筆者の向き合い方への批判だったのではないか。それは，筆者による「在日コリアン」教師たちのライフストーリーの記述が，彼らのストーリーの詳細な記述とそこから導き出される解釈，そして，それらを通じて照らし出される，日本語教育という文脈における問題に限定されていたことに対する遠まわしの批判だったのではないか。

　興味本位ということばは適切ではないにしても，「在日コリアン」教師のライフストーリーがこれまで可視化されてこなかったものであったから，筆者が強い興味と関心をもって研究調査を続けてきたのは事実である。そして，「当事者」ではない筆者が，「在日コリアン」教師というカテゴリーに入る人々からライフストーリーを聞き取り，研究調査のなかから次第に見出された分析・考察の観点をもとに，教師たちのことを記述し，そこから明らかとなった，日本語教育という文脈における問題を研究成果として報告してきたのも事実である。だとすれば，そうした研究報告を聞いた人々が，ある問題を指摘するために，教師たちの語りを筆者が一方的に「利用」していて暴力的だと認識してしまうことは十分に考えられる。だからこそ，「当事者」ではない「日本人」のあなたが「在日コリアン」を研究対象とすることにどのような意味があるのかが問われたのではないかと思われる。

　それでは，ライフストーリーを聞き取り，記述することに対する政治性や暴力性にいったいどのように対峙していくことができるのであろうか。筆者が今から「在日コリアン」となって，研究対象と同じ属性をもつ「当事者」になることは不可能であるし，そもそも，こうした問題は，必ずしも「当事者」であれば回避できるようなものでもないと考えられる。在日朝鮮人のライフストーリーにおける「当事者性」の問題について論じた李（2010）においても，「当事者」というカテゴリーに甘んじて研究に臨むことで，「当事者」であって

も他者を知らないうちに差別し抑圧する可能性が十分にあることが指摘されている。問題なのは，ある研究対象となる人々と同じ属性をもつか，もたないか，ということではないのではないか。このような筆者に向けられた鋭い問いかけにより，筆者はライフストーリーの前で身動きができなくなってしまっていったのである。

2.3 「調査するわたし」の経験も含めたライフストーリーの記述

こうした状況に風穴を開けてくれたのは，インタビューデータの記述に関する議論であった。

好井（2004）は，インタビュー調査において，研究対象を，あるカテゴリーにあてはめることなく実行することは不可能だと指摘している。たとえ可能であるとしても，カテゴリー化してしまう姿やそこに潜んでいる前提などとの"格闘"を経て，初めて到達できる可能性が残されているといったものであり，カテゴリー化してしまうという営み自体は必然であると論じている。しかし，そこで重要なのは，次のようなことだという。

> 問題は，相手にあてはめようとしているカテゴリーが，どのようなかたちで「わたし」のなかに位置づいているのか，カテゴリーがいったいどのような前提，どのような問題「理解」のなかから出てきているのか，そのカテゴリーを使用することに対して「わたし」はどのように評価しているのかなど，いわば，「わたし」のカテゴリー理解のありようであり，「わたし」が自明視してしまっているカテゴリーをめぐる意味内容の批判的検討であろう。
> （好井，2004, p. 15）

重要なことは，カテゴリー化をしてしまうか否かではなく，あるカテゴリーを用いることやそれに研究協力者をあてはめること，そして，あてはめることで研究協力者の語りを理解しようとする「調査するわたし」の営みに徹底的に敏感でいることだという。また，調査協力者からの違和感の表明や抗いの語り，皮肉などのさまざまな反応を察知することなのだという。研究対象について観察し，それを淡々と記述するのではなく，インタビューの場における調査協力者とのせめぎあいやすれちがい，しのぎあいなどのやりとり自体を解読し，「調査するわたし」自身のフィールドワークでの経験を記述することの重要性を好井は説いているのである。

李(2010)は，こうした好井の「調査者である私の経験を記述する」という方法論によって，フィールドワークの暴力性と調査者とが向き合う様までもが記述の対象となり得ること，また，フィールドワークの暴力性を超克する一つの可能性にもなることを指摘している。そして，こうした「調査者である私の経験の記述」は，読者が依拠する「自明の前提」に疑問を投げかけるという形で，読者を対話的空間へと導くと論じている。

〈日本語教育を専門とする日本人の筆者〉が〈「帰韓」した「在日コリアン」〉を研究対象とする意味をどのように捉えているか，という問いかけ自体に，これまで論じてきたような，フィールドワークの暴力性やライフストーリーを書くことの政治性への批判が含まれていたのかどうかはわからない。また，「日本人」というポジショナリティからの発話を意識し，記述のあり方を見直させる意図があったのかどうかも実際のところはわからない。しかし，この問いかけは筆者のライフストーリー研究への向き合い方や記述のあり方を大きく変化させたことは事実である。

3.「調査するわたし」が内包している前提

それでは，筆者が取り組んできた日本語教育における「単一性志向」の問題は，果たして，「調査するわたし」から完全に切り離されたところに存在するものなのであろうか。好井や李が論じているように，フィールドワークの暴力性，ライフストーリーを書くことの政治性に向き合うには，研究協力者を客観的に記述することに留まるのでなく，「調査するわたし」の経験の記述も含めることが重要な意味をもつ。そこで，以下では，まず，冒頭で紹介したライフストーリー研究を振り返り，筆者がどのように調査に臨んできたのかに言及する。

3.1 インタビューを振り返る

まず，日本語教育において本名を名のっている教師Vの事例では，「在日コリアン」というカテゴリーを意識的に表明することによって，「日本人のような日本語」が操れる「日本語のネイティブ」というポジションが獲得されてきたことを筆者は明らかにした。しかし，その一方で，教師Vは，日本語教育以外の空間では，基本的には，「在日コリアン」というカテゴリー自体を懐疑的に捉えるスタンスをとっており，また，「日本人」ではない自分の「母語」が「日本語」であるということから，「「日本語」の話者として「日本人」のみ

を想定すること」や「唯一の「正しい日本語」として「日本人の日本語」を求めること」にも疑問を抱いていた。このような教師Vの矛盾した態度はいったい何を意味していたのだろうか。

教師Vは，韓国籍をもち，韓国名を名のって教壇に立っているがゆえに，「韓国人教師」としてカテゴライズされてしまうか，「理解されにくい存在」として排除されてしまうことが多かった。そうした状況のなかで，「日本語のネイティブ」教師というカテゴリーに教師Vが踏みとどまるためには，「在日コリアン」教師であることを意図的に表明し，「自分には「正しい日本語」を操るスキルがある」，「韓国名や韓国籍をもってはいても，自分は日本語のネイティブなのだ」，ということを周囲に認識させることが必要だったのである。教師Vは，言語，国籍，血統との間にズレをもち，「日本語＝日本人」という図式に収まりきらないからこそ，「正しい日本語」や「日本語のネイティブ」であることをむしろアピールし，「日本人」ではないが「日本語のネイティブ」である自分をより価値づけるために，「日本語＝日本人」という図式の近くに自身を位置づけ直し，自らのポジションを守ろうとしてきたのである。

しかし，「日本語のネイティブ」であることをやたらと表明しようとする教師Vのこのような語りに違和感を覚えつつも，筆者は，それが本当に意味していることにはなかなか気づくことができなかった。言語，国籍，血統の一体化が求められてしまう空間だからこそ，その一体化の図式に少しでも近づくために「在日コリアン」であることを強調してしまうという教師Vの事情を理解するのに，非常に長い時間がかかってしまったのである。「日本語のネイティブ」だが「非日本人」である教師が，「日本人のような日本語」を重視するのはなぜなのか。また，そのような「日本人の日本語」ではない「日本語」の存在を積極的に打ち出すことに躊躇するのはなぜなのか。インタビュー調査の終盤に差し掛かるまで筆者には理解不能であり，教師Vの真意を汲み取ることがなかなかできずにいた。口では「日本語」の話者として「日本人」のみを想定することに違和感があるといいながらも，結局のところ，教師Vは「日本人の日本語」に正統性を与えてしまうような考えから抜け出すことができず，「日本語のネイティブ」である自分自身を優位な立場に位置づけたいだけなのではないかと感じてしまうことすらあった。このように，教師Vが置かれている状況に対する筆者の理解はまったくといってよいほど十分ではなかったのである。

同様に，通称名を使用している教師Eとのインタビューにおいても，やは

り，筆者の気づかなさ，鈍感さは至るところで散見された。

　教師Eは，所属している韓国の大学院では本名を，日本語教育の領域では通称名を使用するといった2つの名前の完全な使い分けを行っている。渡韓する7〜8年前から本名を名のってきた教師Eが韓国で通称名を再び使うようになったのは，日本語教育機関から通称名使用の要望があったからだという。しかし，教師Eは，通称名でなくても働ける教育機関に移ってからも，自分のキャリアのために，通称名使用を自らでも選択するようになっていた。こうして，「日本人の日本語のネイティブ」教師であると完全にカモフラージュすることに教師Eは成功していったのである。このような教師の通称名使用の意図を聞き，筆者は，教師Eが自身の日本語がもっとも評価される形態で自分を周囲に見せるためにも，通称名を完全に取り外し可能なものとして割り切って使用しているのだと解釈していた。

　しかし，その一方で，なぜ，「日本語のネイティブ」だが国籍・血統的には「非日本人」であるということを表明することに教師Eは躊躇してしまうのだろうかという疑問も抱いていた。名前の使用に制限がない職場に移ってからも通称名を使用し続けるという教師Eの語りに筆者はどこか違和感を抱き続けていたのである。教師Vと同様に，そうした行為は，結局本人が「日本語のネイティブである」ということを特権として保持していたいと望んでいることの表れでしかないのではないかといった疑念さえも抱いてしまっていた。

　しかし実際には，教師Eの通称名使用は，本名を使用してしまったら自分が教育機関側からも学習者からも「日本語のネイティブ教師」というまなざしでは見てもらえなくなり，自分の教師としての価値が低下してしまい得る可能性を憂慮しての選択だったのである。筆者がこうした教師Eの真意を見落としてしまっていたということは，通称名を用いることで「ネイティブ」に「なる」ことを選択せざるをえなかった教師Eの葛藤に対する理解がいかに不十分であったか，そして，想像力がいかに欠けていたかということを間接的に示しているように思われる。このように彼らとのインタビューを振り返ってみると，そこには，教師たちの語ろうとしていた真意にはなかなか到達できない筆者の姿があった。

3.2 「調査するわたし」がもっていた「構え」

　それでは，なぜ，筆者は教師たちの語ろうとしていた内容になかなか到達することができなかったのであろうか。それは，以下のインタビュー記録に表

れているように，筆者がインタビューという場にもち込んでいた「構え」や「期待」と密接に関係しているのではないかと思われる。筆者は，以下のように，インタビュー調査の至るところで，「日本語を母語としているが日本人ではないあなた」が「なぜ，日本人のような日本語を目指す教育を行おうとするのか」といった質問を「在日コリアン」教師たちに投げかけている（＊は筆者を示す）。

＊：で，その，例えば在日コリアンの先生というのは，ネイティブとして，その，母語として，あの，日本語を学ばれた，まあ，日本語を身につけたということになりますよね。なので，その，「日本語は日本人のもの」というようなものにはあてはまらないと思うんですね。だからこそ，その，在日コリアンの先生方の存在というのは，そういった，そのー，固定化したそのー「日本語＝日本人」といった考え方を，何かこう，変えていく何か原動力になるのではないかなと。その辺りを，先生はどんなふうにお考えなのかなというのを。　　　　　　　　（教師Ｖとの２回目のインタビュー：2009/12/28）

＊：先ほどのその，日本語教育の授業に関してなんですが，韓国の日本語教育は，そのー，日本人のように日本語が話せるように，こう，練習をするっていう，何かいろんなそういうのが，結構あるような気がするんですが。その辺り実際に，先生はネイティブでありますけれども，日本人ではなくて，その辺りをどういうふうに考えながら，日本語を教えていらっしゃるのかなあと。　　　　　　　　　（教師Ｖとの３回目のインタビュー：2010/8/24）

＊：教育機関から求められていないのに通名を使用するのはなぜ・・。えー，日本語のネイティブだけど，日本人じゃないっていう見せ方とかも可能なんじゃないかというか。なんか「日本語は日本人のものだ」みたいなのを変えるとか，そういうのは先生はどう思うのかと思って。
　　　　　　　　　（教師Ｅとの１回目のインタビュー：2011/8/26）

このように，インタビューの場において調査協力者に上記のような問いかけをしていた背景には，筆者自身のもともとの関心が，「日本語＝日本人」という図式を崩していけるような教育実践を模索していくことにあったという事実がある。また，「在日コリアン」教師のように「日本語のネイティブだけど日本人ではない」という属性をもってさえいれば，そうした実践が実行可能なはずだといった「期待」があった。筆者は，「在日コリアン」教師たちの語

りのなかに,「日本人のネイティブ教師」や「韓国人のノンネイティブ教師」とは異なる,「雑種」な属性をもつがゆえに可能となる,言語,国籍,血統の一体化という考え方を脱構築していく実践の方向性を見出そうとしていたのである。

だからこそ,教師Vが「在日コリアン」というカテゴリーを周囲に積極的に表明して「日本人」により近い「日本語のネイティブ」に自分を位置づけようとしていることや,教師Eが通称名を使用して「日本人の日本語のネイティブ」にカモフラージュしようとしていたことの本当の意味とその背景にある文脈に気づくことができずにいた。「日本人」の「日本語のネイティブ」が「日本語話者としての正統性」を見せつけるような場合と同じなのではないかと短絡的に考えてしまっていたのである。

それでは,このような「構え」や「期待」を筆者がインタビューの場にもち込んでいたということは,インタビュー調査においてどのような意味をもつのであろうか。インタビューの場に,こうした「構え」や「期待」をもって臨むこと自体,決定的な失敗だったのであろうか。

桜井(2002)は,調査者の「構え」に関して以下のように論じている(下線は筆者による)。

> ここで注意を喚起しておきたいのは,インタビュアーはそうした構えから自由になって無心でインタビューを遂行したほうがよい,と主張したいわけではないということだ。そうではなくて,<u>私たちは意識するしないにかかわらず,またそれが一貫しているかどうかにかかわらず,インタビューに際して一定の構えをもっていることを常態であると認め,むしろその構えがどのようなものであるかに自覚的でなければならない</u>,ということなのである。
>
> (桜井, 2002, p. 171)

桜井(2002)が指摘しているように,調査者が「構え」をもたない状態でインタビューを遂行することはなく,誰しも何らかの「構え」をもってしまわざるをえない。むしろ,重要なことは,どのような「構え」をもち,どのようにインタビューを遂行したのか,そうした部分も踏まえ,インタビュー調査のプロセスをデータとして開示することだという。そして,ある「構え」や「期待」をもっているということ自体がいったい何を指し示しているのかを紐解いていくことだと思われる。

4. 調査協力者への理解の不十分さが映し出すテーマへの理解の不十分さ

　それでは、"「日本語のネイティブ」だが「日本国籍ではないし、日本名でもない」という属性をもつことによって、「在日コリアン」教師は、「日本語＝日本人」という図式を崩していくような実践を、身をもって行うことができるはずである"といった「構え」や「期待」を筆者がもっていた、ということ自体はいったい何を意味するのであろうか。

　教師たちは、「日本語は日本人のものだ」といった「日本語＝日本人」という図式を信望しているわけではないが、その図式にある意味「しがみつくこと」によってでなくては、日本語教育の現場で生き残ることが難しいという現実に直面していた。本名を名のって教壇に立っている教師Vも通称名を名のっている教師Eも、言語学的観点からすれば「日本語のネイティブ」だが、国籍や血統という観点からすると日本には属していない。そのため、「日本語＝日本人」という図式からは逸脱しており、その逸脱をありのまま周囲に見せてしまうことによって、言語、国籍、血統の一体化が前提とされる空間では、正当な評価が得られず、ポジションが奪われたり、排除の対象になったりしてしまう。だからこそ、その図式のより近くに自身を留まらせるために、日本に繋がりのある「在日コリアン」というカテゴリーを積極的に表明したり、通称名を使用したりする「戦略」がどうしても必要であり、言語、国籍、血統の一体化という「単一性」を兼ね備えていない自身の独自性を前面に出したり、そうした図式を崩すことを目指したりするような実践はなかなか実行には移せないと語っていたのである。

　しかし、このような教師たちの行動の意図が十分には理解できていなかった筆者は、安易にも、"言語、国籍、血統の間にズレをもつという「単一性」からは逸脱した属性をもっていれば"、つまり、"「日本語のネイティブ」だが「日本人ではない」という属性をもっていれば"、「日本語は日本人のものだ」といった「日本語＝日本人」という図式の再考を、身をもって学習者に迫っていくことができると考えていた。むしろ、「日本人」で「日本語」を「母語」とする筆者などよりも、はるかに効果的に「単一性」の図式がいかに虚構であるかを示すことができ、その再考を学習者に迫っていけるはずだといった「構え」や「期待」をインタビューの場にもち込んでしまっていたのである。それは、そもそも筆者が「雑種」な属性を「利用」することで、「単一性」の問題を脱構築するための何かができていると想定していたことに起因する。

　このことは、「日本語＝日本人」という図式が非常に根強く、それによって

困難や葛藤を抱えざるをえない教師たちの置かれた状況に対する筆者の想像力が完全に不足していたことを意味している。そして，それは，筆者が「日本語＝日本人」という図式のなかに，ある意味，「安住」しているからこそ成し得てしまったものであり，「単一性志向」が根強く残る日本語教育という空間において，言語，国籍，血統との間にズレをもつということがいったいどのような意味をもつのかということ自体に対して，筆者の理解がまったく及んでいなかったことを示しているといえる。日本国籍と日本名をもった「日本人」の「日本語のネイティブ」であり，言語，国籍，血統が一体化した「単一性」を兼ね備えていることは，筆者がそのことに価値を置いているか否かにかかわらず，「単一性志向」の根強さに対する理解の不十分さと鈍感さを生んでいたのである。

ところで，差別問題を論じている倉石（2007）は，差別の現象が観察者や記述者の存在から超然としたところにあるものではなく，日常のなかに埋め込まれているものだという立場から，〈差別の日常〉についての解読を行っている。そして，その〈解読〉の際に研究者が行う自己言及は，2つの点において重要な意味があると指摘している。

まず，自己言及をすることによって，よりよい形で「当事者」像を浮かび上がらせることができるということである。研究者による自己言及は，「当事者」だけを淡々と描く場合以上に，「当事者」の姿を映し出すことに繋がるというのである。また，「当事者」イコール「マイノリティ」あるいは「被差別者」ではなく，誰でも常に／すでに差別問題の「当事者」であり，社会学的フィールドワークの経験は，ある種の痛切さとともにそのことを自覚させてくれる場であるという（p.5）。

差別問題を論じている倉石の指摘をそのまま本研究にあてはめて考えることはできないが，非常に重要な指摘がここではなされていると思われる。これまで論じてきた「調査するわたし」への自己言及は，「在日コリアン」教師とのインタビューにおいて，"格闘"してはいるものの，「単一性志向」の根強さという根本問題になかなか気づかないでいる筆者の姿を映し出した。そして，そのことは，「在日コリアン」教師が置かれている文脈を一層照射することになったといえる。

これまでの論考では，「在日コリアン」教師たちが，「日本語のネイティブ」だが「非日本人」であるという「雑種」な属性を隠し，表面的には「単一」な属性をもつかのように演じてしまっている（演じさせられてしまっている）こと

から，日本語教育という文脈における「単一性志向」の根強さを指摘してきた。だが，本節における調査者の自己言及を踏まえると，こうした問題は，筆者と切り離されたところで蔓延っているものでは決してないということが示されたのではなかろうか。「単一性志向」の問題を正面から論じようとしている者でさえも，その問題への鈍感さを抱えもってしまっていることは十分にあるということが示されたからである。このことは，こうした問題がいかに根深く，根強いものであるかということを間接的に指し示しているといえる。

5. 日本語教育学としてのライフストーリー研究における自己言及の意味

　以上，筆者がこれまで行ってきた在韓「在日コリアン」教師のライフストーリー研究を振り返り，そのなかで，筆者が調査協力者の語りに対する違和感といかに格闘し，理解を深めてきたのか，その過程を記述してきた。
　これまでの研究では，日本語教育における言語，国籍，血統に対する「単一性志向」という問題を，単に，ある領域が直面し，抱えている問題として記述することにしか視点が置かれていなかった。しかし，研究者のポジショナリティが問われたことにより，批判的な自己言及のプロセスを経ることとなった。それにより，日本語教育に携わっていて，かつ，その問題を正面から論じようとしている筆者でさえも「単一性志向」の問題を抱えていたということが明らかとなり，非常に根の深い問題であることを示すことが可能となった。このように，調査のプロセスにおいて抱いた違和感を手がかりに，調査者が調査における経験を自己言及していくことは，社会的・歴史的背景を含めた語りへの深い理解をもたらすといえる。
　これまで可視化されてこなかった人々の声に耳を傾け，彼らのライフストーリーを明らかにしていくことは確かに魅力的なことである。しかし，彼らの語りを単に"正確"に記録していくだけでは，彼らのライフストーリーに，一日本語教育研究者としていかに向き合い，理解を深めていったのか，また，どのような点に戸惑いを覚えたのかを示すことはできず，そこから新たにどのような知を掴みとったのかを明確に伝えることはできないと思われる。結局のところ，調査者は「安全」なところからライフストーリーの語り手を捉えることになり，それは，単なる高みの見物に終わってしまうのである。そうなると，ライフストーリーは，特別な誰かが抱えもつ特別な状況，または，ある領域が内包している問題を具体的に示すための事例という位置づけにしかならなくなってしまう。

しかし，彼らのライフストーリーと「調査するわたし」とが交差した地点を記述することは，語りへの理解を深めると同時に，一日本語教育研究者である調査者自身も実はそうした状況や問題の一部を成しているという自覚を喚起させる。そして，そうした記述は，調査者本人や調査のプロセスを追体験するであろう読者に，その状況や問題に主体的に取り組んでいくことへの意識化をもたらすと思われる。それにより，あるテーマを日本語教育界または社会全体で共有していくべき問題として議論の俎上にのせ続けていくことが可能となるのではなかろうか。「日本語教育学としてのライフストーリー研究」はどのようにあるべきか，そして，その記述をいかに行っていくべきかに関して，今後もさらなる検討を続けていきたい。

[付記] 本研究は，科学研究費補助金（若手研究 B）「「在日コリアン」として生まれ育った在韓日本語教師のライフストーリー研究」（2012～2014年度，課題番号24720245, 研究代表者：田中里奈）の交付を受けて行われた研究成果の一部である。

参考文献

石川良子(2012).「ライフストーリー研究における調査者の経験の自己言及的記述の意義—インタビューの対話性に着目して」『年報社会学論集』25, 1-12.
倉石一郎(2007).『差別と日常の経験社会学—解読する〈私〉の研究誌』生活書院.
桜井厚(2002).『インタビューの社会学—ライフストーリーの聞き方』せりか書房.
田中里奈(2011a).「「カテゴリー」化されることへの拒絶とその戦略的利用—在日コリアンとして生まれ育った在韓日本語教師の「日本語」の意味づけをめぐる語りを手がかりに」『移民研究年報』17, 97-108.
田中里奈(2011b).「「日本語＝日本人」という規範からの逸脱—「在日コリアン」教師のアイデンティティと日本語教育における戦略」『リテラシーズ』9, 1-10.
田中里奈(2013a).『言語教育における「言語」，「国籍」，「血統」—在韓「在日コリアン」の日本語教師のライフストーリー研究を手がかりに』早稲田大学大学院日本語教育研究科博士論文.
田中里奈(2013b).「言語教育における「単一性志向」—帰韓した在日コリアン教師の言語／教育経験とアイデンティティに関する語りから」細川英雄・鄭京姫(編)『私はどのような教育実践をめざすのか—言語教育とアイデンティティ』(pp. 113-141.) 春風社.
三代純平(2014).「日本語教育におけるライフストーリー研究の現在—その課題と可能性について」『リテラシーズ』14, 1-10.
好井裕明(2004).「「調査するわたし」というテーマ」好井裕明・三浦耕吉郎(編)『社会学的フィールドワーク』(pp. 2-32.) 世界思想社.
李洪章(2010).「在日朝鮮人を研究する〈私〉のポジショナリティ—当事者性から個人的当事者性へ」『日本オーラル・ヒストリー研究』6, 57-65.

往復書簡6　田中里奈×三代純平

三代

　田中さんへの質問は，単刀直入に。田中さんにとって日本語教育学とは何でしょうか。田中さんの論考は，自己言及の意味について書かれていますが，2部の他の章の執筆者とは異なり，日本語教師としての自己について言及はあまりありません。私自身は，そういうスタンスも必要だと思っています。だからこそ，田中さんが日本語教育学をどのように考え，また，研究と実践との関係をどのように捉えているのかを知りたいと思います。

田中

　確かに，私が書いた論文では，ライフストーリーでの聞き取りを踏まえた日本語教師としての自己に関する言及は，他の方の論考に比べるとあまりないと読めてしまうかもしれません。しかしながら，私にとっては，ライフストーリーの聞き取りと記述によってあるテーマを議論していくことそのものが，日本語教師としての私のスタンスの表明になっていると思いますし，広い意味での日本語教育実践ではないかとも考えています。日本語教育学といっても人によって捉え方はさまざまで，日本語そのものを教えることと考えている人もいるでしょうし，もう少し広い意味で，ことばを学ぶ学習者を取り巻く生活も含めた広い視点での支援と捉えている人もいるでしょう。私自身も日本語教師ですし，そうしたことを重視していないわけではないですが，日本語教育が果たすべき役割のようなものが日本語を教えることや学習者を支援することに留まっていてよいのだろうかという疑問もずっと抱いてきました。学習者が学んでいる日本語そのものに付随してしまっている観念，つまり，ある国籍をもつ者にある言語の話者としての正統性を付与してしまうような考え方に変更を迫っていくような働きかけを行っていくことも，日本語教育の重要な役割なのではないかと考えています。日本語教育といったときに対峙せざるをえない日本語そのものがもつイデオロギー的なものに，教える側にいる者こそが取り組んでいかなくてはならないと思うのです。日本語が社会のなかでより開かれた言語となっていくための方向づけのようなことを試みることは，日本語の教室

実践ではないかもしれませんが，私のなかでは，広い意味での教育実践ですし，研究活動の一環でもあります。

　逆に，三代さんはこの辺りのことをどのようにお考えでしょうか。鄭京姫さんとの共著で，「正しい日本語」を想定してしまう思想の問題を論じた論考を拝見したことがありますが[注1]，そこで見られる問題意識とライフストーリー研究をなさっていることとに繋がりなどはあるのでしょうか。

三代

　ありがとうございます。もともと「日本事情」教育における文化観に関心をもって研究をしていたので，田中さんの研究と，問題意識の多くを共有しているように思います。私自身のなかで，「日本事情」の問題意識と現在のライフストーリー研究は，非常に強く結びついています。当時の，たぶん現在も，日本語教育における文化の捉え方，あるいは日本人の捉え方には，本質主義的というか，マスター・ナラティブ的なものがあると思います。それを問い直すことができるのが，多様なパーソナル・ストーリーを聞き取るライフストーリー研究ではないかと思っています。

　ただし，ここら辺の問題を考えるときに，どうアプローチしていこうかという姿勢はちょっと変わったのかもしれません。正面から，文化観の問題を論じる形で研究していましたが，もう少し，多様な学びのあり方の共有から，多様な文化観，あるいは学習観を提示できるのではないか。そんなふうに今は考えています。そのために「学び」というものの多様性を，ライフストーリー研究を通じて明らかにしたいと私は思っています。

　もう一つ，付け加えると，田中さんの広い意味での実践といわゆる日本語教室を中心とした日本語教育実践，どちらも実践ですが，少し分けて議論しながら，日本語教育学としてのライフストーリー研究を考えたいと思っています。この辺りは，序でも少しだけ書きましたが，日本語教育という業界を一つの実践共同体と考えたとき，その実践研究共同体に流通している言説なり，モデル・ストーリーにどのようにライフストーリー研究が影響を与えていけるのかというのは，研究の消費の問題というか，研究の実践性の問題というか，わか

りませんが，今後のライフストーリー研究の大きな課題である気がしています。そのためには，研究の共有のあり方，共有のための研究のあり方など，また新しい課題が見えてきそうな気がしています。

注

1 三代純平・鄭京姫（2006）．「「正しい日本語」を教えることの問題と「共生言語としての日本語」への展望」『言語文化教育研究』5, 80-93.

あとがき

経験の積み重ねの総体

三代 純平

　本書は，日本語教育学としてライフストーリー研究を考える試みであった。序においても指摘したが，それは，翻って，ライフストーリー研究を通して，日本語教育学とは何かということを考えることでもあった。日本語教育という領域の一つの特徴として，実践するものと研究するものが大きく重なるという点がある。第2部の論考でも，この点を取りあげながら，日本語教育という領域におけるライフストーリーの意味を考える論考が多かった。実践と研究との関係をいかに捉えるか。ここに日本語教育学としてライフストーリーを考えるうえでの鍵がある。また，この鍵は，日本語教育学という扉を開くための鍵でもある。

　だが，考えてみれば，言説の持つ実践性が問われる今，多くの質的研究において，実践と研究の関係をいかに捉えるかという問いは大きな意味を持っている。ならば，本書は，他領域にわたり，実践と研究の関係を問い直す議論をするためのたたき台にもなりうるのではないかと編集を終えた今は感じている。その意味で，日本語教育関係者だけではなく，他領域において質的研究や社会実践に関わる人に手に取ってもらい，批判的な議論を展開できれば幸いである。

　私は，序において自己言及的な記述の重要性を指摘したが，それにならい，編集過程を批判的に省察すると，編集を開始した当初は，どこか，日本語教育学としてのライフストーリーを，社会学のライフストーリーに対して，位置づけ，定義していこうと考えていた。しかし，それは，私自身が主張している「リソース」としての研究という考え方と自己矛盾していた。日本語教育学としてのライフストーリーは，日本語教育学としてライフストーリー研究を行い，日本語教育学とは何か，ライフストーリー研究とは何かと向かい合った研究者たちの経験の積み重ねの総体でしかない。第2部のタイトルを「ライフストーリー・パランプセスト」としたが，この「重ね書き」の線は，一つの線に統一されることなく，ポリフォニックな線で，日本語教育学のライフストー

リーを描き続けていくのである。私たちは，この経験の総体としての日本語教育学のライフストーリーをいかに共有し，語り継ぎ，日本語教育に還元していくのか，ということが，今後の大きな課題である。

　本書の構成を考えるうえで，第1章の執筆者でもある川上郁雄さんに大きな助言をもらった。第2部を多様な声で描くために重要となった「往復書簡」は，川上郁雄さんのアイデアである。貴重なアドバイスのおかげでより対話的な論集となった。くろしお出版の原田麻美さんには，本書の編集の全過程において貴重なサポートを得た。同じく，くろしお出版の池上達昭さんには，リテラシーズ・シリーズを通してお世話になっている。2006年に，いつか一緒に仕事を，と声をかけてもらったのを励みにしてきたが，10年を経て本書の編集を担当できたことを非常にうれしく思っている。

　本書を通して，そして，ライフストーリー研究を通して，日本語教育という実践共同体がより充実したものになっていくことを願ってやまない。

2015年6月

【執筆者一覧】

飯野 令子	（いいの れいこ）	常磐大学 国際学部
川上 郁雄	（かわかみ いくお）	早稲田大学大学院 日本語教育研究科
河路 由佳	（かわじ ゆか）	東京外国語大学大学院 国際日本学研究院
桜井 厚	（さくらい あつし）	（社）日本ライフストーリー研究所
佐藤 正則	（さとう まさのり）	ことばの市民塾
田中 里奈	（たなか りな）	フェリス女学院大学 文学部
谷口 すみ子	（たにぐち すみこ）	中央大学 全学連携教育機構
中野 千野	（なかの ちの）	早稲田大学大学院 日本語教育研究科 博士後期課程
中山 亜紀子	（なかやま あきこ）	佐賀大学 全学教育機構
三代 純平	（みよ じゅんぺい）	武蔵野美術大学 造形学部

所属は 2015 年 10 月現在

［リテラシーズ叢書について］

本叢書は，リテラシーズ研究会・編集委員が企画・立案し，シンポジウム等を通じ議論を重ねた上で出版するものです。本研究会の設立主旨等・活動は WEB サイトを御覧ください。
http://literacies.9640.jp/

リテラシーズ研究会・編集委員
川上郁雄・佐藤慎司・砂川裕一・牲川波都季
西山教行・細川英雄・三代純平・森本郁代

リテラシーズ叢書5

日本語教育学としてのライフストーリー
― 語りを聞き、書くということ

2015 年 10 月 27 日　初版第 1 刷発行

編　者 ... 三代純平（みよじゅんぺい）

発行所 ... くろしお出版
　　　　　〒 113-0033　東京都文京区本郷 3-21-10
　　　　　電話 03-5684-3389　fax.03-5684-4762　www.9640.jp

装　丁 ... 折原カズヒロ
印刷・製本 ... シナノ書籍印刷

Ⓒ　2015　三代純平・リテラシーズ研究会

Printed in Japan　ISBN978-4-87424-674-0　C3080